III CONGRESSO
DO CENTRO DE ARBITRAGEM
DA CÂMARA DE COMÉRCIO
E INDÚSTRIA PORTUGUESA
(CENTRO DE ARBITRAGEM COMERCIAL)

CENTRO DE ARBITRAGEM COMERCIAL

III CONGRESSO DO CENTRO DE ARBITRAGEM DA CÂMARA DE COMÉRCIO E INDÚSTRIA PORTUGUESA
(CENTRO DE ARBITRAGEM COMERCIAL)

INTERVENÇÕES

III CONGRESSO DO CENTRO DE ARBITRAGEM
DA CÂMARA DE COMÉRCIO E INDÚSTRIA PORTUGUESA

COORDENADOR
ANTÓNIO VIEIRA DA SILVA

EDITOR
EDIÇÕES ALMEDINA, SA
Av. Fernão Magalhães, n.º 584, 5.º Andar
3000-174 Coimbra
Tel.: 239 851 904
Fax: 239 851 901
www.almedina.net
editora@almedina.net

PRÉ-IMPRESSÃO | IMPRESSÃO | ACABAMENTO
G.C. GRÁFICA DE COIMBRA, LDA.
Palheira – Assafarge
3001-453 Coimbra
producao@graficadecoimbra.pt

Julho, 2010

DEPÓSITO LEGAL
313682/10

Os dados e as opiniões inseridos na presente publicação
são da exclusiva responsabilidade do(s) seu(s) autor(es).

Toda a reprodução desta obra, por fotocópia ou outro qualquer
processo, sem prévia autorização escrita do Editor, é ilícita
e passível de procedimento judicial contra o infractor.

Biblioteca Nacional de Portugal – Catalogação na Publicação

CONGRESSO DO CENTRO DE ARBITRAGEM DA CÂMARA
DE COMÉRCIO E INDÚSTRIA PORTUGUESA, 3, Lisboa, 2009

III Congresso do Centro de Arbitragem da Câmara de Comércio
e Indústria Portuguesa (Centro de Arbitragem Comercial) : intervenções / org. Centro de Arbitragem Comercial da Associação
Comercial de Lisboa
ISBN 978-972-40-4294-7

I – ASSOCIAÇÃO COMERCIAL DE LISBOA. Centro de Arbitragem
Comercial

CDU 346
     061

III CONGRESSO DO CENTRO DE ARBITRAGEM DA CÂMARA DE COMÉRCIO E INDÚSTRIA PORTUGUESA

(CENTRO DE ARBITRAGEM COMERCIAL)

Lisboa, 16 e 17 de Julho de 2009 – Salão Nobre

1º Dia – 16 de Julho

09,00 – 09,30: **Recepção e entrega de documentação**

09,30 – 10,45: **Sessão de abertura**
Presidente da Mesa: *Rui Chancerelle de Machete*
Presidente do Centro de Arbitragem Comercial

- **Discurso de boas vindas**
  Bruno Bobone
  Presidente da Associação Comercial de Lisboa

- **Discurso de abertura do Congresso; desenvolvimentos recentes da arbitragem em Portugal e actividades do Centro de Arbitragem Comercial**
  Rui Chancerelle de Machete

- **Desenvolvimentos recentes da arbitragem no Brasil e actividades do Centro de Arbitragem da Câmara de Comércio Brasil – Canadá**
  Frederico José Straube
  Presidente do Centro de Arbitragem da CCBC

- **Desenvolvimentos recentes da arbitragem em Moçambique e actividades do Centro de Arbitragem, Mediação e Conciliação de Moçambique**
  Jafar Gulamo Jafar
  Vice-Presidente do Centro de Arbitragem, Mediação e Conciliação de Moçambique

10,45 – 11,15: **Pausa**

8   *III Congresso do Centro de Arbitragem da Câmara de Comércio e Indústria*

11,15 – 13,00: 1º PAINEL

Moderador: *Manuel Lopes Porto*
      Professor da Faculdade de Direito de Coimbra

- **Independência e Imparcialidade do Árbitro**
Selma Ferreira Lemes
Advogada, Mestre e Doutora pela Universidade de São Paulo/USP
Coordenadora e Professora do Curso de Arbitragem da Escola de Direito de
São Paulo da Fundação Getúlio Var-gas – GVLAW/FHV
Membro da Comissão Relatora da Lei de Arbitragem Brasileira

- **O Estatuto Deontológico do Árbitro: Passado, Presente e Futuro**
Agostinho Pereira de Miranda
Advogado

13,00 – 14,30: Almoço

14,30 – 16,30: 2º PAINEL

Moderador: *Miguel Teixeira de Sousa*
      Professor da Faculdade de Direito de Lisboa

- **Instrumentos de Resolução Extra-Judicial de Litígios nos Países Lusó-
fonos: Cooperação e Harmoniza-ção**
Luís Sáragga Leal
Advogado

- **Reconhecimento e Execução de Decisões Arbitrais Estrangeiras nos Países
Lusófonos**
Mariana França Gouveia
Professora da Faculdade de Direito da Universidade Nova de Lisboa

- **Decisão Arbitral: Questões Suscitadas pela Condenação em Pedidos Gené-
ricos**
Luís Cortes Martins
Advogado

16,30 – 17,00: Pausa

17,00 – 19,00: 3º PAINEL

Moderador: *Rui Pinto Duarte*
     Professor da Faculdade de Direito da Universidade Nova de Lisboa

- **Constituição do Tribunal Arbitral em Arbitragem Multipartes**
  Miguel Pinto Cardoso
  Advogado

- **Arbitragem no âmbito do Código dos Contratos Públicos**
  Rui Chancerelle de Machete
  Presidente do Centro de Arbitragem Comercial

- **Flexibilização do Procedimento Arbitral**
  Carlos Alberto Carmona
  Advogado, Marques Rosado, Toledo César & Carmona Advogados, São Paulo
  Professor da Faculdade de Direito da Universidade de São Paulo
  Membro da Comissão Relatora da Lei de Arbitragem Brasileira

2º Dia – 17 de Julho

9,30 – 11,30: 4º PAINEL

Moderador: *Rui Medeiros*
     Professor da Faculdade de Direito da Universidade Católica

- **Intervenção de terceiros (signatários e não signatários da convenção) no processo arbitral**
  José Lebre de Freitas
  Professor da Faculdade de Direito da Universidade Nova de Lisboa

- **Recurso para o Tribunal Constitucional das Decisões dos Tribunais Arbitrais**
  Miguel Galvão Teles
  Advogado

- **Apensação de Processos Arbitrais**
  José Ricardo Feris
  Conselheiro da Secretaria do Tribunal Internacional de Arbitragem da CCI

11,30 – 12,00: Pausa

10 *III Congresso do Centro de Arbitragem da Câmara de Comércio e Indústria*

12,00 – 12,45: **Sessão de Encerramento**

- **Desenvolvimento Económico e Justiça Arbitral**
  João Salgueiro

NOTA INTRODUTÓRIA

Prosseguindo os objectivos traçados aquando da realização do I Congresso do Centro de Arbitragem da Câmara de Comércio e Indústria (15 e 16 de Junho de 2007) – realização anual de um congresso que constitua um forum de debate de questões ligadas à arbitragem, em especial a de natureza económica e comercial, e publicação das comunicações que nele tenham lugar –, a presente obra contém os textos dos oradores do III Congresso (2009).

Neste Congresso, continuou-se com o debate de temas sempre actuais e necessários ao estudo, aprofundamento e implementação desta forma de se realizar a justiça; continuou-se, também, a acentuar a cooperação com instituições de arbitragem de países do mundo lusófono, que se concretizou com a celebração de um protocolo de cooperação com o Centro de Arbitragem da Câmara de Comércio Brasil-Canadá.

À Editora Almedina, que edita e comercializa os livros com as intervenções nos Congressos, fica uma palavra de agradecimento pela sua colaboração e participação neste processo.

RUI CHANCERELLE DE MACHETE

Sessão de Abertura

RUI CHANCERELLE DE MACHETE

Discurso de boas vindas
BRUNO BOBONE

Discurso de abertura do Congresso; desenvolvimentos recentes da arbitragem em Portugal e actividades do Centro de Arbitragem Comercial
RUI CHANCERELLE DE MACHETE

Desenvolvimentos recentes da arbitragem no Brasil e actividades do Centro de Arbitragem da Câmara de Comércio Brasil – Canadá
FREDERICO JOSÉ STRAUBE

Desenvolvimentos recentes da arbitragem em Moçambique e actividades do Centro de Arbitragem, Conciliação e Mediação de Moçambique
JAFAR GULAMO JAFAR

DESENVOLVIMENTOS RECENTES DA ARBITRAGEM EM PORTUGAL E ACTIVIDADES DO CENTRO DE ARBITRAGEM COMERCIAL

RUI CHANCERELLE DE MACHETE[*]

Senhor Presidente da Associação Comercial de Lisboa e restantes Membros da Mesa
Senhores Moderadores e Oradores do Congresso
Minhas Senhoras e Meus Senhores

Começo com uma saudação especial a V. Exas. de agradecimento pela vossa presença neste III Congresso do Centro de Arbitragem da Câmara de Comércio e Indústria Portuguesa (Centro de Arbitragem Comercial), a que vamos dar inicio.

A um centro de arbitragem, com a dimensão que este centro já atingiu, cabem múltiplas funções:

Desde logo, cabe-lhe difundir a arbitragem, torná-la conhecida e informar os agentes económicos sobre as vantagens que nela podem encontrar, cabendo nessa função a difusão, organização e o patrocínio de acções de estudo e aprofundamento de matérias relacionadas com o fenómeno da litigiosidade de carácter económico.

Dentro de funções desta natureza, cabem, seguramente, iniciativas como esta em que nos encontramos. O presente Congresso, o terceiro realizado por este Centro de Arbitragem, surge como consequência de se ter definido no plano de actividades para 2007 a realização anual de um

---

[*] Presidente do Centro de Arbitragem Comercial

Congresso, com o objectivo de que ele pudesse constituir um *forum* de discussão de questões ligados à arbitragem, com especial ênfase na arbitragem de natureza económica e comercial.

Tem-se em vista, com este tipo de iniciativas, contribuir, eficaz e sustentadamente, para uma efectiva implementação e utilização desta forma de a sociedade civil realizar a sua justiça.

Para além da discussão de temas relacionados com a arbitragem e com meios alternativos de resolução de litígios, o Congresso espelha também uma outra preocupação do Centro de Arbitragem: encontrar formas de se instituir, nesta área, a cooperação e a harmonização entre países lusófonos.

Sendo a língua portuguesa a terceira mais falada no mundo ocidental, mal iríamos se todos os países que a partilham e que, além demais, têm afinidades culturais substanciais, não possam no mundo das relações económicas ter uma palavra a dizer, impondo a utilização da sua língua e dos seus sistemas jurídicos (na maior parte dos casos também com afinidades significativas), nos meios de resolução de litígios em que, directa ou indirectamente, intervenham.

A inclusão de temas de arbitragem de outros países de língua oficial portuguesa iniciou-se no II Congresso, realizado em 2008, em que participaram reputados especialistas de Angola, Brasil e Moçambique que aqui, nesta mesma sala, nos traçaram o panorama e as perspectivas da arbitragem nos respectivos países.

Este III Congresso, a par da apresentação de temas sempre importantes e actuais para a "comunidade arbitral", procura manter e intensificar as relações com países lusófonos. E procura que, nessas relações, as instituições de arbitragem tenham um papel relevante a desempenhar. Estão, por isso, presentes responsáveis dos principais centros de arbitragem do Brasil e de Moçambique, que nos trarão, nas suas intervenções, enriquecedoras experiências da prática arbitral nesses centros.

Uma última palavra no que respeita à realização de congressos: entendemos que não basta a sua realização anual. Há que deixar memória das comunicações que em cada um deles tenha sido feita, por forma a que possam constituir referências no estudo, na divulgação e na implementação da arbitragem.

Optou-se, por isso, pela publicação de um livro com as intervenções que em cada Congresso tenham lugar. O livro do I Congresso foi distribuído aquando da realização do II e o deste é hoje distribuído. É uma

Desenvolvimentos Recentes da Arbitragem em Portugal e Actividades do Centro ... 17

prática que achamos salutar e que se pretende manter. É, também, uma forma de, a par de outras publicações, o Centro de Arbitragem Comercial contribuir periodicamente com a publicação de uma obra onde sejam tratados temas relacionados com a arbitragem e meios alternativos de resolução de litígios.

Uma nota de agradecimento fica aqui feita à Editora Almedina, responsável pela publicação e comercialização dos livros dos anteriores congressos e que se espera que continue a ser deste e dos que se seguem.

Uma outra função que cabe, também, a um centro de arbitragem é a de dispor de um conjunto de instrumentos (estatutos, regulamentos, listas de árbitros, etc.) capazes de proporcionar aos agentes económicos a realização, em condições úteis e eficazes, de realização de arbitragem e meios alternativos de resolução de litígios.

Cabe-lhes, completando os instrumentos regulamentares, disporem de estruturas humanas capazes e habilitadas à administração das arbitragens, assegurando apoio, administrativo, técnico e prática qualificada, aos tribunais arbitrais, às partes e demais agentes intervenientes.

No que diz respeito aos regulamentos, optou-se por, nesta fase, em se proceder apenas à revisão do Regulamento de Arbitragem e do Regulamento de Custas e Preparos, que se fundiram num só Regulamento, que entrou em vigor, em Setembro do passado ano de 2008.

Este novo Regulamento de Arbitragem foi precedido da recolha de sugestões de especialistas na área da arbitragem comercial, da área da investigação académica e da comparação de regulamentos de diversas instituições de arbitragem estrangeiras, fonte de algumas das soluções adoptadas.

O Centro tem em desenvolvimento uma especial monitorização das arbitragens a que se aplica o novo regulamento. Esta especial atenção visa, sobretudo, testar o Regulamento no desenvolvimento dos processos, tendo em vista os aperfeiçoamentos que se mostrem necessários e adequados.

Ainda no que diz respeito a regulamentos de arbitragem, está em curso a avaliação da necessidade de regulamentos simplificados para arbitragens de baixo valor e/ou complexidade pouco significativa. Neste tipo de regulamento é essencial que o árbitro único seja obrigatório.

Também está a ser considerado a existência de regulamentos em que as partes, independentemente da complexidade do litígio, imponham prazos extremamente curtos para os árbitros decidirem os litígios – este

18 *III Congresso do Centro de Arbitragem da Câmara de Comércio e Indústria*

tipo de formas de arbitragem são de origem norte americana, denominando-
-se *fast track arbitration*. Como é bom de ver, este tipo de arbitragens são
confiadas normalmente a árbitros muitos experientes e sabedores dos
mecanismos da arbitragem, assim como as partes se encontram represen-
tadas por advogados altamente especializados nesta área.

Está ainda no horizonte a revisão do Regulamento de Mediação e
Conciliação. Este Regulamente foi aprovado em 1994 e tem tido escassa
utilização. De então para cá esta forma de resolução alternativa de litígios
sofreu forte evolução, verificando-se existirem centros só de mediação e
nas mais variadas áreas.

É habitual a existência nos centros de arbitragem de regulamento de
mediação e conciliação ou métodos similares, mas que em vez de se
ficarem só por aí podem funcionar como "antecâmara" da arbitragem.
É nesta perspectiva que o regulamento existente vai ser avaliado.

Também não deixará de ser tomada em conta na revisão deste Regulamento, as orientações da Directiva 2008/52/CE do Parlamento Europeu
e do Conselho, relativa a certos aspectos da mediação em matéria civil e
comercial, que os Estados-Membros têm de transpor até 21 de Maio de 2011.

Quanto à lista de árbitros, iniciou-se recentemente o processo de
revisão periódica – trienalmente, de acordo com os Estatutos do Centro
– onde se procurou a inclusão de nomes que nos dêem garantias do
exercício dessas funções de forma imparcial e independente, conciliando
o conhecimento da prática arbitral com o conhecimento académico.

Ainda a propósito da lista de árbitros, duas breves referências.

A primeira tem a ver com a sua existência: há centros de arbitragem,
e alguns de grande importância na cena internacional, em que não existe
lista de árbitros; outros centros, e igualmente importantes, que tendo-a,
obrigam que todos os árbitros que intervenham em arbitragem a decorrer
nesse centro sejam obrigatoriamente da lista de árbitros.

A outra referência prende-se com a adopção que o Centro de Arbitragem Comercial fez, desde o seu início, em possuir uma lista de árbitros não
vinculativa para as partes nem para os árbitros por elas designados. Ou
seja, a obrigatoriedade de nomear como árbitros pessoas que constem na
lista só vincula o Presidente do Centro quando, por força do Regulamento
ou da convenção de arbitragem, tenha de proceder a essa nomeação.

Cabe, também, nas funções dos centros de arbitragem a cooperação
com outros centros e entidades similares, nacionais e estrangeiros, tendo
em vista a divulgação da arbitragem e assegurar aspectos sobre o seu
funcionamento concreto.

Desenvolvimentos Recentes da Arbitragem em Portugal e Actividades do Centro ... 19

Nesta cruzada de unir esforços entre os países lusófonos, tendo em vista falar a uma só voz no panorama da arbitragem internacional, cabe- -nos estreitar relações entre centros de arbitragem e assegurar uma estrita e permanente cooperação.

Nesta primeira fase, é já possível concluir um convénio de coope- ração como Centro de Arbitragem da Câmara de Comércio Brasil-Canadá, com sede em São Paulo, com o qual se procura consolidar uma relação estável e permanente que permita desenvolver troca de informações e celebração de eventos tendo em vista a divulgação da arbitragem e dos seus mecanismos; tem, ainda, em vista apoiar e facilitar a utilização da arbitragem nos respectivos países; e tem, também em vista, a necessidade de existência de uma lista comum de árbitros que possa ser utilizada por cada uma das partes do convénio.

Foi entendido entre as duas Partes que revestiria enorme simbolismo que este documento fosse assinado durante este Congresso.

É conveniente que fique claro que é entendimento de ambas as partes deste convénio que a sua celebração é o começo de uma coopera- ção mais alargada entre instituições de arbitragem dos países lusófonos. Iremos propor que venham integrar esta rede de cooperação centros já existentes e em pleno funcionamento como é o caso do Centro de Arbi- tragem, Mediação e Conciliação de Moçambique. O mesmo será proposto a outros centros que já existam ou venham a existir.

Por último, cabe também das funções de um centro de arbitragem assegurar junto do Estado e dos poderes públicos a existência de instru- mentos legais adequados e favoráveis ao funcionamento da arbitragem, que pode passar por propor, participar ou impulsionar as medidas legis- lativas e de carácter administrativo que se mostrem necessárias.

Isto conduz-nos a um tema que já não é possível contornar e muitos menos ignorar, que é o da necessidade de se modernizar o quadro legis- lativo da arbitragem

Ninguém tem a mais pequena dúvida que a Lei 31/86 veio, à época, traçar e rasgar novos horizontes para o desenvolvimento da arbitragem em Portugal. Não tendo adoptado nem adaptado a Lei Modelo da UNCITRAL (aprovada no ano anterior), apesar de aqui e ali ter incorporado algum dos seus conceitos, a nossa Lei foi uma lei-quadro inovadora nos seus con- ceitos e no posicionamento em colocou a arbitragem voluntária no nosso ordenamento jurídico.

Completa-se no próximo mês de Agosto 23 anos que a Lei 31/86 foi publicada e é hoje comum aceitar-se que é necessário alterar o quadro jurídico da arbitragem, ganhando cada vez mais força que ele deve ter como figurino, com mais ou menos adaptações, a Lei Modelo da UNCITRAL. De resto, sendo este o caminho que muitos países, e países em que a arbitragem se encontra particularmente desenvolvida, seguiram, tem significativas vantagens que, nesta área, haja um quadro jurídico comum ou similar.

DESENVOLVIMENTOS RECENTES DA ARBITRAGEM NO BRASIL E ACTIVIDADES DO CENTRO DE ARBITRAGEM DA CÂMARA DE COMÉRCIO BRASIL

FREDERICO JOSÉ STRAUBE*

Inicialmente quero agradecer ao Centro de Arbitragem da Câmara de Comércio e Industria Portuguesa, na pessoa de seu presidente Dr. Rui Chancerelle de Machete pelo honroso convite para comparecer e me pronunciar neste importante certame.

Cumprimento também o digno Vice Presidente do Centro de Arbitragem Dr. Bruno Pinto Basto Bobone, bem como o Dr. Jafar Gulamo Jafar, Vice-Presidente do Centro de Arbitragem Mediação e conciliação de Moçambique.

Saúdo também os prezados congressistas.

Minhas senhoras e meus senhores,

Inicialmente quero ressaltar o significado que tem para entidade que represento o convênio que acabamos de firmar com o Centro de Arbitragem da Câmara e Comércio e Industria Portuguesa.

Representa mais uma etapa importante no esforço de internacionalização de nosso Centro de Arbitragem e Mediação.

---

* Presidente do Centro de Arbitragem e Mediação da Câmara de Comércio Brasil Canadá, no Terceiro Congresso do Centro de Arbitragem da Câmara de Comércio e Industria Portuguesa

Vem na seqüência de outros acordos semelhantes que já firmamos com a Câmara de Arbitragem e Mediação de Santiago do Chile e com o Câmara Arbitral de Milão.

No caso de Portugal, porém este convênio tem características mais ambiciosas, pois pretende ser um momento inicial para criação de um espaço lusófono internacional para atuação de arbitragem.

O acordo estabelece compromissos de ativação das relações culturais especificamente no campo da arbitragem entre Portugal e Brasil, incentiva o intercâmbio de experiências e deverá possibilitar a composição de lista de árbitros de ambos os países convenentes para atuarem sejam em arbitragens nacionais ou internacionais.

Assim, saúdo a celebração deste acordo como um momento importante para a arbitragem de nossos países.

Cabe-me agora passar ao tema que me foi destinado, qual seja "DESENVOLVIMENTOS RECENTES DA ARBITRAGEM NO BRASIL E ATIVIDADE DO CENTRO DE ARBITRAGEM DA CÂMARA DE COMÉRCIO BRASIL CANADÁ"

Devemos dizer que o Brasil no passado utilizou-se várias vezes da arbitragem como Estado Soberano em disputas de fronteira. Também a constituição imperial de 1824 outorgada pelo imperador D. Pedro Primeiro, depois rei D. Pedro IV de Portugal, já previa o instituto da arbitragem.

O código comercial brasileiro de 1850, também estabelecia a possibilidade de sua utilização em alguns casos específicos. De igual forma o Código Civil de 1916 bem como os Códigos de Processo Civil de 1939 e 1973 também registraram o instituto.

Verifica-se, porem, que a instituição da arbitragem, embora prevista no direito positivo brasileiro, não encontrava na prática repercussão e desenvolvimento.

Vários são os motivos do ostracismo progressivo a que foi relevada a arbitragem na "praxis" brasileira. Uma primeira razão residia no fato de que a cláusula arbitral era considerada tanto pela doutrina como pela jurisprudência mero "pacto de contrahendo", ou seja, obrigava tão somente que as partes, no caso de conflito de interesses, viesse a firmar um compromisso arbitral, este sim instrumento válido para a instituição da arbitragem.

Outro grande empecilho para a utilização e divulgação da arbitragem residia no fato da necessidade de homologação do laudo arbitral pelo poder judiciário estatal.

Como conseqüência direta desta circunstancia tínhamos que a arbitragem em lugar de encurtar o caminho para a decisão do conflito tornava-o mais longo e dispendioso, até por que o judiciário de então pouco afeito ao instituto, ao ensejo da referida homologação, aceitava a possibilidade de rediscutir em seu âmbito o mérito da demanda.

Esta era, pois, a situação, quando verificou-se uma mudança radical deste panorama institucional com reflexos fundamentais de ordem pratica.

Refiro-me a promulgação da lei n.º 9307/96 a chamada lei da arbitragem.

Esta nova lei cumula uma série de virtudes. A primeira delas é que retirou integralmente do código de Processo civil toda e qualquer menção ao instituto criando por assim dizer um subsistema legal totalmente autônomo.

A lei em questão que é calcada na lei modelo UNCITRAL é considerada pela maioria dos estudiosos, sejam brasileiros estrangeiros, como uma lei moderna.

Ela é sucinta, adota o sistema monista, ou seja, trata de igual forma o processo arbitral, seja ele entre partes nacionais e estrangeiras, não estabelecendo, portanto, qualquer diferença entre arbitragens nacionais e internacionais.

Lei sucinta como disse, pois conta apenas com 44 artigos. Sendo que do processo arbitral propriamente dito ocupam-se de apenas 33 artigos.

Do art. 34 ao 40.º. Cuida do reconhecimento e execução das sentenças arbitrais estrangeiras, enquanto o 40.º ao 44.º estabelece disposições finais algumas das quais revogando-se expressamente outros dispositivos esparsos na legislação que tratavam da arbitragem, evitando com isto a ocorrência de qualquer conflito legislativo no ambiente arbitral.

Vale salientar alguns aspectos importantes da nova lei, tais como:

a) O efeito vinculante da cláusula compromissória;
b) A autonomia da cláusula compromissória em relação ao contrato em que se encontra inserida;
c) A adoção do princípio competência-competência;
d) A equiparação dos árbitros, enquanto tais, a juízes de fato e de direito;

24 III Congresso do Centro de Arbitragem da Câmara de Comércio e Indústria

e) A qualificação da decisão arbitral como sentença e, portanto, exeqüível como título executivo judicial (quando condenatória), fazendo coisa julgada;

f) A irrecorribilidade da sentença arbitral e a desnecessidade de sua homologação pelo judiciário, quando sentença nacional.

Então, com o advento da lei 9307/96, bem como, com o reconhecimento, em seguida de sua constitucionalidade pelo Supremo Tribunal federal e ainda com a ratificação pelo Brasil da convenção de Nova Iorque de 2002, formou-se um quadro institucional totalmente diferente do que vigia anteriormente e altamente favorecedor do desenvolvimento da arbitragem no Brasil.

É de se comentar que na última década ampliou-se muito a utilização da arbitragem como sistema de composição de interesses em conflito, principalmente, por empresas particulares.

Paralelamente, cresce também no país em ritmo acelerado a capacitação de advogados para atuarem na área, existindo grande oferta de cursos, seminários e congressos versando sobre o assunto.

O Poder Judiciário brasileiro vem se revelando cada vez mais grandemente simpático à arbitragem.

Por outro lado, a morosidade do processo judicial e o afluxo de grande volume de capital estrangeiro em investimentos de infra-estrutura contribuiu para a ampliação do campo e aplicação da arbitragem em contratos onde inicialmente pairavam dúvidas a respeito da possibilidade da adoção do instituto como instrumento para dirimir conflitos de interesses.

Assim, assistimos o advento sucessivo da lei geral de telecomunicações (lei federal n.º 9.472/97); da Lei do Petróleo (Lei Federal 9.478/97); Lei de transportes terrestres e aquaviários (lei n.º 10.233/01); todas elas admitindo a arbitragem como sistema de resolução de conflitos em seus contratos.

Mais recentemente a Lei das Parcerias Público-Privadas (Lei 11.079//04) e a lei 11.195/05 que modificou o artigo 23 da Lei de Concessões (lei 8987/95) também contemplam a arbitragem como mecanismo possível para a solução de conflitos de interesses.

Traçado, pois, o quadro relativo à evolução recente da arbitragem no país, cabe situar o Centro de Arbitragem e Mediação da CCBC nesse contexto.

Nossa entidade ostenta o primado da arbitragem modernamente no Brasil. Foi fundado em 1979 quando a denominação de comissão de arbitragem. Naquela época, o Brasil passava também por uma fase de grande progresso configurando-se como destinatário de significativos investimentos estrangeiros.

Os donos desse capital internacional obviamente não desejavam submeter as eventuais disputas que viessem a enfrentar em seus contratos ao poder judiciário, dado inclusive a morosidade das decisões.

Assim, impunham praticamente em seus contratos a cláusula arbitral, indicando entidades internacionais para administrar o conflito, caso este viesse a ocorrer. Foi desta conjuntura que um grupo de advogados pertencentes a importantes escritórios brasileiros decidiu fundar no âmbito da Câmara de Comércio Brasil-Canadá a então Comissão de Arbitragem, que poderia servir de alternativa a tais entidades internacionais.

Antes do advento, porém, da lei 9307/96 muito reduzida foi a atividade dessa Comissão de Arbitragem, fundamentalmente por conta do quadro institucional desfavorável já acima abordado.

Apesar disso, a comissão manteve-se operante, com órgão diretivo constituído e renovado periodicamente.

Encontrava-se ainda aparelhada com uma lista de reputados árbitros, incluindo advogados de primeira linha, professores universitários e outros juristas ligados e comprometidos com a arbitragem.

Vale notar que por ocasião do advento da lei 9307/96 a comissão de arbitragem era a única entidade dedicada a administrar a arbitragem em funcionamento no Brasil.

A experiência também mostrou que a esta altura existiam também em operação no país muitos contratos empresariais indicando a nossa entidade em suas cláusulas arbitrais como entidade administradora em um eventual procedimento.

Logo após o advento da nova lei, a direção da comissão de arbitragem determinou que se realizasse uma completa reforma do seu regulamento a fim de adaptá-lo a nova disciplina legal vigente.

Na oportunidade, introduziu-se no mesmo um roteiro para os procedimentos de mediação e alterou-se sua denominação para Centro de Arbitragem e Mediação da Câmara de Comércio Brasil-Canadá.

A partir do ano de 2000 passa a crescer significativamente o número de arbitragens instaladas.

26 *III Congresso do Centro de Arbitragem da Câmara de Comércio e Indústria*

O novo volume de serviço passou a exigir novas instalações para a Comissão de Arbitragem que até então ocupava o mesmo recinto da Câmara de Comércio Brasil-Canadá.

Buscando cada vez mais aprimorar a prestação dos seus serviços, em 2004 como parte da comemoração do seu jubileu de prata, empreendeu esforços sistematizados para adequar-se às disposições da norma ISO 9001, garantindo um padrão rigoroso de procedimentos internos, o que beneficiaria a comunidade que dele se utilizava e também a própria administração que teria a sua disposição parâmetros rígidos e impessoais, facilitando a supervisão e a adequação das atividades administrativas.

O Centro de Arbitragem e Medicação da CCBC, que desde dezembro de 2004 conta com o certificado ISO de qualidade, é atualmente uma instituição de administração de arbitragem plenamente consagrada pela comunidade jurídica e empresarial do Brasil .

Seus serviços são utilizados em escala crescente, graças à eficiência, qualidade, celeridade, rigor, imparcialidade e absoluta seriedade com que atua.

Neste ponto da minha exposição vale acrescentar, ainda, que em termos de Brasil, comparativamente à justiça estatal e inúmeras são as vantagens da arbitragem.

A média de tempo para a prolação de uma sentença arbitral, a qual não é recorrível, tem sido em nossa instituição de 14 meses, contra aproximadamente 12 anos para se obter uma decisão final em processo judicial estatal, contando-se o prazo do recurso especial e quando cabível o extraordinário, respectivamente ao Superior Tribunal de Justiça e ao Supremo Tribunal Federal.

Uma outra grande vantagem que vem se reafirmando é o cumprimento espontâneo da decisão arbitral no prazo assinalado pelo Painel.

Segundo os nossos números apenas 8% das decisões vem sendo objeto seja de execução forçada, seja de questionamento frente ao judiciário. Patenteia-se claramente a consolidação de uma nova cultura profissional e negocial que inspira a satisfação das obrigações oriundas da decisão arbitral.

Muito diferente, portanto, da usual prática forense de se questionar a decisão na sua fase executória até a última possibilidade procedimental.

Deve ainda ser remarcado como vantagem do processo arbitral o sigilo de que o mesmo se reveste.

Efetivamente a lei brasileira não determina explicitamente, mas admite que as entidades administradoras de arbitragem contemplem em seus regulamentos, como é o caso do nosso Centro de Arbitragem e Mediação, o sigilo rigoroso do procedimento, o que, dependendo da espécie de contenda ou das partes envolvidas, representa um diferencial extremamente importante em relação à publicidade do processo estatal.

Milita, ainda, no que nos concerne, o baixo custo das arbitragens em nossa entidade se comparadas às de outras instituições congêneres internacionais.

A performance do nosso Centro na última década revelou-se de tal maneira importante que, ultrapassando as fronteiras nacionais, sua boa fama é reconhecida também no plano internacional pelas principais entidade do ramo entre as quais a CCI de Paris e a ACDR americana.

Mais uma prova desse reconhecimento é a presença deste presidente neste congresso patrocinado por esta tão ilustre instituição portuguesa e mais do que isto a assinatura do convênio de colaboração entre nossas entidades ocorrido no início desta sessão.

Acredito, como já disse no início que a junção de nossos esforços podem constituir um importante elemento propulsor para que se estabeleça este já falado espaço lusófono internacional para atuação da arbitragem, que possam reunir Portugal, Brasil e em seguida Moçambique e Angola, com uma proveitosa prática que contribua não só para o progresso da arbitragem em geral, mas também para a facilitação das relações comerciais entre tais países.

Muito obrigado.

DESENVOLVIMENTOS RECENTES DA ARBITRAGEM EM MOÇAMBIQUE E ACTIVIDADES DO CENTRO DE ARBITRAGEM, CONCILIAÇÃO E MEDIAÇÃO DE MOÇAMBIQUE

JAFAR GULAMO JAFAR[*]

Excelentíssimo Senhor Doutor Rui Chancerelle de Machete, Presidente do Centro de Arbitragem Comercial da Câmara de Comércio e Indústria Portuguesa,

Excelentíssimo Senhor Doutor Bruno Bobone, Presidente da Associação Comercial de Lisboa,

Excelentíssimo Senhor Doutor Frederico José Straube, Presidente do Centro de Arbitragem da Câmara de Comércio Brasil-Canadá,

Ilustres convidados,

Minhas senhoras e meus senhores,

É com elevada honra e muito prazer que o Centro de Arbitragem Conciliação e Mediação de Moçambique vem participar, mais uma vez, neste prestigiado Congresso, o que muito nos honra e desde já agradecemos, pela possibilidade de aprender e transmitir a pouca experiência que adquirimos.

O Centro de Arbitragem, Conciliação e Mediação, único organismo institucionalizado de arbitragem existente em Moçambique, nasce na sequência da aprovação pela Assembleia da República, da Lei n.º 11/99

---

[*] Vice-Presidente do CACM
Advogado
jgjafar@tvcabo.co.mz

– Lei da Arbitragem – de iniciativa da Confederação das Associações Económicas de Moçambique, cujo presidente, o Dr. Mário Ussene, foi o principal impulsionador.

A proposta de Lei resulta, por seu turno, da pressão dos investidores estrangeiros, os quais, ao verificarem que não existiam formas de resolução alternativa de conflitos no país, chegavam a demonstrar fortes dúvidas em investir onde estariam à mercê de um sistema judicial estadual desconhecido e hostil, mesmo porque a maior parte destes investidores provinham de países que não falavam português – Norte da Europa, Estados Unidos, África do Sul, Austrália e América Latina.

Nessa altura, o país acabava de proceder a grandes reformas económicas e políticas, tinha realizado em 1994 as suas primeiras eleições multipartidárias, a economia de mercado era recente e começavam a surgir os primeiros investimentos estrangeiros.

O sistema judicial, particularmente moroso em Moçambique, não merecia a confiança dos investidores e o ambiente de negócios carecia de medidas de encorajamento urgentes, para relançamento da economia.

A aprovação da Lei da Arbitragem, por si só, não bastava para a desejada transformação deste ambiente, pelo que era crucial que se concretizassem os instrumentos de implementação da lei, criando-se as instituições operacionais de resolução alternativa de disputas comerciais.

Contrariamente ao que acontece, por exemplo, em Portugal, o legislador moçambicano, sabendo que um dos constrangimentos importantes do sistema era o da regulamentação e da demora na implementação das leis, decidiu que a criação de instituições de arbitragem não carecia de aprovação do governo, isto é, não impôs requisitos específicos para a constituição de organismos de arbitragem, bastando a vontade das entidades para que se possam criar organismos institucionalizados de arbitragem.

Foi esta possibilidade que permitiu a criação, em 2001, do Centro de Arbitragem, Conciliação e Mediação de Moçambique, até hoje o único vocacionado para a resolução de conflitos comerciais no País.

Entre 1999 e 2001, a Confederação das Associações Económicas (CTA, como também é conhecida, por resultar da Comissão de Trabalho das Associações Económicas), tratou de angariar os apoios financeiros e preparar as condições de lançamento do Centro de Arbitragem.

Tendo como pressupostos a novidade do instituto e a necessidade de cooperação das autoridades judiciais e dos demais parceiros, designadamente os empresários e os profissionais, um grupo de trabalho tratou de promover a divulgação da arbitragem junto dos empresários, dos advogados, dos juízes, através de seminários regionais que tiveram lugar nos principais centros económicos do país, Maputo, Beira e Nampula, para além de encontros de sensibilização com a Ordem dos Advogados e com o Tribunal Supremo.

Simultaneamente, foram elaborados os estatutos, o regulamento de arbitragem, de custas, ético e deontológico dos árbitros, criando-se assim as condições para a instalação do Centro de Arbitragem, Conciliação e Mediação (CACM).

Contando desde o início com o patrocínio da USAID (Agência Americana de Desenvolvimento Internacional), foram considerados prioritários a formação de árbitros, conciliadores e mediadores, e o lançamento de campanhas publicitárias de divulgação desta nova forma de resolução de conflitos.

Assim, o CACM formou, ao longo dos dois primeiros anos de existência cerca de 200 árbitros, com recurso a um modelo de formação a que deu o nome de «Curso de Introdução à Arbitragem» e «Curso de Introdução à Mediação», de curta duração, que serviam igualmente de divulgação do Instituto junto dos visados e das entidades a que estavam ligados.

Interessante verificar que numerosos advogados, engenheiros, arquitectos, estudantes universitários e até juízes e procuradores aderiram à iniciativa e participaram nos cursos, levados a cabo em Maputo, Beira e Nampula, os três principais centros económicos do país, contribuindo deste modo para que começassem a ser introduzidas as primeiras cláusulas compromissórias nos contratos comerciais.

Apesar das campanhas publicitárias nos jornais, rádio e televisão, poucos foram os casos submetidos a arbitragem durante os primeiros anos, fazendo com que fosse posta em causa, pelos financiadores, a continuidade do projecto.

As visitas efectuadas pelos representantes do CACM a outros centros de arbitragem mais antigos, como o Centro de Arbitragem Comercial da Câmara de Comércio e Indústria Portuguesa, o CAMARB, o Centro de Arbitragem da AFSA (Arbitration Foundation of Southern Africa), e outros, foram, no entanto, factores determinantes para o encorajamento dos responsáveis do CACM, dado o facto de em todos eles ser unânime a experiência de dificuldades nos primeiros anos de funcionamento.

A maior das dificuldades com que o CACM se debate é a económica, que faz com que dependa até à data do patrocínio da USAID.

Tal deve-se ao escasso número de casos submetidos ao Centro e ao baixo valor das custas cobradas para administração dos casos submetidos a arbitragem.

O regulamento de custas do Centro, que prevê a cobrança de valores muito mais baixos dos que os cobrados pelos outros centros de arbitragem, resultou de uma decisão baseada na realidade económica do país, onde as empresas se encontram numa fase embrionária de actividade, os volumes de facturação são baixos e o instituto é recente.

Tomou-se em conta igualmente que a economia não se sustenta numa indústria sólida, nem num tecido empresarial forte e activo, mas essencialmente na existência de um número restrito de grandes empresas, e de um elevado número de comerciantes informais.

A incipiente actividade económica ditou a necessidade de optar por custos processuais baixos, numa primeira fase, para atrair clientela.

Na altura, a opção pela política de baixo custo era essencial para garantir o sucesso do Centro, já que as despesas eram suportadas na íntegra pela USAID.

A alternativa seria um modelo diferente de financiamento, traduzida na transformação do Centro numa fundação criada por um conjunto de empresas interessadas em manter um Centro de Arbitragem.

Este modelo não se mostrou funcional, mesmo porque eram poucos os interessados em investir numa estrutura desta natureza, de modo que o centro continua a enfrentar dificuldades financeiras.

O CACM desempenha um papel que vai muito para além da sua vocação de simples administrador de conflitos, devido ao facto de ser o primeiro (e até agora único) e de o país não possuir cultura arbitral.

A arbitragem voluntária, regulada até 1999 pelas disposições do CPC de 1939, remetia para os tribunais judiciais a sua administração, pouco diferindo do procedimento judicial comum.

Era um recurso de que os particulares não faziam uso, sendo do conhecimento apenas dos profissionais do direito, os quais nem sequer dele se serviam.

Os empresários, mormente os que lidam com o comércio internacional, tinham inseridas nos seus contratos cláusulas compromissórias que remetiam a resolução de conflitos para os grandes Centros Internacionais, a Câmara de Comércio Internacional (ICC), o Centro de Arbitragem Internacional de Londres (LCIA), mais raramente a Associação de Arbitragem Americana (AAA) e a AFSA.

Foram dirimidos conflitos comerciais com a intervenção de árbitros moçambicanos em conflitos de comércio internacional, mas todos aplicando as regras de um dos vários centros internacionais de arbitragem.

Os advogados nacionais não inseriam cláusulas compromissórias nos contratos que elaboravam, nem os empresários nacionais se preocupavam com a forma de resolução dos conflitos emergentes das relações comerciais em que se envolviam.

O quadro socio-empresarial em que nasceu o CACM era pois único, e o sucesso do Centro passava necessariamente pela assunção do papel de divulgador e promotor da arbitragem comercial.

Foi assim que, desde os primeiros anos, foram realizados encontros e visitas aos empresários, aos Centros de ensino universitário, de formação judiciária, aos Ministérios e Departamentos económicos e de promoção de investimento do Governo, o que, a par dos cursos de formação de árbitros e das campanhas de publicidade, constituíram e constituem o conjunto de actividades mais importantes do CACM.

O Director do Centro não perdeu nenhuma oportunidade para intervir nas conferências anuais da Confederação das Associações Económicas, divulgando as actividades do Centro e apelando à inclusão da cláusula compromissória nos contratos comerciais.

O objectivo imediato destas acções era a inclusão de cláusulas compromissórias nos contratos, condição para que os conflitos pudessem vir a ser dirimidos sob administração do Centro.

Não bastava, pois, abrir o Centro de Arbitragem, era necessário que fosse possível, aos interessados, submeter os eventuais litígios a arbitragem.

Embora parecendo fácil, a questão era delicada pois, em primeiro lugar, os contratos já firmados não continham cláusulas compromissórias, e, em segundo, estas surgem, aos olhos de quem se propõe contratar, como cláusulas desnecessárias, pela improbabilidade conflitual.

Por outro lado, é remota a possibilidade de se assinarem compromissos arbitrais, já que as partes, perante uma ruptura, dificilmente se relacionam, e ainda menos para chegar a acordo quanto à forma de resolver os conflitos.

Através das visitas e seminários, convenceu-se o empresariado a inserir nos seus contratos cláusulas compromissórias, e as principais empresas, tais como as de telecomunicações móveis, de consultoria, de electricidade, já as inserem.

Obviamente que tal facto não se traduz num aumento do número de casos submetidos a arbitragem, os conflitos, quando existem, são em número reduzido, quando comparados ao número de contratos.

Outra consequência, perversa (para o Centro), da divulgação da arbitragem, como forma célere e eficaz de resolução de conflitos, é a persuasão com a comprovada diminuição de casos de incumprimento, resultante do receio que as potenciais partes faltosas têm de serem submetidas a arbitragem.

Se, antes da existência do instituto da arbitragem nos moldes actuais, podiam contar com a morosidade, o formalismo excessivo, a rigidez, a corrupção e os diversos expedientes dilatórios do sistema judicial, a partir da existência desta nova forma de resolução de litígios, o grau de cumprimento dos contratos subiu de forma significativa, facto confirmado por um estudo da KPMG, no seu relatório sobre o índice do ambiente de negócios em Moçambique, apresentado durante a XI Conferência Anual do Sector Privado, que teve lugar em 2008.

Desse relatório consta a preferência pelos empresários pela utilização do CACM e da arbitragem como forma de prevenção e não só de resolução de disputas. De notar que este foi um dos poucos factores que influenciaram positivamente, em 2008, a melhoria do ambiente de negócios em Moçambique.

A actividade de divulgação do instituto teve outras consequências, inesperadas, mas encorajadoras, que muito contribuiram para o crescimento qualitativo de outras instituições.

Referimo-nos, com particular orgulho ao facto de, desde 2003, ter sido manifestada, pelo Ministro do Trabalho, a intenção de incluir a arbitragem como forma de resolução dos conflitos individuais de trabalho.

A questão, polémica, não foi sequer discutida nos seus contornos jurídico-doutrinários, mas desde logo, aquele dirigente manifestou interesse em conhecer com profundidade a questão, dada a morosidade com que os tribunais de trabalho estavam a trabalhar.

Foram apresentados dados estatísticos alarmantes, os tribunais judiciais não davam vazão à demanda, os processos arrastavam-se durante anos nos tribunais, mas a lei laboral de então não permitia que os conflitos individuais fossem dirimidos por arbitragem.

A necessidade de alterar a lei para permitir a arbitragem levou a que se desse início a uma revisão que acabou por ter um âmbito bem maior do que se pretendia no início, que resultou numa ampla reforma da lei

Desenvolvimentos Recentes da Arbitragem em Moçambique e Actividades ... 35

laboral, aprovada em Agosto de 2007, em substituição da anterior, também recente, de 1998.

Até 2007, apenas os conflitos colectivos de trabalho podiam ser submetidos a arbitragem, vindo a nova lei a prever esta nova forma de resolução de conflitos para descongestionar os tribunais judiciais, o que se espera vir a acontecer.

Vem de longe a relutância dos grandes civilistas em aceitar que estes conflitos sejam resolvidos por via arbitral, mas nem esta é a sede própria para discutir a questão, nem o tema o permite.

A alusão serve apenas para referir que o CACM foi chamado a participar nos trabalhos preparatórios da reforma legislativa, tomou parte activa na concepção do modelo e participa, desde então, num fórum regional de resolução de conflitos laborais.

O processo contou com a intervenção de organizações como a OIT, o Conselho Consultivo do Trabalho, a Confederação das Associações Económicas, os Sindicatos e o Governo.

A nível regional, o Centro participa, desde 2006, no Forum para a Prevenção e Resolução de Litígios Laborais da África Austral (Southern African Labour Dispute Prevention and Resolution Forum), destinado a promover a cooperação regional, que conta com a presença de representantes da África do Sul, Botswana, Lesotho, Malawi, Maurícias, Tanzania, Swazilândia, Zâmbia, Namíbia e Moçambique.

Espera-se que, em breve, sejam criados centros de mediação e arbitragem de conflitos laborais em Moçambique, mas o processo aida irá demorar algum tempo. O CACM manifestou interesse em participar nesses centros, chegando inclusive a ser convidado a dar formação aos futuros mediadores e árbitros, por ser a única instituição nacional com experiência, quer na criação, quer na formação e gestão.

O centro participou igualmente, a convite da África do Sul, numa conferência denominada «Workplace Dispute Resolution Conference», na qual participaram representantes da Austrália, Reino Unido, Irlanda, Estados Unidos, Canadá, Irlanda do Norte, Nova Zelândia, Swazilândia, Lesotho e o país anfitrião.

No domínio da arbitragem comercial, o CACM participa, desde 2007, juntamente com a AFSA (The Arbitration Foundatrion of Southern Africa), the Maurician Chamber of Commerce and Industry, o Institute of Directors of Southern Africa e o Centre de Arbitrage du Congo, no AFRICAADR (África Alternative Dispute Resolution), futura instituição

36   III Congresso do Centro de Arbitragem da Câmara de Comércio e Indústria

regional de arbitragem comercial, que se encontra na fase de elaboração de regulamentos e demais instrumentos de funcionamento.

A nível nacional, o Director Geral do Centro é membro do Conselho de Visão da Justiça, participando na Plataforma denominada Visão da Justiça, envolvendo diversas entidades como a Ministra da Justiça, o Procurador Geral da República, o Ministro do Interior, o Presidente do Tribunal Administrativo e o Presidente do Tribunal Supremo.

Área importante da actividade tem sido a formação, onde, para além dos cursos de formação de árbitros, ministrados pelo Centro, foram estabelecidos acordos com o Centro de Formação Jurídica e Judiciária, para a introdução de matéria relativa a mediação e arbitragem, no programa de formação dos magistrados, com a Universidade Técnica, no sentido de introdução de palestras sobre a resolução alternativa de litígios e com a Universidade Eduardo Mondlane, para a realização de um curso de especialização em arbitragem.

A resolução de conflitos com recurso a arbitragem tem entusiasmado de sobremaneira o Governo de Moçambique, de tal forma que as propostas de lei mais importantes já prevêm a arbitragem como mecanismo de resolução de conflitos. Isto aconteceu nas propostas de Código de Estrada, da Lei Orgânica dos Tribunais Judiciais, na Lei Orgânica dos Tribunais de Trabalho, no Código de Processo de Trabalho, sob o impulso do Presidente do CACM.

A Lei de Defesa do Consumidor, já aprovada, prevê a arbitragem como forma de resolução dos conflitos de consumo, e o Centro começou já a contactar a ADECOM (Associação de Defesa do Consumidor) no sentido de lançar as bases para a criação dos centros de arbitragem especializados.

Dadas as particularidades deste tipo de conflitos, e face à informação de que já dispõe, concluiu-se pela necessidade de envolver as autarquias e o governo no financiamento dos futuros Centros de Informação e Arbitragem de Conflitos de Consumo, disponibilizando-se o Centro para dar formação e contribuir na medida das suas possibilidades para transmitir os seus conhecimentos e experiência.

O CACM pretende apostar na continuação do processo de formação dos árbitros inscritos, através de programas de reciclagem e de novos cursos de introdução à arbitragem.

O crescimento do número de casos submetidos a arbitragem e o encorajamento das diversas instituições faz com que se acredite no sucesso do Centro, que já é uma referência importante a nível nacional e regional.

O ambiente de negócios no País tem melhorado nos últimos anos e parece alcançado o objectivo que presidiu à criação do Centro. Dado o facto de ser o único centro de arbitragem institucionalizada no País, dá-lhe um capital importante de conhecimento e de experiência importante para a divulgação e apoio ao aparecimento de instituições semelhantes.

A participação nos encontros internacionais de Arbitragem contribui para colocar o país no mapa da arbitragem internacional, estando criadas as condições para que as ligações se fortifiquem com os países lusófonos, cujos investimentos em Moçambique têm crescido significativamente nos últimos cinco anos.

1º Painel

MANUEL LOPES PORTO

Independência e Imparcialidade do Árbitro
SELMA FERREIRA LEMES

O Estatuto Deontológico do Árbitro: Passado, Presente e Futuro
AGOSTINHO PEREIRA DE MIRANDA

A INDEPENDÊNCIA E A IMPARCIALIDADE DO ÁRBITRO E O DEVER DE REVELAÇÃO[*]

SELMA FERREIRA LEMES

1. A importância do árbitro

O árbitro representa a pedra angular da arbitragem e a ele as partes confiam a solução justa e equânime do litígio.[1] Para poder atuar como árbitro a pessoa indicada deve ser independente e imparcial. A exigência de independência e imparcialidade constitui a garantia de um julgamento justo e é o baluarte de uma justiça honesta. Destarte, representa interesse de toda a sociedade velar pela existência da justiça sem máculas, como garantia da harmonização pacífica e justa de conflitos.[2]

Para preencher os requisitos de independência e de imparcialidade o provável árbitro tem o dever, antes de ser confirmado como árbitro e durante todo o procedimento arbitral, de averiguar a existência e a

---

[*] Este artigo representa a consolidação das palestras proferidas, respectivamente no III Congresso do Centro de Arbitragem da Câmara de Comércio e Indústria Portuguesa (Centro de Arbitragem Comercial) em 17 de julho de 2009, Lisboa, com o tema *"Independência e Imparcialidade do Árbitro"* e a palestra proferida no ICC 7th Annual Miami Conference, International Commercial Arbitration in Latin América, 3 de novembro de 2009, Miami, com o tema *"El deber de revelación del arbitro. Ética y Derecho."*

[1] Cf Selma FERREIRA LEMES "Dos árbitros", *Aspectos fundamentais da lei de arbitragem*, Pedro B. MARTINS, Selma FERREIRA LEMES e Carlos A. CARMONA, Forense: São Paulo, 1999, p. 245.

[2] Mauro CAPPELLETTI e Bryant GARTH, *Acesso à Justiça*, Porto Alegre: Sergio Antonio Fabris Editor, 1988, p. 11.

[3] Cf Selma FERREIRA LEMES, *Árbitro, o padrão de conduta ideal*, IN: "Arbitragem,

42　III Congresso do Centro de Arbitragem da Câmara de Comércio e Indústria

manutenção da sua independência, pois o árbitro deve ser independente e imparcial durante todo o processo arbitral. Neste sentido, ao ser indicado como árbitro deve revelar os fatos que sejam de seu conhecimento, bem como atentar para aqueles que deveria conhecer em razão da atividade e vinculação profissional desenvolvidas e a existência de relação de amizade estreita com as partes, que possa gerar dúvida razoável quanto a sua independência e imparcialidade.

O exercício da função de árbitro requer do candidato atenção especial às normas de conduta, aos deveres a que está sujeito enquanto investido na função de julgador.[3] Este dever legal tem em seu âmago um componente ético que sustenta toda a estrutura da atividade de julgador. Diz-se que a ética do árbitro é a ética da arbitragem. Decorre, por conseguinte, que a arbitragem se fundamenta, sobretudo, na consciência moral do árbitro. "A arbitragem vale o que vale o árbitro", diz o adágio repetido à saciedade na literatura arbitral mundial.

Assim é que se o pulmão da arbitragem é mantido pela independência e imparcialidade do árbitro é o dever de revelação que o oxigena (art. 14, § 1º da Lei nº 9.307/96). Nesta linha, conforme pondera Thomas CLAY, "a obrigação de revelação é a pedra angular do regime jurídico da independência do árbitro, graças a sua dupla função: a de representar um critério de avaliação da independência e a de ser meio de proteção dessa garantia."[4] (tradução livre)

Impende salientar que na jurisprudência brasileira e comparada são escassos os casos de sentenças arbitrais anuladas decorrentes da ausência de independência e imparcialidade do árbitro e por não observar o dever prévio de revelação de fato notório que pudesse afetar o seu julgamento, impedindo-o de atuar. Até mesmo nas estatísticas da Corte Internacional de Arbitragem da Câmara de Comércio Internacional – CCI, os casos de impugnações de árbitros são reduzidos e as decisões que afastam árbitros são ínfimas. Verifica-se, nesta linha, que no ano de 2007, das 22 impugnações apresentadas na CCI nenhuma foi aceita, ou seja, os motivos

---

lei brasileira e a praxe internacional", Paulo Borba Casella (coord.), São Paulo: LTr, 2. ed., 1999, p. 233/268 e Revista española de arbitraje, vol. X, 1994, p. 11/42. Disponível também em www.selmalemes.com.br.

[4] Thomas CLAY, *L'Indépendance et l'impartialité de l'arbitre et les règles du procès èquitable*, IN: «La impartialité du juge et de l'arbitre», Bruxelles: Bruylant, 2006, p. 235.

A Independência e a Imparcialidade do Árbitro e o Dever de Revelação   43

alegados não justificavam o afastamento dos árbitros pela alegada falta de independência.[5] Em 2008, houve 24 impugnações e apenas uma aceita. [6]

2. Os princípios da independência e da imparcialidade

Os princípios da independência e da imparcialidade do árbitro são de ordem pública, posto que governam o ato de julgar, seja para o juiz como para o árbitro, tanto nas arbitragens de direito como por equidade.[7] A *Lex Legum* da Arbitragem nacional e internacional estrutura-se em duas regras fundamentais: o devido processo legal e a independência e a imparcialidade do árbitro. Tanto a independência como a imparcialidade representam *standards* de comportamento. A independência é definida como a manutenção pelo árbitro, num plano de objetividade tal, que no cumprimento de seu mister não ceda a pressões nem de terceiros nem das partes. A independência do árbitro está vinculada a critérios objetivos de verificação. Já a imparcialidade vincula-se a critérios subjetivos e de difícil aferição, pois externa um estado de espírito (*state of mind*).[8]

Philippe FOUCHARD, ao se referir à jurisprudência francesa esclarece que esta pontifica que todos os árbitros devem ser independentes de todas as partes no litígio, por ser esta uma situação objetiva que supõe a ausência de vínculos ou liames com as partes, notadamente com aquela que o indicou. Adverte também que o que se espera do árbitro é sua imparcialidade, mas como se trata de um estágio psíquico difícil de ser demons-

---

[5] Note-se que em arbitragem internacional é raríssimo o envolvimento de árbitros em casos de corrupção. Quanto à figura de "árbitro de parte" previsto na legislação americana, sua previsão em arbitragens internacionais é praticamente inexistente.

[6] Cf Antonio PINTO LEITE, *Challenge of arbitrators*, palestra proferida no IX Congresso Internacional do Comitê Brasileiro de Arbitragem – CBAR, Belo Horizonte, outubro de 2009, (inédito). Verifica-se que de 1998 a 2006 foram confirmados ou nomeados 8.025 árbitros nas arbitragens administradas pela CCI. Nesse período houve 270 impugnações sendo que apenas 20 foram aceitas. Cf Anne Marie WHITESELL, *L' indépendance dans l'arbitrage de la CCI: pratique de la Cour de la CCI en matière de nomination, confirmation, récusation et remplacement des arbitres*, Bulletin de la Cour Interationale d'Arbitrage de la CCI, L'índépendence de l'arbitre, Supplément spécial 2007, p. 29.

[7] Cf Selma FERREIRA LEMES, *Árbitro. Princípios da independência e da imparcialidade*, São Paulo: LTr, 2001, 239 p.

[8] Op. cit., p. 53.

44 III Congresso do Centro de Arbitragem da Câmara de Comércio e Indústria

trado e em decorrência do comportamento parcial do árbitro ser raramente externado, é por meio da independência que se firmou o conceito consagrado que "a independência do árbitro é da essência da função jurisdicional" e as circunstâncias para contestar essa independência devem caracterizar-se "pela existência de vínculos materiais ou intelectuais, uma situação de natureza a afetar o julgamento do árbitro, constituindo um risco certo de prevenção com respeito a uma das partes na arbitragem"[9].

3. A confiança no árbitro como critério definidor para ser indicado

A Lei brasileira de arbitragem reforça o conceito da confiança como critério definidor para poder atuar como árbitro. O art. 13 estatui que *"pode ser árbitro qualquer pessoa capaz e que tenha a confiança das partes"*. A capacidade é a civil e a técnica (quando for o caso) para decidir sobre a matéria. A confiança está vinculada à honradez e a honestidade. Cícero advertiu na sua obra *De Officiis* (*Dos Deveres*) que a honestidade decorre de quatro fontes: a primeira é o conhecimento (sabedoria), a segunda o sentimento da comunidade humana (justiça), a terceira a magnanimidade (alma nobre e generosa) e, a quarta, a inclinação para a moderação (temperança). Pierre TERCIER salienta que a condição primeira da confiança é a independência do julgador e que justamente para garantir essa independência é que foi desenvolvido um grande número de princípios e de mecanismos de controle erigidos em nível constitucional.[10]

É do conceito de "confiança" que deriva o dever de transparência do árbitro, o dever de revelar fatos ou circunstâncias que possam abalar a confiança gerada nas partes. Como conseqüência, a ausência de revelação de um fato importante e notório que possa influenciar o julgamento do árbitro representa a violação do devido processo legal, do direito de defesa, pois a parte foi impedida de se defender adequadamente, já que não conhecia o fato, que se fosse de seu conhecimento teria podido objetar a indicação do aludido árbitro.

---

[9] Philippe FOUCHARD, *Le statut de l'arbitre dans la jurisprudence française*, Revue de L'arbitrage, 1996: 325/72 e op. cit. p. 54.

[10] Cf Pierre TERCIER, prefácio, Bulletin de La Cour Interationale d' Arbitrage da CCI, L'índépendance de l'arbitre, Supplément spécial 2007, p. 5.

A Independência e a Imparcialidade do Árbitro e o Dever de Revelação   45

É por esse motivo que um dos mais importantes deveres de um árbitro é o de revelar às partes fatos que sejam de seu conhecimento ou que deveria razoavelmente conhecer (fatos notórios). O dever de revelação do árbitro constitui um dever fundamental da arbitragem nacional e internacional.

A missão do árbitro é dar solução ao litígio com justiça (por óbvio, seja na arbitragem por direito ou por equidade)[11] e essa missão funda-se na confiança das partes que o nomearam. É em nome dessa confiança que nomeiam um árbitro que terá independência para julgar com imparcialidade, posto que a independência é um pré-requisito da imparcialidade.

Por isso, reitere-se, que a verificação prévia e durante a arbitragem quanto à ausência de impedimento para atuar, bem como a revelação de um fato importante, ao tomar conhecimento e a qualquer momento durante o processo arbitral, é sem dúvida uma providência necessária e terapêutica. É no dever de revelação que a arbitragem se purifica.[12]

Há ainda um importante componente vinculado à confiança gerada nas partes pelo árbitro, especialmente para as arbitragens internacionais, considerando os diferentes sistemas jurídicos e em decorrência da diversidade cultural dos árbitros (e nacionalidade). Neste sentido asseveram João Bosco LEE e Maria Cláudia de Assis PROCOPIACK que "ao escolher um árbitro, as partes ou seus advogados vão tentar escolher alguém com quem se identifiquem e que esse, ao mesmo tempo, possa se identificar com a parte, com a causa, ou com tudo o que envolve a arbitragem; uma pessoa que tenha as mesmas origens, que compreenda as tradições, os costumes e as idéias que estavam presentes no espírito dessa parte quando da elaboração do contrato e que continuarão a guiá-la durante o procedimento arbitral".[13]

---

[11] Quanto à questão da arbitragem por equidade e a aplicação da ordem pública processual, cf nosso artigo *A arbitragem e a decisão por equidade no direito brasileiro e comparado*, IN: "Arbitragem. Estudos em homenagem ao professor Guido Fernando da Silva Soares", Selma FERREIRA LEMES, Carlos Alberto CARMONA e Pedro Batista MARTINS (coords.), São Paulo: Atlas, 2007, p. 216/218.

[12] Cf Ahmed S. EL-KOSHERI e Karim Y YOUSSEF, *L' independance des arbitres internationaux: le point de vue d' un arbitre*, Bulletin de La Cour Interationale d' Arbitrage da CCI, L'índépendance de l'arbitre, Supplément spécial 2007, p. 54.

[13] João Bosco LEE e Maria Cláudia de Assis PROCOPIACK, *A obrigação de revelação do árbitro está influenciada por aspectos culturais ou existe um verdadeiro "standard" universal ?* IN: "Estudos de arbitragem", Clávio de Melo VALENÇA FILHO e João Bosco LEE, Curitiba: Juruá, 2008, p. 304.

III Congresso do Centro de Arbitragem da Câmara de Comércio e Indústria

Estas são características pessoais que poderão auxiliar o árbitro a entender melhor não somente o litígio, mas toda a conjuntura em que o litígio se encerra e não se vinculam aos conceitos de independência e imparcialidade. São, como mencionado, características pessoais e culturais e que se relacionam à nacionalidade ou ao país de residência das partes e do árbitro.[14]

4. O Dever de Revelação

O árbitro tem o dever de revelar às partes todas as circunstâncias cuja natureza possa afetar seu julgamento e a provocar no espírito das partes uma dúvida razoável sobre sua independência e imparcialidade, que são da essência da função jurisdicional.

É importante salientar que o que deve ser revelado pelo árbitro, não é apenas o que ao seu juízo deve ser mencionado, mas essencialmente deve se colocar no lugar das partes e indagar a si, se fosse parte, se gostaria de conhecer tal fato. Portanto, a amplitude e razoabilidade do que revelar deve ser avaliada na visão do árbitro cumulada com a das partes. É neste sentido que o Regulamento de Arbitragem da Corte Internacional de Arbitragem da Câmara de Comércio Internacional – CCI no art. 7.2 dispõe "antes da nomeação ou confirmação, a pessoa indicada como árbitro deverá assinar uma declaração de independência e informar por escrito à Secretaria quaisquer fatos ou circunstâncias cuja natureza possa levar ao questionamento de sua independência aos olhos da partes.[15] A Secretaria deverá comunicar tal informação às partes por escrito e estabelecer um prazo para apresentarem seus eventuais comentários."

---

[14] Op. cit. P. 304. A questão, neste particular, está vinculada à neutralidade do árbitro. Cf nosso livro *Árbitro...*, p. 63 e segs. Ives Derains ao analisar a neutralidade cultural ressalta que na arbitragem internacional um tribunal arbitral formado por árbitros de sistemas jurídicos ou nacionalidades diferentes não travarão uma discussão de teses opostas competindo ao árbitro presidente dirimir a questão, mas se trata da cooperação de três mentes que têm o objetivo comum de dar ao litígio uma solução justa, quando se aplica o direito a uma situação de fato determinada. (Ives Derains, prefácio da obra de Francisco Gonzalez de Cossío, *El Árbitro*, Cidade do México: Editorial Porrúa, 2008, p. X).

[15] A expressão "aos olhos das partes" também significa a na visão da nacionalidade e do sistema legal atinente as partes; enfim, de sua identidade cultural.

A Independência e a Imparcialidade do Árbitro e o Dever de Revelação   47

E reitere-se, o dever de revelação é constante, pois assim também dispõe o art. 7.3 do Regulamento CCI.

Verifica-se também, que em razão da diversidade cultural e de sistemas jurídicos existentes, não ser possível fixar parâmetros uniformes para o dever de revelação nas arbitragens internacionais. O dever de revelação existe e constitui um dever universal obrigatório, mas o que deve ser revelado estará intimamente vinculado à identidade cultural do árbitro.[16]

Diante de uma indicação para atuar como árbitro o provável árbitro deve verificar todos os seus relacionamentos presentes e passados com as partes e, se for o caso, com os grupos societários aos quais as partes estão vinculadas. No caso de advogados que integram bancas devem efetuar verificação adequada em seus arquivos para ter a certeza que não há nenhum motivo que o impeça de atuar. Por exemplo, em casos de advogados membros de sociedade de advogados, uma das partes pode ter se valido dos serviços de seu escritório ou de uma filial. Esse fato deve ser revelado,[17] pois pode ocorrer que em razão da matéria, do tempo decorrido e da periodicidade ser irrelevante, mas também podem ser considerado e classificado como substancial e representar um impedimento para o árbitro indicado atuar (conflito de interesses).

Muitas vezes o árbitro indicado não tem certeza se deve revelar certo fato, se seria relevante ou desnecessário. Na dúvida, aconselha-se que seja revelado, pois o prejuízo da revelação sempre será menor do que da eventual omissão, já que se este fato, aos olhos das partes, for importante e causa de sua rejeição, sua omissão poderá por em risco toda a arbitragem. Thomas CLAY acentua que "a revelação é o seguro de vida da instância arbitral".[18] (tradução livre)

---

[16] Cf João Bosco LEE e Maria Cláudia de ASSIS PROCOPIACK, op. cit. p. 308.

[17] A revelação efetuada pelo árbitro não representa que a seu juízo esse fato geraria um impedimento, mas o faz na qualidade de dar cumprimento ao dever de revelar, posto que a avaliação deve ser efetuada pelas partes. " A revelação não implica admitir um conflito de interesses. O árbitro que faz uma revelação às partes se considera imparcial e independente destas, apesar dos fatos revelados, pois em caso contrário, teria negado o renunciado à nomeação" (Diretrizes da IBA sobre Conflitos de Interesses, Introdução, item 3. "b") tradução livre. Muitas vezes, pode se verificar a dispensa de revelação, se o fato a ser revelado não passa sequer pelo que denominamos "teste de razoabilidade" efetuada pelo próprio árbitro (quando faz a si a indagação se o suposto fato é importante e se fosse parte gostaria de conhecer).

[18] Thomas CLAY, op. cit., p. 218.

48   III Congresso do Centro de Arbitragem da Câmara de Comércio e Indústria

A ausência de revelação de fato notório e importante que impediria o árbitro de atuar, tal como acima mencionado, constitui violação ao princípio da confiança (art. 13 da Lei n. 9.307/96) e da garantia do direito de defesa, pois a omissão da revelação a impediu de se defender e exercer a recusa em relação ao árbitro no momento adequado. Note-se também que o dever de revelação está consentâneo com as obrigações contemporâneas de informação prévia e de transparência,[19] pois a natureza jurídica da relação do árbitro com a parte é de um contrato de investidura (contratual na fonte e jurisdicional no objeto).

Contudo, a verificação constante pelo árbitro da manutenção de independência e conseqüente inexistência de conflito de interesses, deve ser norteada por critérios de razoabilidade, bom senso e serenidade. Não se pode esperar que um árbitro se responsabilize por fatos originados de terceiros (e que atue como um fiscal de quarteirão), com conseqüências tangenciais e distantes na atividade que exerce. A inconsistência da revelação objetada não pode ser a condutora de impugnação de árbitro ou de demanda anulatória de sentença arbitral cujo motivo, em muitas circunstâncias, ou será a prévia constatação de que a sentença arbitral não lhe será favorável ou o mero inconformismo da parte vencida que devem ser coibidos, respectivamente, pelas instituições de arbitragem e pelos tribunais judiciais.

Neste diapasão a jurisprudência suíça aduz que "a questão não é saber se podemos reprovar o árbitro de não ter fornecido mais informações, mas se o fato que não foi revelado é de natureza a fundamentar uma aparência de parcialidade ou de dependência, de tal sorte que o tribunal arbitral não teria sido regularmente composto no sentido do art. 190, 2, "a"da LDIP." (tradução livre).[20] Ou seja, na seara judicial, não se avalia a ausência da revelação, mas o motivo não revelado e que este seja real e efetivo, bem como que possa influenciar no julgamento isento do árbitro.

Note-se que após revelados pelos árbitros e aceitos expressa ou tacitamente pelas partes os vínculos ou demais circunstâncias entre as

---

[19] Cf Laurent Aynès, *L´Éthique du droit de l´arbitrage*, IN: L' éthique du droit des affaires, Paris: Pierre Téqui éditeur, 2008, p. 57.

[20] Decisão reproduzida por Emmanuel Gaillard, Revue d'arbitrage, 2003/1241. Trata-se do Arrêt n. 4P.188/2001, não publicado e disponível no site do Tribunal Federal Suíço (.www.bger.ch).

A Independência e a Imparcialidade do Árbitro e o Dever de Revelação   49

partes e os árbitros, estes não poderão gerar mais suspeitas de ausência de imparcialidade ou independência.[21] Observa também Francisco GONZÁLEZ DE COSSÍO, na linha do acima mencionado que "o importante não é tanto a inexistência de vínculos (algo que pode ser utópico) mas a falta de conhecimento destes. A ocultação gera suspeita. É por ela que se pode aparentar dúvidas." (tradução livre).[22] Portanto, é o segredo que gera, em primeiro plano, o problema.[23]

5. Os Códigos de Ética e as Diretrizes da *International Bar Association – IBA sobre Conflitos de Interesses na Arbitragem Internacional*

Para auxiliar na interpretação, esclarecer e aclarar os conceitos de independência e de imparcialidade, tentar fornecer mais segurança para a arbitragem, os Códigos de Ética das instituições internacionais e nacionais, tais como a *International Bar Association* – IBA para os Árbitros Internacionais, o da *American Bar Association* – ABA e *American Arbitration Association* – AAA para os Árbitros em Disputas Comerciais, o Código de Ética do Centro de Arbitragem da Câmara de Comércio Brasil-Canadá – CCBC,[24] as "Recomendações Relativas à Independência e Imparcialidade dos Árbitros" elaborada pelo *Club Español de Arbitraje* e as "Diretrizes da IBA relativas a Conflitos de Interesses em Arbitragem Internacional" de 2004[25] (Diretrizes IBA) tentam fornecer nortes importantes e razoáveis para o provável árbitro e partes avaliarem no momento da indicação, como também durante todo o processo arbitral.

No caso das Diretrizes da IBA, as situações nelas previstas e especificadas didaticamente em listas verde, amarela e vermelha, apesar de

---

[21] Cf Francisco GONZÁLEZ DE COSSÍO, *El Árbitro*, Cidade do México: Editorial Porrúa, 2008, p. 44.

[22] Op. cit., p. 44.

[23] *"Na atualidade é largamente reconhecido que o que importa na grande maioria dos casos não é a existência de relações de negócios ou pessoais, mas a declaração, pelo árbitro, da existência dessas relações. É o segredo que coloca o problema."* (tradução livre). (Ahmed S. EL-KOSHERI e Karim Y YOUSSEF, op. cit. p. 50).

[24] Disponível em www.ccbc.org.br

[25] Disponível em www.ibanet.org Cf Maria Cláudia de ASSIS PROCOPIACK, *As diretrizes do International Bar Association sobre conflitos de interesses na arbitragem internacional*, Revista brasileira de arbitragem, 16/7:40, out./nov./dez, 2007.

50 III Congresso do Centro de Arbitragem da Câmara de Comércio e Indústria

serem diretrizes bem elaboradas, não estão isentas de críticas, pois ao serem utilizadas como padrões de referências podem, em determinadas situações, serem aplicadas com excesso e sem critério, especialmente considerando a lista amarela, que pode gerar mais insegurança do que certeza; ademais, nota-se, por exemplo, que o Código de Ética da IBA para os árbitros internacionais poderia já ser considerado como suficiente para fornecer um guia útil de boas práticas e em áreas limitadas.[26] Debate-se também se um corpo privado de regras (Diretrizes da IBA) poderia substituir normas quase sempre mandatórias referentes à independência e a imparcialidade do árbitro previstas nas legislações nacionais,[27] bem como se haveria algum perigo em acrescentar essa regras sem substituir as citadas legislações. V. V. VEEDER,[28] autor das observações acima externadas, também menciona dois casos nos quais a utilização das Diretrizes da IBA foram equivocadas. O primeiro caso ocorrido na Holanda e submetido ao Judiciário em 2004, referia-se a uma arbitragem *ad hoc* segundo as regras da UNCITRAL, sobre matéria referente ao Acordo Bilateral de Investimentos (BIT). Alegou-se para impugnar o árbitro indicado pelo investidor, que este carecia de imparcialidade e/ou independência, pois desempenhava dois papéis conflitantes. Num caso atuava como árbitro e em outro era advogado. As demandas eram com partes e matérias diversas, mas vinculadas a um BIT com solicitação de anulação da sentença proferida perante o Centro Internacional de Resolução de Disputas – CIRDI. A Corte holandesa manifestou-se favorável à substituição do árbitro, a menos que ele renunciasse a condução do processo como advogado no outro caso. O árbitro dessa forma agiu. Ainda, a parte propôs uma segunda demanda de impugnação, que foi rejeitada pelo Judiciário holandês.[29] O segundo caso relatado tratava-se de uma arbitragem CCI

---

[26] Cf V.V.VEEDER, *Is there any need for a code of ethics for international commercial arbitrators?*, IN: « Les arbitres internationaux « , Colloque du 4 février 2005, Centre Français de Droit Comparé, vol. 8, Société de Législation Comparée, 2005, p. 187/194.

[27] Cf Otto L. O. de WITT WIJNEN, *Les directives de l'IBA sur lês conflits d' intérrêts dans l'arbitrage international, trois ans après*, IN: Bulletin de La Cour Interationale d' Arbitrage da CCI, L' indépendance de l'arbitre, Supplément spécial 2007, p. 118.

[28] Op. cit. p. 188.

[29] Op. cit. p. 188, *TMB v. Ghana*, ASA Bulletin, 2005. 186. Cf Samuel Ross LUTTRELL, *Bias challenges in international arbitration: the need for a "real danger" test,* Murdoch University, 2009, p. 106/109. Disponível em: www.lib.murdoch.edu.au/adt.

A *Independência e a Imparcialidade do Árbitro e o Dever de Revelação*   51

em que os árbitros/advogados eram *barristers* na mesma Câmara, cuja impugnação foi rejeitada pela CCI.[30]

A aplicação das Diretrizes da IBA referentes a conflitos de interesses em arbitragens internacionais deve ser avaliada em razão do caso presente e das circunstâncias específicas. No caso brasileiro, há precedentes no âmbito das Câmaras de Arbitragem, que ao julgarem a impugnação de árbitros em arbitragens nacionais invocam as Diretrizes da IBA, todas, ao que parece, de forma salutar e adequada. Note-se, que o mesmo ocorre na arbitragem internacional, conforme acentua WITT WIJNEN, pois as Diretrizes da IBA são amplamente invocadas pelas partes no ato de impugnar árbitros e ao momento em que as instituições de arbitragem decidem a respeito.[31]

Não obstante as críticas efetuadas e a incerteza quanto aos resultados dos balizamentos fornecidos pelas Diretrizes da IBA, que poderão representar mais riscos e problemas do que soluções,[32] também não se pode deixar de aferir que tanto estas como os Códigos de Ética possuem finalidade pedagógica e são um norte, um guia e uma referência que, dependendo do caso concreto a ser aplicado poderá ser oportuna ou, ao contrário, inadequada. Outra característica positiva das Diretrizes da IBA é a de lançar o debate em torno do assunto e contribuir para o aprimoramento do Direito da Arbitragem e contribuir para a administração da justiça.

6. O dever de revelação e a jurisprudência

A jurisprudência francesa fixou interessante parâmetro quando à obrigação de revelação, traçando critérios aos quais os árbitros devem

---

[30] Op. cit., p. 188. Os *barristers* são os advogados que atuam nos Tribunais ingleses e em câmaras especializadas. Saliente-se que no julgado *Kuwait Foreign Trading & Investment Co v. Icori Estero* a Corte de Apelação de Paris em 28.06.1991, esclareceu que o relacionamento entre árbitros e advogados é difícil de ser evitado porque a comunidade arbitral internacional é pequena. A Corte assentou que dois "barristers" da mesma Câmara estão aptos a atuar na mesma arbitragem, um como árbitro e outro como advogado. Cf Samuel Ross LUTTRELL, op. cit. p. 94.

[31] Cf Otto L. O. de WITT WIJNEN , op. cit., p. 116.

[32] Cf V.V.VEEDER, op. cit. p. 189. Cf Thomas CLAY, *Presentation des directives de l' International Bar Association sur les conflits d'intérêts dans l' arbitrage international*, Revue de l´arbitrage, 2004:991/1015.

ater-se, ao esclarecer que o fato deve ser notório e ter incidência razoavelmente previsível sobre o julgamento do árbitro. A obrigação de informação (revelação) de fato notório constitui a garantia do direito de defesa da parte, assim pontificou outro julgado francês em que a sentença arbitral foi anulada, pois o árbitro não revelou que cumulava a função de árbitro com a de consultor de uma das partes.[33]

Há também um julgado peculiar retratado na jurisprudência francesa, que anulou sentença arbitral proferida por um árbitro que omitiu ter se casado com a mãe do advogado de uma das partes: "A obrigação de informação que pesa sobre o árbitro deve ser verificada em atenção à notoriedade da situação criticada e de sua incidência razoavelmente previsível sobre o julgamento do árbitro; a ausência de revelação por um árbitro de seu casamento com a mãe do advogado de uma das partes não permite a outra parte ter a certeza da sua independência e imparcialidade".[34] (tradução livre)

Na jurisprudência inglesa no julgamento *AT&TCorp. e Lucent v. Saudi Cable* a *High Court* em 1999 e a *Court of Appeal* em 2000,[35] foi verificado se o interesse econômico indireto seria fator a afetar a independência e a imparcialidade de árbitro que estava vinculado a um terceiro concorrente. Num primeiro momento tal fato foi revelado e constou no currículo do árbitro apresentado à instituição de arbitragem e, em seguida, foi suprimido. Note-se que não existia vínculo estreito com as partes e um interesse pecuniário direto. A apreciação de parcialidade pelo Tribunal dependeria da verificação de um perigo real de parcialidade inconsciente e não somente de uma apreensão razoável como sustentado. Tratava-se de uma arbitragem administrada pela CCI e a impugnação durante a arbitragem foi rejeitada. A sentença arbitral foi mantida pelo judiciário inglês.[36]

---

[33] Revue de L´Arbitrage, 1999/329. Em nosso livro *Árbitro...* p. 162 esse precedente foi reproduzido e comentado.

[34] Revue de L´Arbitrage, 1999/ 381, Société Milan Press v/ Média Sud Communication, Court d'Appel de Paris, 10.01.1999.

[35] Revue de L´Arbitrage, 2001/ 211. Comentários de P. SARRAILHÉ.

[36] No direito inglês a parcialidade (não há menção à independência na lei inglesa de 1996) do árbitro é apreciada sob o enfoque de um observador justo e informado avaliar os fatos e concluir a real possibilidade de parcialidade do tribunal arbitral. A possibilidade deve ser real e o parcialidade aparente pode ser inconsciente. Note-se, que não há diferença entre o sistema inglês e o direito continental, pois a questão é analisada à

A Independência e a Imparcialidade do Árbitro e o Dever de Revelação   53

A ausência de revelação pelo árbitro de indicações anteriores efetuadas pela mesma parte foi levada ao judiciário francês. No caso, o árbitro foi durante 10 anos, por 51 vezes, indicado como árbitro por sociedade do mesmo grupo, fato que cria dependência econômica e um risco provável de prevenção do árbitro em favor da parte.[37]

No caso Fretal v. ITM Enterprises julgado pela Corte de Apelação de Paris em 28.10.1999, foi decidido que o fato de um árbitro ter sido indicado três vezes pela mesma parte não representa falta de independência, quando decide matérias subseqüentes envolvendo a parte.[38] A melhor prática seria ter revelado tal fato, mas a ausência de revelação não desqualifica o árbitro. A decisão judicial se firma no sentido de verificar a "ameaça de parcialidade" em conexão com o conceito de "dúvida razoável" que consubstancie um "risco provável" de ausência de independência e conseqüente imparcialidade.

Outro precedente da Corte de Apelação de Paris julgado em 1992 (caso Raoul Duval) anulou uma sentença arbitral em que o presidente do tribunal arbitral foi contratado por uma das partes no dia seguinte em que a sentença arbitral foi proferida e não tinha revelado nenhuma relação com a parte durante o procedimento arbitral. Apesar de a missão do árbitro se encerrar com a sentença arbitral proferida, parece óbvio que houve tratativas entre o árbitro e a parte durante o curso da arbitragem e "existia uma relação de interesse de tal forma que o conhecimento desta situação pela outra parte poderia suscitar uma fundada dúvida quanto a independência de espírito deste árbitro e justificar uma demanda de recusa".[39]

---

luz da Convenção Européia sobre Direitos Humanos, art. 6.°, que trata da formação de um tribunal independente e imparcial. Cf Louis EPSTEIN, *Indépendance et préjugé de l' arbitre: le point de vue d' un juriste d' entreprise*, IN: Bulletin de La Cour Interationale d' Arbitrage da CCI, L' indépendance de l'arbitre, Supplément spécial 2007, p. 59/81. Sobre a Convenção Européia de Direito Humanos, verificar os precedentes mencionados no nosso livro *Árbitro...*, op. cit. p. 182/184.

[37] Revue de L´Arbitrage, 2003/ 1245, Comentários de E. GAILLARD.

[38] Cf Samuel Ross LUTTRELL, op. cit. p.96.

[39] Cf Maria Claudia de ASSIS PROCOPIACK, op. cit. p 17. Cf, igualmente, os comentários de Philippe FOUCHARD sobre este julgado, inclusive analisando a questão sobre a ótica da responsabilidade civil do árbitro e o dever de revelação. No caso, o Tribunal de Grande Instância de Paris, em 12.05.1993, julgou uma demanda de reparação civil pelos prejuízos causados à parte (Raoul Duval), esclarecendo que "o vinculo de natureza

54 III Congresso do Centro de Arbitragem da Câmara de Comércio e Indústria

Um julgado proferido pela Corte de Apelação dos Estados Unidos, Nono Circuito em 2007[40] valeu-se das normas deontológicas, especificamente do Código de Ética da AAA/ABA e das Diretrizes da IBA. Tratava-se de saber se um árbitro teria meios de conhecer um conflito de interesses (potencial) que fosse suficientemente importante para ser mencionado. As diretivas da AAA/ABA (2004), no cânon II (b) prevêem que o árbitro tem o dever de empregar esforços razoáveis para se informar de todos os interesses ou de todas as relações que devam ser objeto de uma declaração. Já as Diretrizes da IBA mencionam o dever de informação e pesquisa de fatos que possam gerar conflitos de interesses e comprometer a independência e a imparcialidade do árbitro indicado (Norma Geral 7 "c").

A Corte de Apelação americana referida, após reconhecer que apesar de as normas deontológicas não terem força de lei, estas não podem deixar de ser consideradas conjuntamente com o dever tradicional (legal) do advogado de evitar conflito de interesses, esclarecendo que "eles [dever tradicional e normas deontológicas] reforçaram nossa conclusão no caso *Schmitz,* segundo o qual 'se pode produzir uma impressão razoável de parcialidade, desde que exista um real conflito de interesse e que o advogado tinha meios de conhecer. Que o advogado se esqueceu de verificar se existia um conflito[...] não é uma escusa." ' (tradução livre).[41]

Um julgado francês tratou da ausência de revelação completa do árbitro a justificar a anulação da sentença arbitral proferida e a desconsideração quanto ao não conhecimento do fato pelo árbitro também foi abordada. No caso, o árbitro presidente integrava sociedade de advogados na qual uma filial prestava assessoria a empresas do grupo de uma das partes. Tal fato que não era de conhecimento do árbitro presidente, não foi revelado na declaração de independência. Todavia, o dever de revelação se estende para todas as circunstâncias que possam afetar o julga-

---

contratual que une o árbitro às partes, justifica que sua responsabilidade seja apreciada segundo as condições do direito comum, artigo 1.142 do Código Civil" (tradução livre). (Philippe FOUCHARD, *Le statut de l'arbitre dans la jurisprudence française,* Revue de L'arbitrage, 1996/361).

[40] Trata-se do caso Regency Productions, Inc. (sociedade californiana) v. Nippon Herald Films, Inc. (sociedade japonesa), N. 05-55224 D.C. n. CV -04 09951 – AHM Opinião, Setembro 2007, citado e comentado por Otto L. O. de WITT WIJNEN, op. cit., p. 118/119.

[41] Otto L. O. de WITT WIJNEN, op. cit., p. 119.

A Independência e a Imparcialidade do Árbitro e o Dever de Revelação   55

mento do árbitro e a provocar uma dúvida sobre a imparcialidade e independência. A obrigação de informação e verificação permanece durante todo o processo arbitral, haja vista que o liame de confiança entre as partes e o árbitro deve perdurar durante todo o procedimento arbitral e o conflito de interesses (critério objetivo) estava presente.[42]

Situação similar de conflito de interesses entre árbitro-advogado ocorreu num precedente brasileiro julgado na 11a. Vara Cível do Foro Central de São Paulo em 14.07.2004, pelo ilustre juiz Luiz Sergio de Mello Pinto,[43] no qual o árbitro indicado pela parte ré na demanda de anulação atuou (a sociedade de advogados a que pertencia) para entidade que integrava o mesmo grupo econômico da parte.

Assim dispôs a sentença:... "Tendo em vista que o obstáculo legal só foi reconhecido após a decisão arbitral, não puderam as autoras formular as exceções cabíveis alhures. A assertiva do réu no sentido de que a alegação de impedimento extemporânea somente surgiu quando foi reconhecida a improcedência da demanda arbitral às autoras, se conhecedoras fosse da preexistência de relações entre árbitro indicado pelo réu e ele, evidentemente teriam impugnado oportunamente a indicação. Seria ilógico admitir que as autoras estivessem cientes de antemão que um litígio de tamanho vulto fosse julgado por um árbitro parcial e ainda assim quedarem-se inertes. A pretensão das autoras encontra respaldo no art. 14, "caput" e parágrafo 2 da Lei n. 9.307/96, bem como nos arts. 134, inciso II e 135, inciso V, ambos da lei adjetiva pátria.

Logo, por ser matéria de ordem pública, cujo interesse público prevalece, faz-se forçoso reconhecer o caráter de verdadeira objeção à pretensão das autoras, insuscetível de preclusão. (...) É incontroverso que o árbitro não suscitou qualquer impedimento em atuar no julgamento arbitral, uma vez que se isto houvesse ocorrido, as autoras não estariam no atual estágio do procedimento buscando socorro junto ao Poder Judiciário. Considerando que o aludido árbitro foi consultor efetivo de uma empresa do grupo econômico na operação de colocação de títulos da empresa X, clarividencia-se a sua parcialidade junto ao réu.

Assim, comprovado que o árbitro é sócio da sociedade de advogados Y, tendo representado e atuado na consultoria jurídica de A [que

---

[42] Revue de L´arbitrage, 2009/186, Comentários de Thomas CLAY.
[43] Processo n. 000.04.034129-1-controle 539.

56 III Congresso do Centro de Arbitragem da Câmara de Comércio e Indústria

integra o grupo financeiro da ré] na operação da empresa X [colocação de títulos], é irrelevante o fato de ele não ser o consultor direto do réu, uma vez que defendeu, de forma louvável, interesses de uma das empresas do grupo econômico da qual o réu é parte integrante. Seria irrelevante lembrar que as empresas do grupo econômico da ré têm interesses coligados, independente de as atividades por elas desenvolvidas serem idênticas ou não. Conclui-se, portanto, pela existência de impedimento legal absoluto do árbitro.

Aplicáveis aos árbitros os deveres impostos aos juízes togados, incumbe-me, ainda, ressaltar que a imparcialidade constitui verdadeiro princípio constitucional não somente do estado democrático de direito, mas também do juiz natural, cuja exigência paira sobre todo e qualquer procedimento, seja judicial, administrativo ou arbitral.

A intervenção do árbitro em feito anterior para defesa de interesses do grupo da ré é causa objetiva de impedimento, não se fazendo necessário perquirir sua real intenção em relação à ré, parte integrante desse grande grupo econômico, diante da inequívoca convergência de interesses."

7. Conclusão

Um árbitro que se abstenha da sua obrigação de independência é incapaz de ditar uma sentença arbitral válida.[44] A regra a nortear a aferição da independência e da imparcialidade do árbitro é a revelação por este de fatos que em decorrência de seu cargo ou função possam gerar dúvidas justificadas, ou uma real possibilidade da ausência de independência ou imparcialidade e que possam ocasionar razoável apreensão nas partes. É o que se denomina de "teste objetivo de parcialidade".

Neste sentido pode-se aferir que há dois enfoques diferentes sobre o mesmo tema, um que se instaura numa fase prévia em que a revelação tem uma função preventiva, de verificação se o árbitro em face de tal circunstância poderia atuar. A outra seria a fase corretiva, de se verificar se o fato não revelado teria o condão de influir na decisão proferida (o árbitro não poderia ser árbitro e, portanto, o tribunal arbitral não estaria regularmente constituído). É indubitável que o que gera o problema é, na

---

[44] Cf Ahmed S. EL-KOSHERI e Karim Y YOUSSEF, op. cit. p. 46.

A *Independência e a Imparcialidade do Árbitro e o Dever de Revelação*   57

maior parte dos casos, a ausência de revelação de negócios ou relacionamentos, do que os motivos efetivos (importância e potencialidade). O desconhecimento mina a confiança depositada pelas partes no árbitro e impede o exercício regular do direito de defesa, tal como mencionado.

Por outro lado, conforme acima exposto, não será qualquer fato que poderá redundar no afastamento do árbitro com a aceitação da impugnação ou ser motivo para a anulação da sentença arbitral. Portanto, abusos devem ser coibidos pelos Tribunais, pois o argumento poderá ser utilizado levianamente pela parte perdedora, que lançará mão de motivos inconsistentes e a vinculação do fato não revelado com o árbitro ser irrelevante e de repercussão remota.

Ressalte-se que com a globalização dos negócios cada vez mais se faz necessária a transparência do árbitro no ato de revelar fatos importantes que possam comprometer toda a arbitragem, especialmente considerando que os partícipes dos negócios internacionais são grandes grupos com sociedades coligadas em todas as partes do globo, bem como de sociedades de advogados com filiais em todos os continentes. Estas redes são campo fértil para o surgimento de conflitos e poderão redundar no aumento de casos de impugnações de árbitros, especialmente em arbitragens internacionais. Nesta linha, os códigos de ética e as regras de conflito de interesses da IBA podem ser adequadas ferramentas a nortear situações específicas.

Por fim, é salutar reproduzir a recomendação efetuada por Ahmed S. El-Kosheri e Karim Y Youssef: "Os árbitros devem evitar comportamentos que prejudiquem a justiça arbitral. Suas responsabilidades consistem, por conseguinte, essencialmente, em respeitar a norma jurisdicional de independência. Esta responsabilidade se inscreve numa ampla tendência internacional de moralização do direito comercial internacional em geral." [45] (tradução livre).

Selma Maria Ferreira Lemes, professora e coordenadora do Curso de Arbitragem do GVLAW da Escola de Direito de São Paulo da Fundação Getúlio Vargas – DIREITO/GV. Mestre em Direito Internacional e doutora em Integração da América Latina pela Universidade de São Paulo. Membro suplente da Corte Internacional de Arbitragem da Câmara de Comércio Internacional – CCI.

---

[45] Op. cit. p. 57.

O ESTATUTO DEONTOLÓGICO DO ÁRBITRO
– PASSADO, PRESENTE E FUTURO

AGOSTINHO PEREIRA DE MIRANDA[*]

I. INTRODUÇÃO

1. O título da minha intervenção, se levado à letra, comportaria um vastíssimo campo de exposição que provavelmente deixaria o auditório num estado de exaustão ou ... apatia. Não se preocupem! Não tenho qualquer intenção de esgotar os 30 minutos que me foram atribuídos. Limitar-me-ei a breves comentários sobre as origens remotas da ética do árbitro[1,2] e a uma curta discussão do que poderá ser o futuro da deontologia arbitral. Entre uma e outra destas fronteiras temporais, abordarei, com algum detalhe, o que se me afigura ser, nos nossos dias, o núcleo central dos deveres deontológicos do árbitro, não deixando de referir – matéria nem sempre abordada autonomamente – os direitos que inegavelmente lhe assistem.

2. Ibrahim Shiata, que foi durante muitos anos Secretário-Geral do International Centre for the Settlement of Investment Disputes (ICSID), dizia que as questões da arbitragem deveriam ser abordadas com um

---

[*] Advogado. Presidente do Conselho Deontológico da Associação Portuguesa de Arbitragem.

[1] O autor agradece à Dra. Célia Matias a colaboração prestada na pesquisa das fontes documentais relativas às origens remotas da ética arbitral.

[2] Neste trabalho irei utilizar a palavra "árbitro" de forma a abranger tanto o árbitro singular como o conjunto de árbitros que compõem um tribunal arbitral colectivo.

60 *III Congresso do Centro de Arbitragem da Câmara de Comércio e Indústria*

toque de filosofia e, sempre que possível, outro de humor. Apetece-me dizer que um toque de história também não faz mal nenhum. Afinal, e parafraseando uma frase algo batida, *"quem não sabe de onde vem, provavelmente também não sabe para onde vai"*.

II. BREVE NOTA HISTÓRICA

3. A ideia, ainda largamente predominante, de que a arbitragem é um fenómeno relativamente recente é um dos vários erros de *percepção* relativamente a este instituto. De facto, trata-se de uma prática antiga e constante, que, segundo certos autores, pouco tem mudado ao longo de quase quatro milénios.[3] Na ordem jurídica portuguesa há indícios da existência de formas, certamente primitivas, de arbitragem voluntária desde a Idade Média.[4]

4. O que hoje chamamos "estatuto deontológico do árbitro" – na verdade, o conjunto de deveres (mas também de direitos) éticos advenientes da função de árbitro – é aflorado desde muito cedo nas fontes históricas que se referem à arbitragem ou a práticas vizinhas desta. Na Grécia Antiga o árbitro é um homem digno de confiança, um líder ou, simplesmente, um homem de mérito. O seu prestígio torna-o um árbitro natural[5]. Em Roma é utilizada para o efeito a expressão *homem bom*[6]. Como relata Bruno de Loynes de Fumichon[7], a expressão surge ligada, na Roma do século II a.C., ao que poderá constituir uma forma precoce

---

[3] Thomas Clay, *L'arbitre*, Dalloz 2000, pp. 1 ss.

[4] Armindo Ribeiro Mendes, *Balanço dos Vinte Anos de Vigência da Lei de Arbitragem Voluntária (Lei n.º 31/86, de 29 de Agosto): Sua Importância no Desenvolvimento da Arbitragem e Necessidade de Alterações*, in "I Congresso do Centro de Arbitragem da Câmara de Comércio e Indústria Portuguesa, Intervenções", Almedina, 2008, pp. 14 ss.

[5] Julie Velissaropoulos-Karakostas, *L'arbitrage dans la Grèce Antique–Epoques Archaïque et Classique*, in "Revue de L'arbitrage", 2000, n.º 1, pp. 9 ss.

[6] "Homem bom", neste contexto histórico, no entender de Alan Michel, significa homem útil, ou seja, homem eficiente, o que retira, em parte, conteúdo moral ao conceito. Alan Michel, *Les Rapports de la Réthorique et de la Philosophie dans L'oeuvre de Cicerón*, Peeters, 2003, p. 15.

[7] Bruno de Loynes de Fumichon, *L'arbitrage à Rome*, in "Revue de L'Arbitrage", 2003, n.º 2, pp. 310 ss.

O Estatuto Deontológico do Árbitro – Passado, Presente e Futuro 61

de arbitragem comercial. Plauto, entre outros, descreve e parodia os litigantes romanos que tentam escolher árbitros que os favoreçam em razão de relações de amizade ou de compadrio[8].

5. Entre os séculos XVI e XVIII, encontramos na obra doutrinal do jurista francês Domat[9] a ideia muito nítida de que os árbitros devem abstrair-se das circunstâncias da sua nomeação e da pessoa que os nomeou, agindo como decisores imparciais e não como advogados da parte. Em Portugal, na legislação central anterior às Ordenações, como refere Duarte Nogueira *"alude-se (...) à possibilidade de as partes poderem escolher árbitros encarregados especificamente de defender os seus interesses e árbitros imparciais; [mas] em qualquer caso a respectiva investidura não poderia ocorrer caso alguma das partes contra eles deduzisse suspeição"*[10].

III – A DEONTOLOGIA DO ÁRBITRO

A – Fontes dos Direitos e Obrigações do Árbitro

6. Como é sabido, os direitos e obrigações do árbitro têm fontes muito diversas. Alguns provêm directamente da lei[11]; outros, daquilo que tiver sido acordado entre as partes, particularmente em sede de convenção de arbitragem; e, por último, tratando-se de arbitragem institucionalizada, do regulamento ou regulamentos da respectiva instituição[12].

---

[8] T. Clay, *op. cit.*, p. 316.

[9] Referida por Jean Hilaire, *L'arbitrage dans la Période Moderne (XVIe-XVIIIe siècle), in* "Revue de L'Arbitrage", 2000, n.º 2, p. 201.

[10] José A. A. Duarte Nogueira, *A Arbitragem na História do Direito Português (Subsídios), in* "Revista Jurídica", n.º 2, Abril de 1996, p. 33.

[11] Embora em alguns países a arbitragem seja regulada na lei processual civil ou comercial (os casos mais conhecidos são os da França e da Suiça), na esmagadora maioria dos países ela é objecto de lei especial.

[12] Para Thomas Clay (*op. cit.*, pp. 790 e ss.) boa parte do acervo de direitos e obrigações na arbitragem institucionalizada resultaria de dois contratos a que a doutrina daria pouca importância: o *contrato de colaboração arbitral*, "esse parente pobre da literatura jurídica sobre arbitragem", celebrado entre o árbitro e a instituição; e o *contrato de organização da arbitragem*, convencionado entre as partes e a instituição.

62 III Congresso do Centro de Arbitragem da Câmara de Comércio e Indústria

7. São ainda fontes de deveres e direitos do árbitro o chamado "contrato de árbitro", também designado por *receptum arbitrii*[13], *contrato de investidura*[14], ou *contrato de arbitragem*[15]. A existência deste contrato é defendida entre nós por vários autores[16], dentre os quais destacaria o Prof. Lima Pinheiro[17]. Mas a sua natureza, geometria e consequências são tão debatidas em Portugal como o são na doutrina estrangeira[18]. Seja como for, é inquestionável que entre as partes e o árbitro se cria um feixe de obrigações e direitos recíprocos, quer estes resultem de um contrato, quer directamente da lei ou até, como alguns pretendem, do direito natural.[19]

8. Na medida em que as obrigações dos árbitros consignadas na lei, nos regulamentos e até nos contratos que subjazem à arbitragem têm um carácter por vezes genérico e frequentemente lacunar, têm-se verificado várias iniciativas no sentido de as enunciar com maior detalhe. Isto levou a que, particularmente nos últimos vinte anos, se assistisse um pouco por todo o mundo ao aparecimento de códigos de conduta ou de ética[20]. Aliás, por razões que estão sobejamente estudadas verifica-se, nos nossos dias, um crescimento, a meu ver imparável, das normas éticas na regulação das trocas comerciais. Ora, a arbitragem, particularmente a arbitragem de controvérsias comerciais, não podia ficar imune a esta tendência.

---

[13] Segundo T. Clay (*op. cit*), a denominação surge no *Código Justiniano*, que lhe consagraria um título inteiro, e no *Digesto*.

[14] A expressão terá surgido em 1955 nos escritos de um autor suiço, tendo sido retomada, nos anos 80, pela doutrina francesa sob as variantes "contrato de investidura arbitral", "contrato de investidura do árbitro" e outros (T. Clay, *op.cit.*).

[15] Esta é a denominação mais corrente na doutrina de expressão francófona, particularmente a suíça.

[16] Mas há quem o conteste com igual energia: ver, por todos, Pedro Romano Martinez, *Análise do Vínculo Jurídico do Árbitro em Arbitragem Voluntária "Ad Hoc" in* "Estudos em Memória do Professor Doutor António Marques dos Santos", I, pp. 827 ss.

[17] Lima Pinheiro, *Arbitragem Transnacional*, Almedina, 2005, pp. 128 ss.

[18] Cfr. Mário Raposo, *O Estatuto dos Árbitros*, ROA, pp. 520 ss.

[19] T. Clay, *op. cit.*, pp 266 ss.

[20] O primeiro desses códigos poderá ter sido o hoje clássico (mas muito alterado) *Code of Ethics for Arbitrators in Commercial Disputes* da iniciativa conjunta da "American Arbitration Association" e da "American Bar Association" em 1977; seguiu-se-lhe, em 1987, o *Rules of Ethics for International Arbitrators* da *International Bar Association*, e, depois disso, muitos outros documentos contendo conjuntos mais ou menos completos de regras éticas ou de boas práticas para a arbitragem.

O *Estatuto Deontológico do Árbitro – Passado, Presente e Futuro*   63

10. Não duvidando nunca da necessidade da justiça arbitral ser enformada por regras deontológicas claras e precisas, a doutrina internacional tem, todavia, suscitado a questão de saber como garantir a sua aplicação. A contratualização, isto é, a inclusão desses deveres éticos no respectivo contrato de árbitro, tem merecido a oposição de vários autores, por poder fragilizar a posição do árbitro, assim aumentando desproporcionadamente as causas de recusa e de impugnação da decisão final. Mas, como refere Thomas Clay:

> *"Le débat sur la contratualization ne porte-il en réalité que sur la source de l'obligation éthique: soit jurisdictionelle (en tant que juge), soit contractuelle (du fait du contrat)".* E conclui: *"Des lors que le contenu des régles éthiques ne varie pas, on ne voit pas quelle raison pourrât empecher les parties qui le souhaiteraient d'inserer celles-ci dans le contrat passé avec l'arbitre".*[21]

B – Deveres Éticos do Árbitro

Independência e Imparcialidade

11. O dever de independência – que Marc Henry, numa posição algo inovadora, define como comportando as exigências de imparcialidade, neutralidade e objectividade[22] – é a mais importante das regras éticas que impendem sobre o árbitro. A legislação portuguesa sobre arbitragem voluntária, *maxime* a Lei n.º 31/86, de 29 de Agosto ("LAV"), não contém qualquer alusão a este princípio. Mas grande parte das leis nacionais e dos regulamentos de arbitragem prevêem a exigência de que os árbitros sejam independentes e imparciais[23]. Duas excepções são a lei suíça, que apenas se refere à independência, e a lei inglesa, que se basta com a palavra imparcialidade. Segundo Fouchard, a importância do dever de

---

[21] T. Clay, *op. cit.*, p 211 ss.

[22] Marc Henry, *Le devoir d'indépendance de l'arbitre*, L.G.D.J., 2001, pg. 152.

[23] A lei portuguesa não prevê expressamente o princípio, mas a sua existência legal é amplamente suportada pela doutrina e a jurisprudência. O autor tratou este tema no seu trabalho *Arbitragem Voluntária e Deontológica – Considerações Preliminares*, "Revista Internacional de Arbitragem e Conciliação", 2009, pp 115 ss. No mesmo sentido, o estudo, a que julgamos inédito, da Prof. Dra. Mariana França Gouveia.

64 III Congresso do Centro de Arbitragem da Câmara de Comércio e Indústria

independência é tal que só se justificariam outros requisitos éticos em casos limitados[24]. A matéria da independência e imparcialidade do árbitro já foi tratada há pouco pela Prof. Dra. Selme Ferreira Lemes e por isso dispensar-me-ia de fazer muitos comentários.

Importa ainda assim referir que os meios para assegurar a independência e a imparcialidade do árbitro poderão ser de tipo preventivo ou repressivo[25]. Entre os primeiros importa destacar o dever de revelação (*disclosure*), que também pode assumir a forma de "declaração de independência" ou "declaração de imparcialidade". Mas o meio preventivo mais eficaz é a recusa do árbitro, quer esta provenha da ou das partes, do ou dos co-árbitros, do centro de arbitragem ou do próprio árbitro. Nesse particular a LAV (art. 10.º) manda aplicar o regime de impedimentos e escusas estabelecidos na lei para os juízes, mas apenas tratando-se de "árbitros não nomeados por acordo das partes". Também pertence ao arsenal dos meios preventivos de tutela da independência e imparcialidade do árbitro a proibição de comunicações unilaterais com as partes ou seus mandatários.

Os meios repressivos para assegurar a independência são, em primeira linha, a anulação da sentença arbitral, a oposição à execução e, na lei portuguesa, por regra o recurso da sentença. A responsabilidade civil do árbitro, quer contratual quer extra-contratual, tem também um importantíssimo papel neste quadro sancionador.

Num outro registo, são também meios repressivos da conduta não isenta do árbitro as sanções impostas pelos centros de arbitragem – v.g., a não nomeação para futuras arbitragens –, a sanção disciplinar no quadro da profissão habitualmente exercida ou mesmo a censura da chamada *comunidade arbitral.*

Dever de Decidir o Litígio

12. A missão do árbitro consiste em decidir – há quem diga *julgar*[26] – o litígio. Trata-se de um dever ético, que é igualmente um dever legal

---

[24] P. Fouchard, Gaillard, Goldman, *International Commercial Arbitration*, pp 561 ss.

[25] M. Henry, *op. c.*, p. 230 ss.

[26] Saber se a decisão arbitral é uma sentença em sentido estrito é problema que tem atormentado alguma doutrina portuguesa. Recentemente a Prof. Paula Costa e Silva foi

O Estatuto Deontológico do Árbitro – Passado, Presente e Futuro 65

(e para alguns, como vimos atrás, de natureza contratual) inerente à sua condição de juiz privado.

De notar que a LAV permite que se considerem abrangidas no conceito de litígio, "para além das questões contenciosas em sentido estrito, quaisquer outras, designadamente as relacionadas com a necessidade de precisar, completar, actualizar ou mesmo rever os contratos ou as relações jurídicas que estão na origem da convenção de arbitragem" (art. 1.º, n.º 2).

Deste dever primeiro de decidir o litíigo decorrem ainda vários deveres a que poderíamos chamar "conexos".

13. Assim, o árbitro está obrigado a proferir a decisão arbitral dentro do prazo que houver sido convencionado pelas partes. Na ausência dessa estipulação, entre nós a lei prevê um prazo supletivo de seis meses (art. 19.º, n.º 2 da LAV), o qual pode ser prorrogado, por acordo escrito das partes[27], até ao dobro da sua duração inicial (art. 19.º, n.º 4)[28].

P. Fouchard defende que é também obrigação de cada árbitro diligenciar pela prorrogação do prazo para conclusão do processo arbitral[29].

14. Nos termos do art. 25.º da LAV o poder jurisdicional do árbitro só finda com o depósito da decisão no tribunal judicial competente ou, se aquele houver sido dispensado, com a notificação da decisão às partes. Constitui, pois, dever do árbitro manter-se em funções até à conclusão do processo arbitral, o que frequentemente apenas ocorrerá com a prolação da decisão final. Destarte, o árbitro não pode renunciar ao respectivo encargo salvo razão devidamente justificada, designadamente perante o tribunal arbitral e a parte que o tenha designado. No caso português,

---

definitiva: "A decisão arbitral é uma sentença, proferida por árbitros num procedimento submetido ao princípio do *due process of law* (cfr. *A Execução em Portugal de Decisões Arbitrais Nacionais e Estrangeiras*, *in* "I Congresso do Centro de Arbitragem", *op. cit.* p. 142).

[27] O Supremo Tribunal de Justiça admite que a prorrogação possa resultar da atitude processual das partes (Ac. STJ 17/6/98 in BMJ 478, p. 278) mas essa interpretação não parece conforme à exigência de acordo escrito, expressamente prevista na LAV.

[28] A curtíssima duração deste prazo legal tem sido muito muito contestada entre nós. Mas a lei espanhola (art. 37, n.º 2 da Ley 60/2003, de 23 de Dezembro) prevê prazo idêntico.

[29] P. Fouchard, *op. cit.* p. 610.

66 *III Congresso do Centro de Arbitragem da Câmara de Comércio e Indústria*

aliás, a lei é taxativa: o árbitro que injustificadamente se escuse ao encargo incorre em responsabilidade civil (art. 9.º, n.º 3 da LAV).

15. Outros deveres conexos com o dever de julgar estão no nosso país especificamente previstos na LAV (arts. 23.º e segs.)[30]: (a) o dever de participar nas deliberações do Tribunal quando este é composto por mais de um membro; (b) o dever de fundamentar a decisão; e (c) o dever, ainda que mitigado, de assinar a decisão e mandar notificá-la às partes.

Competência e Qualificações

16. De acordo com o célebre jurista francês Domat, o critério que deve presidir à escolha pelas partes de um árbitro é que este surja não só como um juiz escolhido pelas suas qualidades pessoais de razoabilidade e espírito justo, mas ao mesmo tempo pela sua competência profissional: o seu papel passa assim a ser o de juiz e especialista.[31]

Em geral a lei não prevê para o árbitro especiais requisitos de habilitação académica[32], residência ou cidadania. Todavia, poderá a convenção de arbitragem ou o regulamento da instituição que a administra estipular os requisitos ou qualidades que o árbitro deve ter. Mas isso não é muito frequente. São, porém, em grande número os códigos de ética que exigem do candidato a árbitro que não assuma o encargo se não tiver competência técnica e qualificações que o habilitem a decidir o caso em questão. E em boa parte dos países os tribunais têm competência para afastar um árbitro que não possua os conhecimentos necessários ao desempenho da função.

Confidencialidade

17. Uma das razões mais citadas para a escolha da arbitragem é o seu carácter confidencial. Há mesmo quem entenda tratar-se de uma das

---

[30] Cfr. L. Lima Pinheiro, *op. cit.*, pp. 149 e ss.

[31] Citado por François Terré in *Independence and Arbitrators*, "ICC Bulletin", 2007 Special Supplement.

[32] A lei espanhola exige que nas arbitragens nacionais os árbitros sejam advogados, salvo se as partes outra coisa tiverem acordado ou o Tribunal esteja autorizado a julgar segundo a equidade.

O Estatuto Deontológico do Árbitro – Passado, Presente e Futuro

suas *componentes naturais*[33], tão antiga como o próprio instituto. De facto, o carácter confidencial da arbitragem permite por exemplo aos comerciantes que as suas controvérsias se mantenham em privado, longe dos olhos do público, dos seus concorrentes e até da imprensa. Trata-se, assim, não só de justiça privada, mas também de justiça feita em privado.

18. Há cada vez mais dúvidas sobre o *dogma da confidencialidade*, isto é, sobre se esta é uma *condição implícita* e inderrogável da arbitragem e, sendo-o, qual o âmbito e escopo da respectiva obrigação[34]. Os autores perguntam-se designadamente se a obrigação de confidencialidade vincula as testemunhas, as partes e até a instituição administrante da arbitragem.

19. Com é sabido, a LAV não contém qualquer disposição expressa sobre esta matéria, embora não seja despiciendo perguntar, se por força do disposto no art. 209.º da Constituição, não lhe serão imperativamente aplicáveis as normas do Código de Processo Civil relativas à formação da decisão judicial (arts. 653.º e seguintes).

20. Qualquer que seja a posição que tenhamos sobre esta matéria, parece indiscutível que o árbitro está sujeito a um estrito dever deontológico de confidencialidade. Isso é particularmente relevante com relação às deliberações do colégio arbitral[35] e aos documentos e provas (incluindo a prova testemunhal) produzidas em audiência de discussão e julgamento.

Em todo o caso, importará acrescentar que a obrigação de confidencialidade não é absoluta. Ela cede designadamente perante a notícia de crime público, nos termos do que a lei penal prevê.

---

[33] Cfr. T. Clay, *op. cit.*, pg. 595. Entre nós, a Prof. Paula Costa e Silva parece considerar que a confidencialidade é inerente à natureza da arbitragem.

[34] P. Fouchard *et al*, *op. cit.*, pg. 612.

[35] Esta regra é de tal forma imperativa que na doutrina estrangeira já se colocou a questão de saber se comportaria violação do segredo aplicável à deliberação do tribunal, por exemplo, a declaração de voto de vencido ou a indicação de a sentença ter sido tirada por unanimidade ou maioria – J.-D. Bredin, citado em T. Clay, *op. c.*, pg. 601. Certamente que esta questão não se coloca em Portugal, em face do que dispõem os arts. 20.º e 23.º da LAV.

C – Direitos do Árbitro

21. A matéria dos direitos do árbitro raramente merece a atenção do autores dos diversos códigos de conduta ou mesmo dos regulamentos dos centros de arbitragem. Refiro-me aos direitos do árbitro no plano estritamente ético, portanto fora do quadro dos direitos obrigacionais emergentes da lei ou do contrato atípico que, em meu entender, é o "contrato de árbitro". Assim, por exemplo, não tratarei aqui do direito à percepção de honorários – ou até, se quisermos, um eventual direito à provisão –, embora este seja um campo nada irrelevante do ponto de vista deontológico. Irei enumerar, a título meramente exemplificativo, os seguintes direitos do árbitro, – que, naturalmente, correspondem a outras tantas obrigações éticas das partes:

1. O direito de limitar o dever de revelação (*disclosure*) aos factos que possam fundadamente justificar dúvidas quanto à independência ou imparcialidade do árbitro;
2. O direito de conduzir o processo arbitral pela forma que considere justa e razoável dentro dos limites da lei e do que as partes houverem acordado;
3. O direito a que as partes cooperem de boa fé na instância arbitral;
4. O direito a que os litigantes respeitem a confidencialidade de arbitragem.

IV. O FUTURO DA DEONTOLOGIA ARBITRAL

22. No plano da deontologia, o futuro da arbitragem será inelutavelmente marcado pelo reforço da responsabilização (*accountability*) e da transparência.

Sinal maior dessa tendência é a crescente aceitação das *Guidelines on Conflicts of Interest in International Arbitration*, aprovadas pela *International Bar Association (IBA)* em Maio de 2004.[36] As *Guidelines* têm sido utilizadas por árbitros, tribunais judiciais e instituições arbitrais de vários países, com destaque para os EUA, Austrália, Canadá e uma boa

---

[36] As *Guidelines* podem ser consultadas no sítio da "International Bar Association" (www.ibanet.org), na página "Publicações". Uma versão em português do Brasil está também disponível.

O *Estatuto Deontológico do Árbitro – Passado, Presente e Futuro*

parte dos membros da União Europeia.[37] De realçar é ainda o facto de o *London Court of International Arbitration (LCIA)* ter, em 2006, passado a publicar as suas decisões relativas à recusa de árbitro.

Como dizia há meses, numa conferência internacional, o Professor William Park, *"Integrity is to arbitration what location is to the price of real estate. Without it, few other things matter very much, if at all".*

23. No que toca ao estatuto do árbitro, consoante se vão dilatando as obrigações deontológicas, assim tenderão a avolumar-se as exigências de reconhecimento dos correspondentes direitos. A recusa de árbitros por motivos frívolos ou triviais é uma realidade em certos países com legislação mais permissiva. Em alguns deles, implantou-se uma verdadeira "arte negra" da recusa do árbitro.[38] Mesmo em instituições arbitrais de grande prestígio verifica-se uma cada vez mais frequente ocorrência desta táctica dilatória visando atrasar o processo ou pôr em causa uma decisão não recorrível.[39]

É de crer que a ausência de regras claras sobre as obrigações de revelação *(disclosure)* dos árbitros tem favorecido os casos em que a suspeição é suscitada. Daí a necessidade de estabelecer critérios rigorosos para a determinação da existência de falta de independência ou de imparcialidade.

24. A decisão arbitral proferida por árbitro que dolosamente favoreça uma das partes é nula em qualquer sistema jurídico. Trata-se de um princípio de *lex mercatoria*. Coisa distinta é o favorecimento *aparente*[40], que o mesmo é dizer o que se revela através de indícios, os quais hão-de ser valorados de acordo com critérios como os da *dúvida razoável* ou do *perigo real* de falta de imparcialidade ou de independência.

---

[37] Obviamente que as *Guidelines* não são lei, nem vinculam as partes salvo se nisso estas tiverem acordado.

[38] Mantilla-Serrano F., *Towards a Transnational Procedural Public Policy, in* "Towards a Uniform International Arbitration Law?", Juris, 2005, 194-195.

[39] Entre 1998 e 2006, a Corte da CCI decidiu 270 incidentes de suspeição do árbitro, dos quais apenas 18 foram julgados procedentes *(op. cit. Independence of Arbitrators)*

[40] Foster, D. & Edwards, D., *Challenges to Arbitrator*, "The European and Middle Eastern Arbitration Review", 2008, pp. 2-3.

70 *III Congresso do Centro de Arbitragem da Câmara de Comércio e Indústria*

O mérito ou demérito destes critérios (ou testes) como forma de garantir a imparcialidade e a independência do tribunal arbitral continuará por muito tempo a ocupar a jurisprudência e a doutrina das instâncias arbitrais nacionais e internacionais.

25. É patente que os deveres deontológicos do árbitro merecem uma cada vez maior atenção por parte das organizações que administram arbitragens. E em boa parte isso fica a dever-se à potencial responsabilidade daquelas por actos dos árbitros, especialmente quando estes são designados a partir de listas elaboradas pelos centos de arbitragem. Qualquer que seja o entendimento sobre a natureza do vínculo contratual entre árbitro e instituição arbitral[41], esta facilmente pode ser chamada a responder em caso de responsabilidade civil daquele.

Cada vez com mais frequência iremos assistir, particularmente na Europa, à utilização de instrumentos do direito humanitário para atacar decisões arbitrais que violem direitos humanos. O exemplo mais claro – e que tem sido amplamente utilizado noutros países – é o da Convenção Europeia dos Direitos do Homem, designadamente em caso de violação do direito a julgamento por tribunal independente e imparcial, tal como previsto no seu art. 6.º, n.º 1.

26. Como realçava há tempos o Prof. Louis Wells ao *Financial Times*, *"private justice system can only survive if parties consider it just"*.[42] Apercebendo-se desta realidade, o Comité de Arbitragem da International Bar Association lançou em 2008 a ideia de um *"Global Code of Ethics"*, tendo constituído uma *Task Force* com esse objecto. Por ora, esta tem limitado o escopo do seu trabalho à determinação da viabilidade de um código ético de âmbito global e que abrangeria todos os intervenientes no processo arbitral: dos árbitros aos mandatários, passando pelas partes e eventualmente até pelos centros de arbitragem.

Um dos mais estimulantes trabalhos recentemente publicados neste domínio é a *checklist* sobre *parâmetros éticos* elaborada pelo advogado londrino Cyrus Berson e destinada aos mandatários das partes em processos arbitrais de natureza internacional[43].

---

[41] Vide nota 12 *supra*.
[42] *Financial Times*, 19 Nov. 2007, p. 12.

O Estatuto Deontológico do Árbitro – Passado, Presente e Futuro 71

27. Em Portugal há cada vez mais vozes clamando, nem sempre com fundamento, contra a privatização da justiça. É sobejamente conhecida a intervenção pública do bastonário da Ordem dos Advogados contra o que chama a *desjudicialização da Justiça*. Recentemente, vozes autorizadas do mundo académico vieram juntar-se ao crescente coro de críticas ao estado em que se encontra a arbitragem em Portugal. A Prof. Paula Costa e Silva, por exemplo, lembrou há dias que em Portugal ainda se olha para a arbitragem como uma *instância de transacção*. Na mesma ocasião o Prof. Pais de Vasconcelos chamou a atenção para o facto de ninguém verdadeiramente saber o que se passa nas dezenas de centros de arbitragem espalhados pelo país. E fez mesmo a sugestão de que a actividade dos árbitros pudesse ser tutelada, no plano disciplinar, pelo Conselho Superior de Magistratura.

Haverá, porventura, quem se surpreenda com estas posições que alguém já apodou de *alarmistas*. Eu não me conto nesse número. Os árbitros portugueses têm sido algo auto-complacentes. É tempo de assumirmos as nossas responsabilidades de auto-regulação.[44] Se o não fizermos, e como o demonstra a história milenar da arbitragem, alguém o fará por nós.

Obrigado pela vossa atenção.

---

[43] Cyros Benson, *Can Professional Ethics Wait? The need for Transparency in International Arbitration*, "Dispute Resolution International", vol. 3, March 2009.

[44] Desde a data desta intervenção, a Associação Portuguesa de Arbitragem aprovou, na sua Assembleia Geral de 12 de Março de 2010, o Código Deontológico do Árbitro, de que foi relator o autor do presente trabalho.

2º Painel

Miguel Teixeira de Sousa

**Instrumentos de Resolução Extra-Judicial de Litígios
nos Países Lusófonos: Cooperação e Harmonização**
Luís Sáragga Leal

**Reconhecimento e Execução de Decisões Arbitrais Estrangeiras
nos Países Lusófonos**
Mariana França Gouveia

**Decisão Arbitral: Questões Suscitadas pela Condenação
em Pedidos Genéricos**
Luís Cortes Martins

INSTRUMENTOS DE RESOLUÇÃO EXTRAJUDICIAL DE LITÍGIOS NOS PAÍSES LUSÓFONOS: COOPERAÇÃO E HARMONIZAÇÃO

LUÍS SÁRAGGA LEAL[*]

I. INTRODUÇÃO

O tema que me foi proposto – "Instrumentos de Resolução Extraju-dicial de Litígios nos Países Lusófonos: Cooperação e Harmonização" – tem a maior actualidade, no contexto do esforço de internacionalização da economia nacional.

Com efeito, é paradoxal que na presente conjuntura recessiva, em que estão em crise os paradigmas do capitalismo liberal e da globalização da economia, e em que se professam atitudes de renovado proteccio-nismo nacional, se assista a um incremento de investimentos e de trocas comerciais entre os países de expressão oficial portuguesa.

Nesse contexto de reforçado "comércio internacional" lato sensu e tendo presente a generalizada desconfiança quanto à bondade, eficiência e celeridade de justiça administradas na generalidade destes países, fun-damental para o desenvolvimento desse "comércio internacional", valerá a pena traçar uma breve panorâmica de direito comparado sobre a legis-lação sobre arbitragem voluntária nos principais países ou jurisdições que se arrogam da lusofonia, como contributo para a desejável criação

---

[*] Advogado
Sócio da PLMJ – A.M. Pereira, Sáragga Leal, Oliveira Martins, Júdice e Associados Sociedade de Advogados, RL

de um alargado e moderno Centro de Arbitragem Internacional no âmbito da CPLP.

Uma primeira constatação se impõe: mais de trinta anos volvidos sobre a Independência da maioria desses países, a tradição jurídica e a influência da legislação portuguesa mantém-se viva.

Muitos dos países em causa dispõem, desde recente data, de legislação especifica sobre Arbitragem Voluntária que não se afasta significativamente do modelo da nossa Lei n.º 31/86 de 29 de Agosto (LAV), na sua estrutura normativa e nos princípios consagrados, como veremos adiante, maxime no caso da:

- Lei n.º 16/03 de 25 de Julho da República de Angola;
- Lei n.º 76/VI/2005 de 16 de Agosto da República de Cabo Verde;
- Lei n.º 9/2006 de 2 de Novembro da República de São Tomé e Príncipe;
- Decreto-Lei n.º 29/96/M de 11 de Junho do Território de Macau;

Muitas das normas previstas nestas legislações têm uma redacção muito semelhante, por vezes literalmente idênticas, não só relativamente à LAV mas também entre si, o que revela bem a existência duma comunidade jurídica dos países de língua oficial portuguesa.

A República Federativa do Brasil, afasta-se, compreensivelmente, desse modelo na sua recente Lei n.º 9.307 de 23 de Setembro de 1996, cujo processo legislativo foi, aliás, longo e penoso.

Por seu turno, a Lei n.º 11/99 de 8 de Julho da República de Moçambique, aproxima-se programaticamente da "Lei-Modelo" da Comissão das Nações Unidas de Direito Comercial Internacional – vulgarmente UNCITRAL (ou CNUDCI em língua portuguesa), – designadamente quanto à definição de "arbitragem comercial internacional" e seu tratamento mais desenvolvido. Assinale-se, aliás, que Moçambique é o único país africano de expressão portuguesa que ratificou a Convenção de Nova Iorque de 10 de Junho de 1958, sobre reconhecimento e execução de sentenças arbitrais estrangeiras.

Finalmente, também o Decreto-Lei n.º 9/2000 de 2 de Outubro da República da Guiné-Bissau se afasta significativamente do modelo da LAV, em virtude da Guiné-Bissau ser o único país da CPLP que, conjuntamente com 15 outros países da África Equatorial francófona, ratificou a Convenção de OHADA (Organização para a Harmonização do Direito de Negócios em África) assinada em Port Louis (Ilhas Maurícias) em 17 de

Outubro de 1993. Na sequência dos princípios consagrados no Acto Uniforme relativo ao direito de arbitragem de 11 de Março de 1999, a legislação da Guiné-Bissau segue um modelo mais próximo do regulamento da Câmara de Comércio Internacional, em que a arbitragem se inicia e decorre sobre a égide de uma "entidade autorizada para realizar arbitragens voluntárias" – presumivelmente centros de arbitragem institucionalizada previamente aprovados pelo Governo (ao abrigo do Artigo 46).

O único país da CPLP que não disporá ainda de legislação própria sobre arbitragem voluntária será Timor Leste.

Breve referência à mediação:

Para além de Portugal, que dispõe de diversa legislação avulsa designadamente para resolução de litígios laborais, familiares, penais ou de consumo, também Cabo Verde (Decreto-Lei 30/2005 de 9 de Maio) e Moçambique (incluída na própria Lei n.º 11/99) dispõem de legislação sobre mediação como instrumento de resolução extrajudicial de conflitos.

Porém, dada a extensão do tema proposto, confinaremos a nossa apresentação unicamente à arbitragem voluntária.

II. PRINCÍPIOS GERAIS

A análise comparativa das diversas legislações nacionais permite constatar uma significativa harmonização nos princípios informadores da arbitragem voluntária, que passaremos a analisar brevemente por referência às disposições da LAV portuguesa, assinalando as principais divergências consagradas nas demais legislações.

Nalguns casos faremos ainda referências pontuais a disposições inovadoras contempladas na Proposta de Lei elaborada pela Associação Portuguesa de Arbitragem (APA) para alteração e modernização da LAV. Sublinhe-se que esta Proposta adopta a terminologia "tribunal estadual" em vez da tradicional "tribunal judicial".

Assim e sumariamente:

1. Princípio geral da arbitrabilidade

À semelhança do Artigo 1 da LAV, a generalidade dos países acolhe expressamente a faculdade das partes submeterem a arbitragem voluntária

78 III Congresso do Centro de Arbitragem da Câmara de Comércio e Indústria

qualquer litígio que não respeite a direitos indisponíveis, quer se trate de litígios actuais (compromisso arbitral) quer litígios eventualmente emergentes de uma determinada relação jurídica contratual ou extracontratual (cláusula compromissória).

A generalidade das legislações exclui, porém, do âmbito da arbitragem os litígios em que intervêm menores, incapazes ou inabilitados ou outros em que a representação seja confiada ao Ministério Público (Artigo 1 n.º 2 da Lei de Angola; Artigo 3 n.º 4 da Lei de Cabo Verde; e Artigo 6 n.º 2 da Lei de Moçambique).

2. Admissibilidade de convénios de arbitragem pelo Estado

A generalidade das legislações permite que os Estados e outras pessoas colectivas de direito público sejam partes em convenções de arbitragem, se para tanto forem autorizados por lei especial ou se tiverem por objecto litígios respeitantes a relações de direito privado, designadamente contratos administrativos (Artigo 1 n.º 3 da LAV e Artigo 180 n.º 1 do CP Tribunal Administrativo – Lei n.º 15/2002 de 22 de Fevereiro).

Só a legislação da Guiné-Bissau é omissa quanto à admissibilidade da sujeição do Estado e outras pessoas colectivas de direito público a arbitragem, pelo que será questionável se tal possibilidade está abrangida pela redacção lata do Artigo 1 que prevê o recurso a arbitragem por parte das "pessoas capazes de contratar".

3. Composição do Tribunal – Poderes do Presidente

As legislações em causa permitem que o Tribunal seja constituído por um único Arbitro, mas no caso de Tribunal Colectivo impõem um número impar de membros; na falta de indicação, dispõem supletivamente que o Tribunal seja constituído por três membros (Artigo 6 n.º 1 da LAV).

Na falta de acordo ou designação pelas partes, os árbitros, maxime o Presidente, são nomeados pelo tribunal judicial; em Portugal pelo Tribunal da Relação (Artigo 12 n.º 1 e 14 n.º 2 da LAV); na generalidade dos países pelo Tribunal de Primeira Instância (Artigo 19 n.º 1 da Lei de Cabo Verde; Artigo 18 n.º 7 da Lei de Moçambique e Artigos 12 e 14 da

Lei de São Tomé). A Proposta de Lei da APA prevê ainda que o tribunal nomeie o(s) árbitro(s) de parte, no caso de desacordo havendo pluralidade de partes demandantes ou demandadas (Artigo 11).

Nalgumas legislações atribuem-se ao Presidente poderes específicos acrescidos, maxime de apreciar os incidentes de recusa deduzidos contra os árbitros de parte (Artigo 15 da Lei do Brasil) ou, de forma mais lata, os incidentes de suspeição ou impedimento (Artigo 17 n.º 3 da Lei de Cabo Verde). No caso da legislação brasileira o Presidente tem, em todas as circunstâncias, o voto de qualidade (Artigo 24 § 1).

Importante é sublinhar que a generalidade das legislações permite às partes convencionar, no caso de não se formar a maioria necessária para deliberar, que a decisão seja tomada unicamente pelo Presidente, ou que a decisão seja decidida no sentido do voto do Presidente (Artigo 20 n.º 2 da LAV).

Estas disposições são relevantes pois doutra forma corria-se o risco da caducidade das convenções de arbitragem, cominada por várias legislações para o caso de não se poder formar maioria na deliberação dos árbitros (à semelhança do previsto do Artigo 4 n.º 1 b) da LAV), com o consequente descrédito para o próprio instituto das arbitragens voluntárias /Artigo 5 1, b) da Lei de Angola; Artigo 9, 1 b) da Lei de Macau e Artigo 4, 1 b) da Lei de São Tomé).

4. Deontologia dos árbitros

A generalidade das legislações em causa não contem normas específicas sobre a deontologia dos árbitros, limitando-se a remeter para o regime de impedimentos e escusas estabelecidos na lei de processo civil para os juízes (Artigo 10 da LAV).

No caso de Angola refere-se que os árbitros devem mostrar-se "dignos da honra e responsabilidades inerentes, não podendo representar nem agir no interesse das partes e obrigando-se a decidir com independência, imparcialidade, lealdade e boa-fé, e a contribuir para um processo célere e justo" (Artigo 15).

Mais desenvolvido, o Artigo 22 n.ºs 1 e 2 da legislação de Moçambique elenca vários deveres específicos que, embora próprios da deontologia de qualquer árbitro, se referem sumariamente pela sua natureza didáctica:

• Não representar os interesses de nenhuma das partes;

80 *III Congresso do Centro de Arbitragem da Câmara de Comércio e Indústria*

- Não receber qualquer remuneração ou vantagem monetária de qualquer pessoa com interesse no litígio;
- Ser desprovido de qualquer ligação familiar, ou outro tipo de interesse com alguma das partes ou respectivo grupo;
- Revelar às partes a existência dessa ligação, não obstante considerar que não é motivo para se abster de arbitrar;
- Proceder com absoluta imparcialidade, independência, lealdade e boa-fé;
- Assegurar que as partes são tratadas numa base de estrita igualdade, disponibilizando as informações utilizadas pelas outras partes;
- Velar pelo direito das partes a um processo justo;
- Tratar as partes, seus representantes e testemunhas com diligência, atenção e cortesia;
- Manter a confidencialidade da deliberação mesmo em relação à parte que o designou;
- Decidir segundo o direito constituído ou equidade, confinando-se aos elementos do litigio revelados pelo contraditório;
- Disponibilizar o tempo necessário para a arbitragem do litígio;
- Respeitar as regras do processo aplicável e assegurar a sua condução com diligência impedindo manobras dilatórias;

Idêntica disposição, embora menos desenvolvida, consta da legislação de Cabo Verde (Artigo 22).

5. Responsabilidade civil dos árbitros

Embora ressalvando o princípio da liberdade de aceitação (Artigo 9 n.º 1 da LAV) – e nalguns casos sublinhando a independência e liberdade de apreciação dos árbitros – a generalidade das legislações responsabiliza o árbitro pelos danos causados pela escusa injustificada das suas funções (Artigo 9 n.º 4 da LAV), pela violação dos prazos para ser proferida a decisão (Artigo 19 n.º 5 da LAV) ou, de forma mais lata, pela sua conduta desonesta, fraudulenta ou violadora da lei (ex. Artigo 22 n.º 3 da Lei de Cabo Verde).

6. Princípios fundamentais na condução do processo

A generalidade das legislações contém norma equivalente ao Artigo 16 da LAV que enumera os princípios fundamentais a observar no processo, sob pena da sentença arbitral poder ser anulada pelo Tribunal Judicial (Artigo 27 n.º 1 alínea c)), designadamente:
   a) Igualdade das partes;
   b) Citação do demandado;
   c) Princípio do contraditório;
   d) Audição das partes;

7. Direito aplicável

O direito português limita-se a prever que os árbitros devem julgar segundo o "direito constituído" a menos que as partes os autorizem a julgar segundo a equidade (Artigo 22 da LAV), sem admitir expressamente a aplicabilidade de direito estrangeiro que tenha conexão relevante com o litígio, faculdade só prevista no caso de Arbitragens Internacionais como veremos adiante, mas que admitimos caber na liberdade convencional das partes; Idêntica disposição consta da Lei de Cabo Verde (Artigo 34) e da Lei de São Tomé (Artigo 22).

As demais legislações são mais flexíveis, conferindo às partes a liberdade de escolherem as regras de direito aplicável (Artigo 2 § 1 da Lei do Brasil; Artigo 34 n.º 1 da Lei de Moçambique e Artigo 2 n.º 1 da Lei da Guiné-Bissau).

Algumas legislações permitem até a aplicação de usos e costumes ou a remissão para as regras internacionais de comércio (Artigo 24 da Lei de Angola). Em qualquer dos casos desde que não haja violação dos bons costumes e da ordem pública nacional.

Na falta de estipulação pelas partes, também os árbitros gozam nesses países de apreciável flexibilidade de aplicarem o direito considerado mais "conveniente" (Artigo 34 n.º 3 da Lei de Moçambique) ou "apropriado ao litígio" (Artigo 2 n.º 6 da Lei da Guiné-Bissau).

8. Fixação das regras do processo e do lugar da arbitragem

Também nesta matéria as diversas legislações são substancialmente idênticas. Tal como previsto no Artigo 15 da LAV, permite-se que as partes acordem sobre as regras do processo, bem como o lugar onde funcionará o Tribunal, designadamente pela remissão que façam para o regulamento dum centro de arbitragem institucionalizada.

Na falta de acordo das partes, o "lugar da arbitragem" será escolhido pelas partes, sem qualquer condicionamento expresso na legislação portuguesa. Já a legislação de Moçambique especifica que o Tribunal terá em conta "as circunstâncias do caso aí incluída a conveniência das partes" (Artigo 27 n.º 3); a legislação de Angola precisa ainda que, independentemente do lugar da arbitragem, o Tribunal pode reunir em qualquer lugar que considere "apropriado". Idênticas disposições constam do Projecto-lei da APA (Artigo 31).

Refira-se que o "lugar da arbitragem", assim como o "local e a data em que a decisão foi proferida", são considerados elementos que devem constar da decisão final (Artigo 23 n.º 1 alínea e) da LAV), embora a violação deste requisito não seja fundamento suficiente para a anulabilidade da decisão judicial (conforme decorre *a contrario* do Artigo 27 n.º 1 alínea b) do LAV, cuja remissão para o Artigo 23 não abrange a sua alínea e).

Idêntica conclusão se tira da generalidade das demais legislações em análise, salvo da legislação do Brasil cujo Artigo 32 III remete para a totalidade dos requisitos previstos no Artigo 26. Idêntica disposição existe na legislação da Guiné-Bissau (Artigo 35 alínea c)).

9. Imposição de Medidas Provisórias e Providências Cautelares

Embora não expressamente prevista na LAV, a opinião dominante tem admitido a possibilidade da sua imposição, embora a sua execução coerciva suscite evidentes dificuldades práticas sempre que pressuponha o recurso aos tribunais judiciais.

Esta faculdade dos tribunais arbitrais está porém expressamente prevista em várias legislações (Artigo 22 n.º 1 da Lei de Angola e Artigo 27 da Lei de Cabo Verde). O Projecto-lei da APA regula de forma inovadora e muito desenvolvida (Artigos 20 a 29) não só a imposição de

Instrumentos de Resolução Extrajudicial de Litígios nos Países Lusófonos ... 83

providências cautelares – mesmo quando a arbitragem tenha lugar no estrangeiro (Artigo 38) – mas também as designadas "ordens preliminares", sempre que a prévia revelação do pedido de providência cautelar à parte contrária crie o risco da finalidade da própria providência ser frustrada; estas ordens preliminares, embora obrigatórias para as partes, não serão passíveis de execução coerciva pelo tribunal judicial (Artigo 23 n.º 5).

Quanto às providências cautelares, e para obviar às dificuldades práticas da sua execução coerciva, o Projecto de Lei da APA vem exigir o prévio reconhecimento pelos tribunais judiciais das decisões arbitrais que as impõem.

Por outro lado, a imposição de medidas provisórias ou cautelares, com recurso aos tribunais judiciais embora no âmbito de um processo arbitral, vem sendo geralmente sancionada pela jurisprudência nacional. Essa possibilidade encontra-se expressamente prevista nalgumas legislações (Artigo 22 n.º 2 da Lei de Angola; Artigo 22 § 4 da Lei do Brasil e Artigo 12 n.º 4 da Lei do Moçambique) e também no Projecto-lei da APA (Artigo 29).

10. Princípio da celeridade da decisão arbitral

Uma das características da arbitragem é a sua celeridade. Por essa razão, a generalidade das legislações analisadas prevêem, à semelhança do Artigo 19 n.º 2 da LAV que, na falta de estipulação pelas partes, o prazo supletivo para a decisão arbitral será de 6 meses, sem prejuízo da sua prorrogação com o acordo das partes até ao dobro da duração inicial.

Excepção significativa consta da legislação de São Tomé que impõe um prazo supletivo de um mês! (Artigo 19 n.º 2).

Em contraponto, o Projecto-lei da APA atribui um prazo mais alargado de 12 meses (Artigo 44) susceptível de prorrogação por uma ou mais vezes, por idênticos períodos, mesmo por iniciativa do próprio tribunal, salvo se as partes a tal se opuserem, o que se afigura excessivo para a generalidade das arbitragens.

A questão do prazo para decisão final é relevante dado que a generalidade das legislações determina a caducidade das convenções arbitrais se o prazo não for respeitado (Artigo 4 n.º 1 alínea c) da LAV), com a consequente responsabilidade dos árbitros (Artigo 19 n.º 5 da LAV).

84   *III Congresso do Centro de Arbitragem da Câmara de Comércio e Indústria*

A legislação brasileira, por seu turno, limita-se a cominar a nulidade da sentença arbitral proferida fora dos limites temporais previstos na convenção de arbitragem.

11. Elementos essenciais da decisão final

Embora com assinaláveis diferenças de redacção, as legislações em apreço não divergem de forma relevante dos requisitos previstos no Artigo 23 da LAV quanto aos elementos essenciais da decisão arbitral, a saber:
- Identificação das partes;
- Referencia à convenção de arbitragem;
- Definição do objecto do litígio;
- Identificação dos árbitros;
- Lugar da arbitragem e local onde a decisão foi proferida;
- Assinatura dos árbitros ou justificação da omissão;
- Fundamentação da decisão;

Refira-se que a legislação de Angola é mais flexível quanto à fundamentação da decisão, designadamente no caso das partes a terem dispensado ou da decisão ser proferida segundo equidade (Artigo 27); idêntica disposição consta do Projecto-lei da APA (Artigo 42 n.º 3).

12. Força executiva da decisão do tribunal arbitral

Todas as legislações em causa prevêem a força executiva da decisão arbitral, junto do Tribunal Judicial de Primeira Instância (ver Artigo 30 da LAV). A prévia revisão e confirmação só é genericamente exigida no caso de execução de sentenças arbitrais estrangeiras, tema a que voltaremos brevemente mais adiante.

Como acima referimos, o Projecto de Lei da APA vem introduzir relevante inovação ao regulamentar o reconhecimento da decisão arbitral que imponha providências cautelares como condição para a sua execução coerciva pelo tribunal judicial, independentemente da arbitragem ter ou não lugar em Portugal (Artigo 27).

Instrumentos de Resolução Extrajudicial de Litígios nos Países Lusófonos ... 85

13. Fundamentos de anulação da decisão

A generalidade das legislações permite a anulação judicial das decisões arbitrais, consagrando aliás o princípio da irrenunciabilidade do direito de requerer a anulação (Artigo 28 n.º 1 da LAV), o que contrasta com a possibilidade de renúncia ao recurso da decisão arbitral proferida.

Os fundamentos de anulação de uma decisão arbitral são, em traços gerais, equivalentes nas diversas legislações, não se afastando significativamente dos fundamentos previstos no Artigo 27 da LAV, designadamente:

- Litígio insusceptível de arbitragem;
- Tribunal incompetente ou irregularmente constituído;
- Violação de princípios essenciais acima referidos (n.º 6 supra);
- Falta de fundamentação;
- Irregularidade da sentença;
- Falta ou excesso de pronuncia;

Alguns outros fundamentos constam de diversas legislações nacionais, designadamente:

- Violação dos princípios de ordem pública nacional, no caso de aplicação de juízos de equidade ou usos e costumes (Artigo 34 n.º 1 h) da Lei de Angola);
- Comprovada prevaricação ou corrupção passiva dos árbitros (Artigo 32 VI da Lei do Brasil e Artigo 35 alínea f) da Lei da Guiné-Bissau);

Onde as legislações divergem é na competência atribuída aos Tribunais Judiciais para decretar a anulação da decisão arbitral. Em Portugal a competência é atribuída ao Tribunal de Primeira Instância do lugar onde decorreu a arbitragem (Artigo 27); idem na legislação de São Tomé (Artigo 26).

Porém, na generalidade das demais legislações a competência é atribuída a um Tribunal de Recurso ou até ao Supremo Tribunal de Justiça (Artigo 35 n.º 1 da Lei de Angola; Artigo 37 n.º 2 da Lei de Cabo Verde). Na legislação de Moçambique a acção de anulação é interposta perante o próprio Tribunal Arbitral e da decisão deste cabe, por seu turno, recurso para os Tribunais Judiciais.

Solução atípica é adoptada pela legislação de Macau que trata diferentemente os casos de nulidade da decisão, arguível a todo o tempo

(Artigo 37) dos casos de mera anulabilidade que deve ser requerida no prazo de 30 dias (Artigo 38 e 39); os fundamentos para os dois casos são naturalmente diversos.

As legislações também divergem sobre o momento da apreciação judicial de algumas decisões do tribunal arbitral sobre as questões elencadas acima, como fundamentos da sua sindicância pelos tribunais.

Na legislação portuguesa a decisão do tribunal arbitral que se considera competente só pode ser apreciada pelo tribunal judicial, em sede de acção de anulação da própria decisão final (art.º 21 da LAV). Outras legislações prevêem que o recurso dessa decisão suba de imediato, se proferida antes da decisão fina (Artigo 27 n.º 3 da Lei de Moçambique); essa é também a solução preconizada no Projecto-lei da APA se o tribunal optar por proferir decisão interlocutória (Artigo 18 n.º 7).

14. Recorribilidade da decisão arbitral

As legislações em causa dividem-se quanto ao princípio da recorribilidade da decisão arbitral, consagrada na legislação portuguesa, salvo se as partes a ela tiverem renunciado ou se os árbitros tiverem sido autorizados a julgar segundo a equidade (Artigo 29 da LAV).

Idêntica disposição consta da Lei de Angola (Artigo 36) e da Lei de Cabo Verde (Artigo 2 n.º 7).

Em contraposição, a legislação do Brasil (Artigo 18), de Moçambique (Artigo 44 n.º 1) e de São Tomé (Artigo 2 n.º 5), consagram o princípio da irrecorribilidade das decisões arbitrais, salvo no âmbito de acções de anulação com os fundamentos especificados nas respectivas legislações e acima referidos; idêntico princípio decorre também da legislação de Cabo Verde (Artigo 35 n.º 1 e Artigo 42).

O Projecto-lei da APA vem alterar o princípio vigente na LAV ao determinar a irrecorribilidade das decisões arbitrais, salvo se as partes acordarem diversamente na convenção de arbitragem (Artigo 39 n.º 2). Como veremos adiante, esse é já o princípio vigente para as arbitragens internacionais.

Curiosa é a solução contemplada na legislação de Macau que permite às partes prever uma instância arbitral de recurso, desde que previamente regulamentada, como alternativa ao recurso para o Tribunal Superior de Justiça (Artigo 34 n.º 1).

15. Apreciação Judicial doutras decisões interlocutórias ou incidentes processuais

Para além do recurso da decisão final, e dos eventuais recursos sobre questões prévias ou prejudiciais já acima abordados, algumas legislações permitem ainda a imediata apreciação pelos tribunais judiciais de algumas decisões interlocutórias dos tribunais arbitrais ou de determinados incidentes suscitados no processo, a saber:

- Decisão sobre a natureza indisponível de direitos submetidos a arbitragem (Artigo 25 da Lei do Brasil e Artigo 37 n.º 4 da Lei de Moçambique);
- Decisão sobre a validade da renúncia unilateral à arbitragem previamente convencionada (Artigo 13 da Lei de Moçambique);
- Decisão que rejeita a arguição de suspeição ou impedimento dos árbitros (Artigo 20 § 1.º da Lei do Brasil) ou de recusa do árbitro (Artigo 23 n.º 3 da Lei de Moçambique);
- Decisão sobre a cessação do mandato do árbitro por negligência ou acordo das partes (Artigo 23 n.º 4 da Lei de Moçambique);
- Decisão que fixa o objecto do litígio quando o tribunal está obrigado a fazê-lo antes do início da fase dos articulados (Artigo 19 n.º 4 da Lei de Cabo Verde e Artigo 12 n.º 4 da Lei de São Tomé);

A apreciação destas questões pelo tribunal judicial no decurso do processo arbitral, embora reflicta uma acrescida judicialização do mesmo, com os consequentes atrasos na conclusão do processo arbitral decorrente da apreciação das questões suscitadas, contribui para assegurar a certeza da decisão final, reduzindo os riscos das mesmas virem a ser extemporaneamente consideradas procedentes em sede de recurso ou de anulação.

16. Confidencialidade do processo arbitral

Só algumas legislações consagram expressamente o princípio da confidencialidade do processo e das próprias decisões arbitrais, embora tal prática seja tendencialmente observada na generalidade dos países; esse princípio consta do Projecto de Lei da APA (Artigo 30 n.º 5 e 6).

A legislação da Guiné-Bissau especifica que a confidencialidade abrange ainda os trabalhos do Tribunal Arbitral, os documentos submetidos

88 III Congresso do Centro de Arbitragem da Câmara de Comércio e Indústria

ao Tribunal, todas as diligências processuais realizadas, estendendo-se não só aos árbitros mas também às partes, seus Advogados, peritos e pessoas associadas ao processo (Artigo 28).

Outras legislações impõem unicamente um dever específico de confidencialidade aos árbitros (ex. Artigo 22 n.º 2 alínea f) da Lei de Moçambique).

III. ARBITRAGEM INTERNACIONAL

O Território de Macau é o único que dispõe de legislação autónoma sobre a designada "arbitragem comercial externa" (Decreto-Lei n.º 55/98/M de 23 de Novembro) que, aliás, corresponde quase integralmente à Lei--Modelo da UNCITRAL.

Nos demais países, incluindo Portugal (Artigo 32 e seguintes da LAV), a "Arbitragem Internacional" é tratada como mera especialidade, sumariamente regulada na própria legislação sobre arbitragem voluntária (Artigo 40 e seguintes da Lei n.º 16/03 de Angola; Artigo 40 e seguintes da Lei n.º 76/VI/2005 de Cabo Verde; Artigo 43 e seguintes do Decreto-Lei n.º 9/2000 da Guiné-Bissau; Artigo 52 e seguintes do Decreto-Lei n.º 55/ /98/M de Moçambique).

1. Definição

A Arbitragem Internacional é definida, sumariamente, no Artigo 32 da LAV como sendo "a que põe em jogo interesses de comércio internacional"; idêntica definição consta da legislação da Guiné-Bissau (Artigo 43).

A legislação de Moçambique (Artigo 52) adopta a longa e detalhada definição consagrada no Artigo 1 n.º 2 da Lei-Modelo da CNUDCI, da qual decorre que os casos qualificados como Arbitragem Internacional abrangem não só os processos em que (i) as partes têm domicílio (estabelecimento) em Estados diversos mas também, quando tendo domicílio no mesmo Estado, seja diverso o Estado, (ii) da própria sede da arbitragem, (iii) do lugar de cumprimento das obrigações, (iv) de conexão com o litígio ou (v) identificado por vontade das partes.

Idêntica disposição consta da legislação do território de Macau (Artigo 1 n.º 4 do Decreto-Lei n.º 55/98/M).

Instrumentos de Resolução Extrajudicial de Litígios nos Países Lusófonos ... 89

Embora com redacção mais simplificada, critérios equivalentes constam da legislação de Angola (do Artigo 40). A legislação de Cabo Verde acolhe unicamente o critério do diferente domicílio das partes.

2. Especialidades

Quanto à regulamentação das Arbitragens Internacionais, a generalidade das legislações remete, supletivamente, para as respectivas normas nacionais sobre "arbitragem voluntária". Só a legislação do Território de Macau dispõe de legislação específica que, como já referido, segue o Modelo UNCITRAL, pelo que contém algumas especialidades porém menos relevantes para este trabalho.

A qualificação de determinada arbitragem como "Arbitragem Internacional" releva sobretudo:

a) Quanto ao Direito Aplicável

Todas as legislações sobre Arbitragem Internacional em apreço, consagram o princípio da liberdade das partes escolherem o direito a aplicar pelos árbitros, salvo se os tiverem autorizado a julgar segundo a equidade, e atribuem acrescida flexibilidade aos árbitros para a determinação da lei aplicável ao litígio. O Artigo 33 n.º 2 da LAV permite que, na falta de escolha pelas partes do direito a aplicar, o Tribunal possa aplicar o direito "mais apropriado ao litígio"; idêntica flexibilidade não é atribuída, como já vimos anteriormente, ao Tribunal para as demais arbitragens.

A legislação de Angola (Artigo 43 n.º 2) especifica que a designação pelas partes da Lei de um determinado Estado confina-se, salvo identificação expressa em contrário, às regras jurídicas materiais desse Estado e não às suas regras de conflito. Porém, na falta de designação pelas partes, o Tribunal deverá aplicar "o direito resultante da aplicação da regra de conflitos de leis que julgue aplicável na espécie", limitando assim a flexibilidade do Tribunal poder escolher o direito mais apropriado ao litígio.

Idêntica disposição consta da Lei de Moçambique (Artigo 54).

90 *III Congresso do Centro de Arbitragem da Câmara de Comércio e Indústria*

b) Quanto à recorribilidade das decisões

Como já vimos, ao contrário do princípio geral vigente em Portugal para as arbitragens ditas "domésticas", tratando-se de Arbitragem Internacional a decisão do Tribunal não é recorrível, salvo se as partes tiverem acordado a possibilidade de recurso e regulado os seus termos (Artigo 34 da LAV).

Idêntica disposição consta da legislação de Angola (Artigo 44), Cabo Verde (Artigo 42), Guiné-Bissau (Artigo 44), Moçambique (Artigo 53) e S. Tomé (Artigo 32).

Embora irrecorríveis, as decisões proferidas em sede de Arbitragem Internacional não deixam de ser susceptíveis de anulação judicial, pelos fundamentos previstos para o efeito nas respectivas legislações, por aplicação supletiva das correspondentes normas que regulam as arbitragens "domésticas".

3. Arbitragem Internacional e sentenças arbitrais estrangeiras

Questão associada às arbitragens – e não só internacionais –, será a qualificação da respectiva decisão arbitral como "estrangeira", designadamente para efeitos da exigibilidade da sua revisão e confirmação como condição prévia para a sua execução no(s) Estado(s) (ou Territórios) em que a mesma seja suposta ter força vinculativa e produzir efeitos.

Com efeito, uma decisão arbitral, maxime quando proferida numa Arbitragem Internacional, poderá ser ou não qualificada como "estrangeira" pelos diversos Estados que com ela tenham qualquer tipo de conexão, designadamente nas situações previstas na definição supra.

Afinal quando é que uma decisão arbitral é considerada "estrangeira"?

Para os países signatários da Convenção de Nova Iorque – unicamente Portugal e Moçambique – e sujeita à regra da reciprocidade, a questão encontra-se resolvida logo no Artigo 1 n.º 1 que delimita o seu campo de aplicação às "sentenças arbitrais *proferidas* num território de um Estado que não aquele em que é pedido o reconhecimento e execução" das mesmas. Mas para os demais países a questão permanece e deve ser resolvida face às respectivas legislações.

Com efeito, como acima referido, a generalidade das legislações reconhece força executiva às respectivas decisões arbitrais, após transi-

Instrumentos de Resolução Extrajudicial de Litígios nos Países Lusófonos ... 91

tadas em julgado (Artigo 26 da LAV). Em Portugal este princípio estende-se também às Arbitragens Internacionais "que *tenham lugar* em território nacional" (Artigo 37 da LAV); idêntica disposição consta da legislação de Moçambique (Artigo 68) e de São Tomé (Artigo 35).

Ora, como já vimos, o "lugar de arbitragem" poderá não coincidir com o "local em que a decisão arbitral foi proferida", conforme decorre do Artigo 23 n.º 1 alínea e) da LAV que exige menção separada desses "lugar" e "local". Idêntica dicotomia entre lugar de arbitragem e local em que foi proferida a sentença, consta aliás da generalidade das legislações em causa, pelo que este problema será transversal a todos os países.

Embora essa possa não ter sido a intenção do legislador, a letra da lei permite sustentar a possibilidade duma, aliás indesejável, não coincidência territorial entre os dois conceitos suscita alguns problemas relevantes em sede de execução de sentença considerada ou não "estrangeira" e potencia conflitos positivos ou negativos de competência internacional dos tribunais judiciais para apreciar a mesma decisão arbitral, em sede de acção de anulação ou de recurso, se for caso disso.

Em sentido inverso ao disposto no Artigo 34 da LAV, aponta o Artigo 34 da Lei do Brasil ao estatuir que "considera-se sentença arbitral estrangeira a que tenha sido *proferida* fora do território nacional"; ou seja, no caso de legislação portuguesa, a sua aplicabilidade pressupõe que a arbitragem tenha lugar em território nacional, na brasileira a referência decisiva é ao local onde a sentença terá sido proferida, ficando (teoricamente) em aberto a possibilidade do processo decorrer fora do Brasil. Idêntico critério é perfilhado pela legislação de Cabo Verde (Artigo 44 n.º 1).

Por reconhecer relevância a esta questão, o Artigo 10 IV da legislação do Brasil impõe que do próprio compromisso arbitral conste obrigatoriamente a indicação do lugar em que será proferida a sentença arbitral, retirando assim essa faculdade ao próprio Tribunal, que só poderá fixar supletivamente o lugar da arbitragem (Artigo 11 I). Como corolário da essencialidade desse requisito do compromisso arbitral, o Artigo 32 III considera nula a sentença arbitral que não indique o local onde a decisão foi proferida (por remissão para o Artigo 26 IV); como vimos atrás essa omissão não constitui fundamento para a anulação das decisões na generalidade dos demais países.

Face a esta disparidade de critérios legais, ao limite podemos até deparar-nos com uma decisão considerada "estrangeira" num determinado país (ex. Portugal), em virtude da arbitragem ter decorrido no Brasil,

92 III Congresso do Centro de Arbitragem da Câmara de Comércio e Indústria

ou seja, fora do território nacional e, simultaneamente, também "estrangeira" noutro país (ex. Brasil), neste caso em virtude da sentença ter sido proferida em território português. Ou vice-versa: ser considerada "doméstica" em dois países que adoptem critérios diferentes para a qualificação da decisão como "sentença estrangeira", corolário que se afigura potencialmente gerador de indesejáveis ambiguidades em sede de execução da decisão.

Acresce que a qualificação como "sentença estrangeira", consoante os diferentes critérios legais aplicáveis nos diversos países, poderá também relevar para subtrair a decisão arbitral à apreciação dos tribunais de determinado(s) Estado(s), em sede de anulação ou recurso, se for caso disso, em função da determinação do lugar da arbitragem versus local onde a decisão foi proferida, ou sujeitar essa mesma decisão arbitral a apreciação judicial em dois (ou mais) Estados diferentes com decisões potencialmente contraditórias.

Para obviar a possíveis ambiguidades quanto ao lugar da arbitragem e ao local onde se dá por proferida a decisão arbitral, a legislação da Guiné-Bissau prevê que "as sentenças são reputadas proferidas na sede da arbitragem" (Artigo 32 n.º 2). Idêntica disposição decorre do Artigo 31 n.º 2 da legislação de Macau (embora não tenha equivalente na Lei Modelo da CNUDCI que lhe serve de inspiração). Refira-se ainda, que esta presunção de concorrência entre o lugar de arbitragem e local onde é proferida a sentença é também a solução consagrada no Regulamento de Arbitragem da CCI (Artigo 25 n.º 3) e ora preconizada no Projecto de Lei da APA, (Artigo 42 n.º 4) que resolverá de forma cabal os problemas suscitados pela interpretação das normas da LAV acima referidas.

Esse princípio parece salutar para evitar que as sentenças sejam "deslocalizadas" para local ou Estado diferente donde decorreu a própria arbitragem, consoante as conveniências das partes ou do Tribunal, porventura para facilitar (ou dificultar) a sua apreciação judicial e ou a sua execução em determinado(s) Estado(s) em função de nele(s) ser ou não qualificada como "sentença estrangeira".

IV. CONCLUSÃO. PROPOSTA

O tema do reconhecimento de execução das decisões arbitrais estrangeiras nos países lusófonos será abordado em maior detalhe pela

Prof. Mariana França Gouveia, cuja comunicação será certamente decisiva para completar esta breve panorâmica de direito comparado das legislações sobre arbitragem voluntária no espaço da Lusofonia.

Sem querer antecipar-me ao conteúdo dessa comunicação, admito que ela permitirá concluir pela existência de significativa harmonização entre as disposições dos artigos 1094 e seguintes do CPC e as correspondentes normas processuais da generalidade dos Estados em causa. Essa harmonização é reforçada pela existência de convenções, embora bilaterais, celebradas entre Portugal e os seguintes países, no âmbito de Acordos de Cooperação vigentes:
- Angola (ratificado em 2006);
- Cabo Verde (ratificado em 1976);
- Guiné-Bissau (ratificado em 1989);
- Moçambique (ratificado em 1991);
- São Tomé e Príncipe (ratificado em 1976);

Não há convenção equivalente com o Brasil nem haverá outros Acordos bilaterais entre os diversos países da CPLP.

Todas estas normas internas e convenções internacionais, que abrangem expressamente as decisões arbitrais, são instrumentos decisivos para facilitar o reconhecimento e execução de "sentenças estrangeiras" nos diversos países de expressão portuguesa.

Constatada essa profunda harmonização entre as legislações dos países da CPLP – não só em sede de arbitragem voluntária, maxime arbitragens internacionais, mas também em sede da execução das sentenças arbitrais proferidas nos diversos países em causa – resta-nos retomar o propósito inicial desta intervenção e lançar um repto ao Centro de Arbitragens Comercias da Associação Comercial de Lisboa, porventura o mais prestigiado e experiente Centro de Arbitragem Institucionalizada no espaço da Lusofonia, na pessoa do sei ilustre Presidente Dr. Rui Machete propondo que:
- O CAC dinamize a criação de uma "Rede" internacional de Centros de Arbitragem Institucionalizada integrando Centros de cada um dos países de expressão oficial portuguesa que professem os mesmo valores éticos e adoptem práticas arbitrais consistentes;
- essa Rede, eventualmente organizada como Associação, disponha de órgãos próprios de coordenação da sua actividade, em que todos os Centros estejam paritariamente representados e tendo

como missão promover e divulgar, de forma concertada, as arbitragens voluntárias, maxime internacionais, no espaço da Lusofonia;

- essa Associação promova a adopção pelos Centros aderentes dum Regulamento Uniforme aplicável às arbitragens internacionais que decorram sob a sua égide, preconizando para o efeito a adopção de uma cláusula tipo de convenção arbitral;
- ao abrigo desse Regulamento Uniforme, seja criado um órgão especializado, integrado por juristas prestigiados designados por todos os Centros nacionais que, à imagem da Corte da CCI, teria como função apreciar previamente a regularidade formal do processo arbitral, a bondade do direito aplicado e a conformidade do processo de decisão arbitral com as normas o próprio Regulamento Uniforme;
- esse Regulamento Uniforme sirva de embrião para a constituição de um Centro Internacional de Arbitragens da Lusofonia, com secções nacionais funcionando junto de cada Centro aderente, que possa apresentar-se como uma alternativa credível à própria CCI, manifestamente mais desfasada das realidades sócio económicas e das tradições jurídicas dos países lusófonos;
- os Centros de Arbitragem nacionais sensibilizem os respectivos Governos no sentido de ser celebrada convenção multilateral que facilite o reconhecimento e execução nos diversos Estados-membros das sentenças arbitrais proferidas ao abrigo desse Regulamento Uniforme.

Com a concretização destas propostas, o CAC estaria a contribuir decisivamente para a divulgação e dignificação das Arbitragens Internacionais e para o reforçado prestígio da comunidade jurídica no espaço da lusofonia, com evidentes reflexos na intensificação e normalização das relações económicas e comerciais entre os diversos países de língua oficial portuguesa.

Lisboa, Julho 2009

O RECONHECIMENTO DE SENTENÇAS ARBITRAIS ESTRANGEIRAS NOS PAÍSES LUSÓFONOS[1]

MARIANA FRANÇA GOUVEIA[2]

SUMÁRIO: 1. Introdução; 2. Critérios de determinação da natureza estrangeira de uma sentença arbitral; 3. Convenção de Nova Iorque; 4. Acordos bilaterais com Portugal; 5. Regimes internos de reconhecimento; 6. Conclusão.

1. Introdução

O regime do reconhecimento e execução de sentenças arbitrais estrangeiras é um dos aspectos mais importantes para a caracterização de um determinado ordenamento jurídico nacional quanto à sua abertura ao comércio internacional. A arbitragem internacional é, de há muito, o sistema de resolução de litígios mais utilizado no comércio internacional.[3]

A vigência de um regime aberto ao mundo credibiliza o ordenamento jurídico e é um dos elementos de ponderação para a realização de investimentos num determinado país. Com o aumento das transacções comerciais entre Portugal e os países lusófonos e entre estes é, assim, da

---

[1] Este trabalho teria sido muito mais difícil sem o auxílio de algumas pessoas na procura das fontes. Agradeço em especial ao Prof. Dário Moura Vicente, aos Drs. Carla Gonçalves Borges, Isabel Cantidiano, João Taborda Monteiro, Miguel Cancella d'Abreu e Pedro Metello de Nápoles.

[2] Professora da Faculdade de Direito da Universidade Nova de Lisboa

[3] Alan Redfern e Martin Hunter, *Law and Practice of International Commercial Arbitration,* 4.º Edição, London, Sweet & Maxwell, 2004, p. 1.

96 *III Congresso do Centro de Arbitragem da Câmara de Comércio e Indústria*

maior utilidade conhecer os regimes de reconhecimento e de execução de decisões arbitrais estrangeiras nesses países.

Os regimes jurídicos em análise são os vigentes em Angola, Brasil, Cabo Verde, Guiné Bissau, Moçambique, S. Tomé e Príncipe e Timor, estando sempre presente, como é natural, o ordenamento jurídico português.

Os diversos sistemas de reconhecimento internacionalmente estabelecidos dividem-se em três, de acordo com a fonte: o primeiro e mais importante é o estabelecido pela Convenção de Nova Iorque de 1958 sobre reconhecimento e execução de sentenças estrangeiras; em segundo lugar, os regimes baseados em outros tratados multilaterais ou em acordos bilaterais e, por último, não havendo direito internacional, o ordenamento jurídico interno de cada um dos países.

Fora desta sistemática geral, poder-se-ia, ainda, falar da Convenção de Washington para a resolução de diferendos relativos a investimentos entre Estados e nacionais de outros Estados de 18 de Março de 1965. Cria um regime autónomo, diferente destes que acabámos de referir, ao impor o reconhecimento automático das sentenças arbitrais proferidas pelo Centro de Arbitragem institucionalizada em funcionamento no âmbito desta Comissão – o CIRDI. O artigo 34.º da Convenção determina que as decisões arbitrais deste centro são tratadas no país do destino como se decisões arbitrais nacionais se tratassem.

Ratificaram esta Convenção: Portugal, Moçambique e Timor. A Guiné--Bissau assinou em 1991 e São Tomé e Príncipe em 1999, mas até agora não houve ratificação.

Entre Portugal e Timor foi celebrado um Acordo de Promoção Recíproca de Investimento que prevê precisamente arbitragem CIRDI.

2. Critérios de determinação da natureza estrangeira de uma sentença arbitral

O primeiro tópico a tratar num trabalho deste género é o do conceito de sentença estrangeira. Quando falamos em arbitragem, o termo estrangeiro torna-se ponto de discussão, na medida em que, primeiro, a sentença não é proferida por um órgão estadual e, segundo, sendo relativa a um litígio internacional, os vários ordenamentos em conexão podem utilizar critérios diferentes para determinar a sua «nacionalidade». O que

O *Reconhecimento de Sentenças Arbitrais Estrangeiras nos Países Lusófonos* 97

dificulta a qualificação, nas palavras de Lima Pinheiro, é o facto de a arbitragem não estar ligada por um cordão umbilical a um qualquer Estado[4], como se verifica com as sentenças judiciais.

Assim, a nacionalidade de uma sentença só pode ser atribuída de acordo com um determinando ordenamento jurídico estadual e, portanto, o primeiro passo para o reconhecimento de uma sentença é verificar qual o ordenamento onde se pretende que ela seja reconhecida. Só perante esse ordenamento se saberá se a sentença é ou não estrangeira. Se incluirmos Portugal, este é um trabalho sobre oito ordenamentos jurídicos diferentes e, por isso, a dificuldade multiplica-se por oito.

São essencialmente dois os critérios que os ordenamentos jurídicos e a doutrina utilizam para determinar a nacionalidade de uma decisão arbitral. A convenção de Nova Iorque é o ponto de partida para esta análise, na medida em que, nos termos do seu artigo 1.º, se aplica às sentenças proferidas num Estado diferente daquele em que se pede o reconhecimento e, ainda, às sentenças que não são consideradas nacionais no Estado em que se pede o reconhecimento.

Este duplo critério implica, como é fácil de ver, que uma sentença pode ser considerada nacional em dois Estados diferentes ou não ser considerada nacional por nenhum Estado. A regra em geral enunciada é a de que as arbitragens realizadas num território devem ser entendidas como estrangeiras em todos os outros Estados.

Mas esta afirmação tão simples é tudo menos verdadeira. Isto porque a tendência actual é a escolha do direito aplicável à arbitragem, subtraindo portanto ao local onde se realiza a arbitragem a aplicação do seu direito interno.[5] O problema desloca-se, portanto: será estrangeira não a sentença arbitral proferida em arbitragem realizada no estrangeiro, mas a sentença arbitral proferida em arbitragem a que se aplique direito estrangeiro. Falamos aqui necessariamente do direito aplicável ao processo arbitral e não ao mérito.

Em regra o direito aplicável determina-se segundo dois critérios: o da sede da arbitragem e o da vontade das partes. A primeira regra é

---

[4] Luís de Lima Pinheiro, *Arbitragem Transnacional*, Coimbra, Almedina, 2005, p. 75.

[5] Maria Cristina Pimenta Coelho, *A Convenção de Nova Iorque de 10 de Junho de 1958 relativa ao reconhecimento e execução de sentenças arbitrais estrangeiras, in* Revista Jurídica, Lisboa, 1996 (N.º 20), p. 42.

98   III Congresso do Centro de Arbitragem da Câmara de Comércio e Indústria

conhecida como o princípio da territorialidade e a segunda como o princípio da autonomia privada. Assim, para alguns Estados o seu direito aplica-se às arbitragens realizadas no seu território; enquanto que para outros, o seu direito aplica-se quando é escolhido pelas partes.

Conforme Lima Pinheiro refere, esta separação pode originar equívocos, na medida em que a sede relevante é muitas vezes a escolhida pelas partes. Assim, embora a tendência das diversas legislações internacionais vá no sentido do critério da territorialidade, acaba por se aproximar, em termos práticos, do critério da autonomia privada, na medida em que as legislações estaduais permitem a escolha pelas partes do local da arbitragem (sede convencional).[6]

O direito português, nos termos do artigo 37.º da Lei da Arbitragem Voluntária[7], aplica-se às arbitragens que tenham lugar em Portugal.[8] Lima Pinheiro interpreta a norma num *sentido intermédio*: deve presumir-se que a arbitragem se realiza no lugar fixado pelas partes ou, na sua omissão, determinado pelos árbitros. Esta presunção será, porém, elidida caso se demonstre que o processo decorreu essencialmente noutro lugar com o consentimento expresso ou tácito das partes. Também será elidida quando, escolhido outro Estado como sede, se demonstre que o processo decorreu essencialmente em Portugal, com o consentimento expresso ou tácito das partes. Por último, se não houver fixação da sede da arbitragem, nem pelas partes, nem pelos árbitros, o direito português será aplicável caso a arbitragem se desenrole essencialmente no nosso país.[9] O lugar da arbitragem, convencionalmente fixado ou não, é assim o elemento decisivo.[10]

Este entendimento poderia, porém, ser posto em causa pela letra do artigo 1094.º do Código de Processo Civil português, na medida em que refere como critério o lugar onde a decisão arbitral foi proferida. Se atentarmos bem, esta norma é incompatível com o artigo 37.º LAV, na medida

---

[6] Luís de Lima Pinheiro, *Arbitragem Transnacional*, Coimbra, Almedina, 2005, p. 345.

[7] Lei 31/86, de 29 de Agosto, de ora em diante referida por LAV.

[8] A Proposta de LAV da APA mantém esta regra, no seu artigo 61.º.

[9] Luis de Lima Pinheiro, *Arbitragem Transnacional*, Coimbra, Almedina, 2005, p. 352.

[10] Luís de Lima Pinheiro, *Arbitragem Transnacional*, Coimbra, Almedina, 2005, p. 320.

O Reconhecimento de Sentenças Arbitrais Estrangeiras nos Países Lusófonos   99

em que as decisões arbitrais proferidas em arbitragens com sede em Portugal, independentemente de terem sido proferidas em território nacional, não necessitam de ser reconhecidas, sendo imediatamente executáveis (artigo 26.º LAV). Donde, conforme refere a doutrina, deve considerar--se irrelevante o local da assinatura (embora possa servir como indicação da sede da arbitragem).[11]

O tratamento do problema no direito português reveste, como se vê, alguma complexidade, o que se repercute nos países que mantêm a nossa influência nas suas legislações nacionais (todos os países lusófonos com excepção do Brasil).

Para análise do direito dos países lusófonos, há que procurar três tipos de regras: o critério de aplicação da lei nacional de arbitragem no espaço; se o da sede da arbitragem, como se estipula essa sede; e, por fim a de reconhecimento das sentenças arbitrais estrangeiras.

A lei angolana de arbitragem[12] define, no seu artigo 40.º, o que entende por arbitragem internacional, determinando depois o artigo 41.º que na falta de estipulação das partes são aplicáveis à arbitragem internacional as disposições da lei angolana. Consagra, assim, o princípio da autonomia privada, permitindo às partes a escolha de outra lei de arbitragem.

O mesmo critério é seguido a propósito da sede da arbitragem: o artigo 17.º elege o critério da autonomia da vontade para a determinação da sede da arbitragem, numa norma claramente inspirada no artigo 20.º da Lei Modelo UNCITRAL. De acordo com este preceito, o lugar da arbitragem é determinado pelas partes, não prejudicando essa determinação a reunião do tribunal arbitral em qualquer lugar que considere apropriado.

Há, portanto, na lei angolana de arbitragem, uma clara opção pelo princípio da autonomia privada quer quanto ao direito adjectivo aplicável, quer quanto à sede da arbitragem. Assim, parece poder dizer-se que,

---

[11] Luís de Lima Pinheiro, *Arbitragem Transnacional*, Coimbra, Almedina, 2005, p. 318.

[12] Lei 16/2003, de 25 de Julho – as leis de arbitragem dos países lusófonos estão publicadas em Miguel Cancella de Abreu, Filipe Lobo d'Ávila, Arafam Mané e Clara Moreira de Campos, *A Arbitragem Voluntária e a Mediação de Conflitos – Legislação comentada dos espaços de língua portuguesa,* Coimbra, Concórdia-Almedina, 2008, p. 14-30.

100 *III Congresso do Centro de Arbitragem da Câmara de Comércio e Indústria*

mesmo em arbitragens com sede em Angola, pode escolher-se direito adjectivo diferente do angolano. Isto claro, apenas em relação às arbitragens internacionais.

Devem assim considerar-se que se realizam em Angola as arbitragens em que as partes escolheram ser esta a sede da arbitragem ou, tratando-se de arbitragem internacional, não seja escolhido outro direito aplicável. O que significa, então, que não se consideram sediadas em Angola as arbitragens em que as partes escolheram como lugar da arbitragem outro país ou, tratando-se de arbitragem internacional, as partes escolheram outro direito adjectivo aplicável. As sentenças proferidas nestes processos arbitrais serão consideradas sentenças estrangeiras neste país.

Por fim, é necessário analisar a norma relativa ao reconhecimento de decisões arbitrais em Angola. O preceito em vigor é ainda o do Código de Processo Civil português à data da independência e, portanto, refere ainda como critério o local em que foi proferida a decisão arbitral. O mesmo raciocínio que se fez para o ordenamento jurídico português – e que resultou na irrelevância deste critério – pode fazer-se aqui, até com maior força. Dando a lei angolana de arbitragem tanta relevância à autonomia das partes para a escolha da sede e do direito aplicável em arbitragem internacional, o que deve ser considerado estrangeiro não está de todo dependente do local onde os árbitros proferem a decisão. Ou, se se preferir, o local onde os árbitros proferem a decisão será o da sede da arbitragem, conforme escolha das partes.

A lei brasileira de arbitragem[13] refere no artigo 34.º que é estrangeira a sentença arbitral proferida fora do seu território nacional. Adopta, portanto, o critério da territorialidade[14] marcado por uma clara rigidez face à solução da Lei-Modelo e àquela que tem vindo a ser actualmente a opção da maioria dos Estados. Repare-se que a norma, ao contrário das restantes analisadas, não se refere à sede da arbitragem ou ao direito arbitral aplicável, estipulando directamente um critério para a qualificação da sentença como estrangeira. Daí a sua rigidez.

A lei cabo-verdiana[15] estipula no artigo 2.º que se aplica às arbitragens nacionais e internacionais, sendo estas definidas, nos termos do artigo

---

[13] Lei 9.307 de 23 de Setembro de 1996.

[14] Carlos Alberto Carmona, *Arbitragem e Processo,* 2ª Edição, São Paulo, Editora Atlas, 2006, p. 350.

[15] Lei 76/IV/2005, de 16 de Agosto.

40.º, como aquelas em que as partes, no momento da celebração do compromisso arbitral, tenham domicílio em Estados diferentes ou em que a relação jurídica ponha em causa interesses do comércio internacional. Por outro lado, o artigo 23.º da mesma lei determina que as partes podem escolher a sede da arbitragem. Por fim, o artigo 44.º desta mesma lei, agora relativo a reconhecimento e execução das decisões arbitrais estrangeiras, contém a indicação de que o carácter estrangeiro da decisão arbitral não é determinado pelo local em foi proferida. Interessa, portanto e apenas, analisar as duas primeiras regras.

O Direito cabo-verdiano parece, assim, adoptar o princípio da territorialidade quanto à aplicação do seu direito interno, mas permite, depois, a escolha livre da sede da arbitragem. Assim, a arbitragem será em Cabo Verde se as partes o escolherem, o que tem como consequência a aplicação do direito cabo-verdiano a estas arbitragens e não a outras. Prevalece, portanto, a regra da autonomia privada. Em conclusão, serão estrangeiras as sentenças arbitrais proferidas em arbitragens cuja sede não seja em Cabo Verde.

Também a lei em vigor na Guiné-Bissau[16] consagra a liberdade de escolha das partes quanto ao direito aplicável e quanto à sede da arbitragem, respectivamente nos artigos 18.º e 12.º n.º2 e) i). O direito aplicável ao reconhecimento das decisões arbitrais estrangeiras é ainda o Código de Processo Civil português à data da independência, pelo que os mesmos equívocos poderiam surgir por este normativo se referir a sentenças proferidas no estrangeiro. Conforme, porém, se disse em relação ao direito português e ao direito angolano, esta norma deve ser interpretada no sentido de consagrar como local da decisão arbitral o da sede da arbitragem.

A lei moçambicana de arbitragem, conciliação e mediação[17] aplica-se, nos termos do seu artigo 68.º, às arbitragens que tenham lugar no território nacional. Poderia pensar-se, assim, que a lei estipulava o princípio da territorialidade. No entanto, como vimos verificar-se no direito português, adopta do princípio da autonomia da vontade quanto à sede da arbitragem, estipulando no seu artigo 27.º que "(...) *as partes podem escolher livremente as regras de processo a seguir pelo tribunal, bem*

---

[16] Decreto-Lei 9/2000, de 2 de Outubro.
[17] Lei n.º 11/99, de 8 de Julho.

102 *III Congresso do Centro de Arbitragem da Câmara de Comércio e Indústria*

como sobre o lugar da arbitragem." Igualmente está prevista a possibilidade de o tribunal reunir em lugar diferente da sede da arbitragem (n.º 5 do artigo 27.º). Assim, deve considerar-se que são estrangeiras as sentenças arbitrais proferidas em arbitragens cuja sede não seja em território moçambicano.

Por último, em São Tomé e Príncipe, o artigo 35.º da Lei de Arbitragem[18] determina igualmente a sua aplicação às arbitragens que tenham lugar em território nacional, mas, no artigo 15.º, não estabelece quaisquer limites à estipulação convencional da sede da arbitragem. As regras aplicáveis ao reconhecimento das decisões arbitrais estrangeiras constam ainda do Código de Processo Civil de São Tomé e Princípio, que era o vigente em Portugal à data da independência.

Timor não tem legislação sobre arbitragem, consagrando apenas algumas regras no seu Código de Processo Civil (artigos 838.º e seguintes)[19] à revisão de sentenças estrangeiras. O seu texto é idêntico às normas previstas no Código de Processo Civil português, considerando, portanto, que são estrangeiras as sentenças proferidas por árbitros no estrangeiro. À falta de legislação sobre arbitragem no país, talvez seja mais cauteloso interpretar esta regra como consagrando o critério da territorialidade.

3. Convenção de Nova Iorque

Analisado o conceito de sentença arbitral estrangeira, é tempo agora de descrever os vários regimes aplicáveis nas relações entre os países lusófonos e Portugal. Em primeiro lugar, é necessário referir os países que ratificaram a Convenção de Nova Iorque.

A Convenção de Nova Iorque de 10 de Junho de 1958, sobre reconhecimento e execução de sentenças estrangeiras, é um dos mais importantes instrumentos internacionais, senão o mais importante, aplicável a decisões arbitrais estrangeiras. O elevadíssimo número de Estados

---

[18] Lei 9/2006, de 2 de Novembro.

[19] Decreto-Lei 2006/01, também disponível na colectânea de Miguel Cancella de Abreu, Filipe Lobo d'Ávila, Arafam Mané e Clara Moreira Campos, *A Arbitragem Voluntária e a Mediação de Conflitos – Legislação comentada dos espaços de língua portuguesa,* Coimbra, Concórdia-Almedina, 2008, p. 264.

O Reconhecimento de Sentenças Arbitrais Estrangeiras nos Países Lusófonos 103

contratantes torna o seu regime um verdadeiro direito uniforme aplicável ao reconhecimento de sentenças arbitrais no mundo. Ser parte da Convenção de Nova Iorque é, sem dúvida, condição indispensável para a credibilidade comercial internacional.

Dos países em análise, apenas ratificaram a Convenção de Nova Iorque Portugal, Brasil e Moçambique. Angola, Cabo Verde, Guiné--Bissau, São Tomé e Príncipe e Timor não ratificaram a Convenção.

Portugal assinou a Convenção com a reserva de reciprocidade, o que significa que só serão submetidas ao regime da Convenção as decisões arbitrais que, trazidas para reconhecimento aqui, foram proferidas no Brasil e em Moçambique. Quantos às decisões proferidas nos outros países, terão de submeter-se ao regime interno ou a um tratado bilateral, caso exista.

Também Moçambique aderiu à reserva de reciprocidade, sendo aí reconhecidas de acordo com as regras da Convenção apenas as decisões arbitrais proferidas em Portugal e no Brasil.

Já o Brasil aderiu à Convenção sem qualquer reserva, pelo que as decisões arbitrais proferidas em qualquer país do mundo são reconhecidas de acordo com as regras da Convenção de Nova Iorque. A análise ao direito brasileiro pode, assim, ficar por aqui, embora seja útil não esquecer o artigo 7.º da Convenção de Nova Iorque, nos termos do qual é aplicável outro regime em vigor se for mais favorável ao reconhecimento da decisão arbitral estrangeira.[20] A mesma regra se aplica, naturalmente, a Moçambique.

Há que tomar em consideração, porém, que a aplicabilidade do regime mais favorável se faz em bloco[21], pelo que a parte que requer o reconhecimento terá de optar entre o regime da Convenção e o do Acordo Bilateral.

Em geral, o sistema da Convenção de Nova Iorque é mais favorável ao reconhecimento do que o dos Acordos bilaterais, mas há alguns aspectos em que o não é, pelo que a escolha do regime aplicável terá de ser feita através da análise do caso concreto.

---

[20] Alan Redfern e Martin Hunter, *Law and Practice of International Commercial Arbitration*, 4.º Edição, London, Sweet & Maxwell, 2004, p. 555.

[21] Maria Cristina Pimenta Coelho, *A Convenção de Nova Iorque de 10 de Junho de 1958 relativa ao reconhecimento e execução de sentenças arbitrais estrangeiras, in* Revista Jurídica, 1996 (N.º 20), AAFDL, Lisboa, p. 52.

104 *III Congresso do Centro de Arbitragem da Câmara de Comércio e Indústria*

Não me deterei na análise da Convenção de Nova Iorque, privilegiando o exame dos acordos bilaterais existente entre Portugal e os países lusófonos.

4. Acordos bilaterais com Portugal

Para além da Convenção de Nova Iorque, ao nível dos instrumentos internacionais de reconhecimento de sentenças há a destacar diversos Acordos bilaterais entre Portugal e os Estados lusófonos.

A pesquisa deste género de fontes não é fácil. Consegui, com relativa facilidade, encontrar os acordos bilaterais celebrados por Portugal, mas não foi possível saber se existem acordos entre os outros países lusófonos.

Em relação ao Brasil, o sítio na internet http://www2.mre.gov.br/dai/biango.htm contém os acordos bilaterais assinados. Aí se pode verificar que não existe qualquer acordo de cooperação judiciária entre o Brasil e os outros países lusófonos. Como se disse já, a circunstância de o Brasil ter ratificado a Convenção de Nova Iorque sem cláusula de reciprocidade, implicaria apenas a aplicação destes acordos caso estabelecessem um regime mais favorável ao reconhecimento.

Quanto aos acordos celebrados com Portugal, são os seguintes:

– Angola – Acordo de Cooperação Jurídica e Judiciária assinado em 1995, constante da Resolução da Assembleia da República n.º 11/97, de 4 de Março e ratificado pelo Decreto do Presidente da República n.º 9/97, de 4 de Março. Só entrou em vigor no dia 5 de Maio de **2006**, nos termos do aviso n.º 582/2006, de 20 de Abril.

– Cabo Verde: Acordo de Cooperação Jurídica e Judiciária, assinado na Praia em 2 de Dezembro de 2003, constante da Resolução da Assembleia da República n.º 6/2005, de 15 de Fevereiro, ratificado pelo Decreto do Presidente da República n.º 10/2005, de 15 de Fevereiro. Entrou em vigor no dia 8 de Julho de **2005**, de acordo com o Aviso n.º 281/2005.

– Guiné-Bissau: Acordo de Cooperação Jurídica, concluído em Bissau em 5 de Julho de 1988, constante da Resolução da Assembleia da República n.º 11/89, de 19 de Maio. Nos termos do Aviso 63/94, o Acordo entrou em vigor no dia 10 de Janeiro de **1994**.

– Moçambique: Acordo de Cooperação Jurídica e Judiciária, assinado em Lisboa a 12 de Abril de 1990, constante da Resolução da Assembleia

O Reconhecimento de Sentenças Arbitrais Estrangeiras nos Países Lusófonos 105

da República n.º 7/91, de 14 de Fevereiro, ratificado pelo Decreto do Presidente da República n.º 8/91, de 14 de Fevereiro. De acordo com o Aviso 71/96, entrou em vigor no dia 22 de Fevereiro de **1996**.

– S. Tomé e Princípe: Acordo Judiciário assinado em Lisboa, a 23 de Março de 1976, constante do Decreto n.º 550-M/76, de 12 de Julho, tendo sido trocados os instrumentos de ratificação em 20 de Abril de **1979**, nos termos do Aviso DR 213.

4.1. Regime dos Acordos bilaterais

Os acordos celebrados podem ser divididos em três grupos: um primeiro constituído pelos celebrados com Angola, Guiné-Bissau e Moçambique, idênticos à versão do Código de Processo Civil português anterior à reforma de 1995/96; um segundo constituído por Cabo Verde, idêntico ao nosso Código de Processo Civil posterior a essa reforma; e um terceiro, constituído por São Tomé e Príncipe, com uma formulação diferente dos outros, embora no conteúdo se reconduza à regulamentação do Código de Processo Civil anterior a 1995.

Todos os Acordos aplicam o regime de reconhecimento de sentenças estrangeiras às sentenças arbitrais.[22]

Todos eles exigem, ainda, a necessidade do processo de revisão de sentenças estrangeiras, isto é, a inexistência de reconhecimento automático.[23] Adoptam, portanto, o sistema da assimilação da sentença arbitral estrangeira à sentença judicial estrangeira, contraponto do sistema da equiparação da sentença arbitral estrangeira à sentença arbitral nacional vigente em alguns países.[24]

Há, porém, algumas excepções à necessidade de reconhecimento, embora haja divergências entre os Acordos.

---

[22] Artigo 13.º n.º 2 Angola; artigo 14.º n.º 2 Guiné-Bissau; artigo 14.º n.º 2 Moçambique; artigo 8.º n.º 3 São Tomé e Príncipe. O Acordo com Cabo Verde remete, no seu n.º 5 do artigo 25.º, para o número anterior, mas há aqui um evidente lapso – a remissão deve entender-se para os números anteriores e, logo, para todo o artigo 25.º.

[23] Artigo 12.º n.º 1 Angola; artigo 25.º Cabo Verde; artigo 13.º Guiné-Bissau; artigo 13.º n.º 1 Moçambique; artigo 8.º n.º 1 São Tomé e Príncipe.

[24] Luís de Lima Pinheiro, *Arbitragem Transnacional*, Coimbra, Almedina, 2005, p. 315.

106 *III Congresso do Centro de Arbitragem da Câmara de Comércio e Indústria*

Os Acordos do primeiro grupo (Angola, Guiné e Moçambique) excepcionam da necessidade de reconhecimento as decisões invocadas em processo como simples meio de prova sujeito à livre apreciação do juiz.[25] A mesma excepção consta do Acordo com Cabo Verde.[26]

Uma segunda excepção é relativa a acções constitutivas, admitindo os acordos do primeiro grupo apenas o reconhecimento automático de decisões destinadas a rectificar erros de registo civil, desde que não decidam questões relativas ao estado das pessoas.[27] O Acordo com Cabo Verde vai aqui mais longe, admitindo, no seu artigo 25.º n.º 2 b), o reconhecimento automático para o efeito de ingresso no registo civil, quando a decisão relativa a nacional de um Estado Contratante seja proferida em acção de estado ou de registo pelo tribunal do outro Estado ou por outra entidade desde que a lei desse Estado equipare essa decisão a decisão judicial.

Esta questão prende-se de alguma forma com a velha querela doutrinária sobre a necessidade de revisão e confirmação de sentenças proferidas em acção constitutiva. A tese maioritária defende a necessidade de revisão[28], já Magalhães Collaço defendia, porém, a produção automática de efeitos. Lima Pinheiro assumiu posição intermédia, entendendo, com base no artigo 7.º n.º 2 do Código do Registo Civil, que apenas necessitam de revisão as sentenças estrangeiras relativas a factos que têm de ser registados. E os factos a registar relativos a estrangeiros são apenas aqueles que ocorram em território nacional. Donde, na interpretação deste Autor, não é necessária revisão de sentenças estrangeiras relativas a factos respeitantes a estrangeiros ocorridos fora do território nacional.[29]

O entendimento restritivo foi seguido pelos Acordos do primeiro grupo (Angola, Guiné-Bissau e Moçambique), exigindo a revisão e confirmação de sentenças constitutivas, ao limitar o reconhecimento automá-

---

[25] Artigo 12.º n.º 2 a) Angola; artigo 13.º n.º 2 a) Guiné-Bissau, artigo 13.º n.º 2 a) Moçambique.

[26] Artigo 25.º n.º 2 a) Cabo Verde.

[27] Artigo 12.º n.º 2 Angola; artigo 13.º n.º2 b) Guiné-Bissau, artigo 13.º n.º 2 b) Moçambique.

[28] Luis de Lima Pinheiro, *Direito Internacional Privado – Volume III,* Coimbra, Almedina, 2002, p. 334.

[29] Luis de Lima Pinheiro, *Direito Internacional Privado – Volume III,* Coimbra, Almedina, 2002, p. 335.

tico às sentenças relativas a erros de registo.[30] No Acordo com Cabo Verde a norma é bem mais ampla, admitindo o reconhecimento automático de acções constitutivas relativas ao estado das pessoas.

Este problema não terá grande relevância na arbitragem, tendo em conta que estes direitos não são disponíveis, nem têm carácter patrimonial. Logo, em regra, não serão arbitráveis. Ainda assim, a haver decisões arbitrais sobre estas matérias, o seu regime de reconhecimento seguirá estes regimes.

A última excepção prevista ao princípio da obrigatoriedade do reconhecimento das decisões é relativa às decisões proferidas antes da declaração de independência. Os Acordos com Angola[31] e Guiné-Bissau[32] estabelecem o reconhecimento automático destas decisões, mesmo que não transitadas em julgado à data da independência. O Acordo com Moçambique estabelece uma limitação: se a sentença não tiver transitado antes da independência e a decisão final não confirmar a decisão de primeira instância, terá de haver processo de reconhecimento.[33]

Cumpre referir, para terminar este ponto, que o Acordo com São Tomé e Príncipe não contém qualquer excepção ao princípio da obrigatoriedade de reconhecimento.

4.2. Requisitos de reconhecimento

Entramos agora nos requisitos da confirmação da sentença arbitral. Como se referiu já os acordos de Angola, Guiné-Bissau e Moçambique são decalcados do regime português de revisão de sentenças estrangeiras anteriores à revisão de 95/96, regime em vigor ainda hoje em todos os países africanos de língua oficial portuguesa, com excepção de Cabo Verde em relação às sentenças arbitrais.[34]

---

[30] Carla Gonçalves Borges, *O Sistema de reconhecimento de decisões arbitrais entre Portugal e Angola: consequências da inaplicabilidade da Convenção de Nova Iorque, in* Thémis – Revista da Faculdade de Direito da Universidade Nova de Lisboa, 2009 (no prelo).

[31] Artigo 13.º n.º 3.

[32] Artigo 13.º n.º 3.

[33] Artigo 13.º n.º 3.

[34] Processo regulado na Lei de Arbitragem de Cabo Verde, nos artigos 44.º e seguintes.

Tal circunstância causa alguma estranheza, na medida em que, primeiro, nada adianta em relação aos regimes em vigor nestes países, mesmo no momento em que foram celebrados (em 1995, 1988 e 1990, respectivamente, embora só tenham entrado em vigor em 2006, 1994 e 1996). Segundo, com a actual formulação do Código de Processo Civil português, as regras deste constante são mais favoráveis ao reconhecimento das decisões, o que significa que, não se aplicando este regime para se aplicar os Acordos, as decisões proferidas nestes países (Angola, Guiné-Bissau e Moçambique) ficam em situação pior que as sentenças proferidas noutros países do mundo que com Portugal não assinaram qualquer acordo. É, sem dúvida, uma consequência inusitada,[35] dificultando, em vez de facilitar, o reconhecimento das decisões.[36]

O Acordo com Cabo Verde, mais recente, segue a actual redacção do Código de Processo Civil português, contendo ainda especialidades com algum interesse. O Acordo com São Tomé é, como já se disse, na sua redacção diferente de todos os outros, embora comungue materialmente da maioria das regras.

O primeiro requisito para o reconhecimento das decisões é o da sua autenticidade. Esta exigência consta de todos os Acordos[37] menos do de São Tomé e Príncipe. Para além da autenticidade, o CPC português e o acordo com Cabo Verde referem a inteligibilidade da decisão. A inexistência deste último requisito nos primeiros acordos realizados pode relacionar-se com a identidade de língua oficial nestes países, na medida em que a inteligibilidade é, antes de mais, formal. Este requisito consta também da Convenção de Nova Iorque, no seu art. IV, que impõe a apresentação de uma tradução oficial quando a decisão arbitral a reconhecer está redigida em língua diferente da do país do reconhecimento.

---

[35] Carla Gonçalves Borges, *O Sistema de reconhecimento de decisões arbitrais entre Portugal e Angola: consequências da inaplicabilidade da Convenção de Nova Iorque, in* Thémis – Revista da Faculdade de Direito da Universidade Nova de Lisboa, 2009 (no prelo).

[36] Dário Moura Vicente, *Portugal e as Convenções Internacionais em matéria de arbitragem, in* I Congresso do Centro de Arbitragem da Câmara de Comércio e Indústria Portuguesa – Intervenções, Coimbra, Almedina, 2008, p. 77; Dário Moura Vicente, *Reconhecimento de sentenças estrangeiras na Guiné-Bissau,* Separata do Boletim da Faculdade de Direito de Bissau, 2004 (N.º 6), p. 41.

[37] Artigo 13.º a) Angola, artigo 23.º n.º 3 a) Cabo Verde, artigo 14.º n.º 1 a) Guiné-Bissau, artigo 14.º n.º 1 a).

O Reconhecimento de Sentenças Arbitrais Estrangeiras nos Países Lusófonos 109

A doutrina tem, porém, interpretado a inteligibilidade não apenas como formal, mas também como material, tornando necessária a análise da decisão para efeitos da apreensão do seu sentido. O juiz terá de compreender aquilo que o tribunal estrangeiro decidiu, isto é o dispositivo da sentença estrangeira. Este requisito não impõe, como é evidente, qualquer apreciação do mérito da decisão, impedindo, portanto, o exame da coerência lógica da decisão com os seus fundamentos.[38]

O problema que se pode colocar, assim, é o de saber se no âmbito destes Acordos se deve entender como incluído também o requisito da inteligibilidade da decisão. Neste sentido, Carla Gonçalves Borges defende que se deve entender que a inteligibilidade material é ainda requisito de confirmação, interpretando-se a sua não inserção pelo legislador tratadista por a ter relacionado apenas com a inteligibilidade formal.[39]

O requisito seguinte de reconhecimento – a necessidade de a decisão ter transitado em julgado – consta de todos os Acordos em análise.[40]

A aplicação deste requisito ao reconhecimento de decisões arbitrais impõe, porém, algumas palavras de explicação. O trânsito em julgado da decisão arbitral significa, na linguagem da Convenção de Nova Iorque[41], que ela seja vinculativa para as partes (*binding*). O que isto significa precisamente, já é difícil determinar, tendo em conta a possibilidade de anulação das sentenças arbitrais. A doutrina admite, em geral, que uma sentença recorrível não é ainda obrigatória ou definitiva. As dúvidas colocam-se, porém, em relação à possibilidade de anulação da sentença arbitral. Para a generalidade da doutrina, a possibilidade de anulação no país de origem da decisão não impede o seu reconhecimento pelo regime da Convenção de Nova Iorque.[42]

---

[38] Luis de Lima Pinheiro, *Arbitragem Transnacional*, Coimbra, Almedina, 2005, p. 322; António Marques dos Santos, *Revisão e confirmação de sentenças estrangeiras, in* Aspectos do Novo Processo Civil, Lisboa, Lex, 1997, p. 118.

[39] Carla Gonçalves Borges, *O Sistema de reconhecimento de decisões arbitrais entre Portugal e Angola: consequências da inaplicabilidade da Convenção de Nova Iorque, in* Thémis – Revista da Faculdade de Direito da Universidade Nova de Lisboa, 2009 (no prelo).

[40] Artigo 13.º b) Angola, artigo 23.º n.º 3 b) Cabo Verde, artigo 14.º n.º 1 b) Guiné-Bissau, artigo 14.º n.º 1 b) Moçambique, artigo 8.º n.º 2 b) São Tomé e Príncipe.

[41] Artigo V n.º 1 e).

[42] Albert Jan van den Berg, *The New York Convention of 1958,* Kluwer Law, 1981, p. 345; Maria Cristina Pimenta Coelho, *A Convenção de Nova Iorque de 10 de Junho de*

110 III Congresso do Centro de Arbitragem da Câmara de Comércio e Indústria

Segundo Lima Pinheiro, referindo-se expressamente ao artigo 1096.º b) CPC, uma decisão arbitral obrigatória é uma decisão que não tenha sido objecto de recurso ou anulação no seu país de origem. Esta exigência conforma-se com a competência do estado da sede da arbitragem para a anulação da sentença arbitral,[43] competência que é unanimemente reconhecida por tribunais de diversos países do mundo.[44]

Sabe-se, porém, que há ordenamentos jurídicos que admitem o reconhecimento e execução de decisões anuladas pelo país de origem, com fundamento em que tal anulação viola a ordem pública do país do reconhecimento. Tal entendimento é, aliás, sancionado pela Convenção de Nova Iorque, em virtude da possibilidade de aplicação de regime mais favorável ao reconhecimento, nos termos do seu artigo VII.[45]

Esta possibilidade é, porém, criticada por alguma doutrina, apontando a desarmonia de decisões que pode provocar.[46] A questão é polémica na jurisprudência e na doutrina arbitral.[47]

Parece-me que este requisito dos Acordos pode ser interpretado de acordo com a interpretação referida da Convenção de Nova Iorque: considera-se decisão arbitral transitada a que não é já passível de recurso ordinário, embora possa ainda ser objecto de acção de anulação.

O requisito seguinte diz respeito à competência internacional do tribunal *a quo*. Há, a este propósito, três teorias em abstracto aplicáveis: a teoria da bilateralidade, a teoria da unilateralidade atenuada e a teoria da reserva de competência. A primeira está consagrada nos Acordos do

---

1958 relativa ao reconhecimento e execução de sentenças arbitrais estrangeiras, in Revista Jurídica, 1996 (N.º 20), AAFDL, Lisboa, p. 60; Alan Redfern e Martin Hunter, *Law and Practice of International Commercial Arbitration,* 4.º Edição, London, Sweet & Maxwell, 2004, p. 537.

[43] Luis de Lima Pinheiro, *Arbitragem Transnacional,* Coimbra, Almedina, 2005, p. 322.

[44] Albert Jan van den Berg, *The New York Convention of 1958,* Kluwer Law, 1981, p. 351.

[45] Luis de Lima Pinheiro, *Arbitragem Transnacional,* Coimbra, Almedina, 2005, p. 308; Alan Redfern e Martin Hunter, *Law and Practice of International Commercial Arbitration,* 4.º Edição, London, Sweet & Maxwell, 2004, p. 538.

[46] Luis de Lima Pinheiro, *Arbitragem Transnacional,* Coimbra, Almedina, 2005, p. 322.

[47] Alan Redfern e Martin Hunter, *Law and Practice of International Commercial Arbitration,* 4.º Edição, London, Sweet & Maxwell, 2004, p. 540.

O Reconhecimento de Sentenças Arbitrais Estrangeiras nos Países Lusófonos 111

primeiro grupo (Angola[48], Guiné-Bissau[49] e Moçambique[50]) e também no de São Tomé e Príncipe[51]. A última no acordo celebrado com Cabo Verde.[52]

De acordo com a teoria da bilateralidade, o tribunal do reconhecimento tem de apreciar se a decisão a reconhecer foi proferida por tribunal competente de acordo com as regras de conflitos do país do reconhecimento. Ou seja, estas regras são aplicadas não só para determinar a competência dos tribunais nacionais, mas ainda para aferir se há competência dos tribunais estrangeiros no estrangeiro.[53]

Já de acordo com a teoria da unilateralidade atenuada, o tribunal do reconhecimento deve considerar o tribunal de origem competente sempre que ele o seja segundo as suas próprias regras de competência directa, excepto se houver violação da competência exclusiva dos tribunais do reconhecimento.[54] Esta tese implica, assim, a análise das regras de competência internacional do país de origem.

O direito português consagrou, a partir de 95/96, a teoria da reserva de competência, nos termos da qual é tão só necessário verificar se não foram violadas regras de competência exclusiva do direito português ou se houve fraude à lei. Assim, as regras de conflitos portuguesas aplicam-se apenas aos tribunais portugueses, entendendo-se que as regras de direito estrangeiras se aplicaram devidamente ao tribunal estrangeiro que proferiu a decisão.[55]

---

[48] Artigo 13.º c).

[49] Artigo 14.º n.º 1 b).

[50] Artigo 14.º c).

[51] Artigo 8.º n.º 2 a).

[52] Artigo 25.º n.º 3 c).

[53] António Marques dos Santos, *Revisão e confirmação de sentenças estrangeiras*, in Aspectos do Novo Processo Civil, Lisboa, Lex, 1997, p. 125.

[54] Miguel Teixeira de Sousa, *Sobre Competência indirecta no reconhecimento de sentenças estrangeiras*, in ROA, Lisboa, 2000 (II), p. 775.

[55] Miguel Teixeira de Sousa, *Sobre Competência indirecta no reconhecimento de sentenças estrangeiras*, in ROA, Lisboa, 2000 (II), p. 775; Carla Gonçalves Borges, *O Sistema de reconhecimento de decisões arbitrais entre Portugal e Angola: consequências da inaplicabilidade da Convenção de Nova Iorque*, in Thémis – Revista da Faculdade de Direito da Universidade Nova de Lisboa, 2009 (n.º ??), p. ??. 22; António Marques dos Santos, *Revisão e confirmação de sentenças estrangeiras*, in Aspectos do Novo Processo Civil, Lisboa, Lex, 1997, p. 126, denomina-a de tese da unilateralidade adequada, mas o regime é exactamente o mesmo.

A posição bilateralista impõe, como disse, a aplicação das regras do estado do reconhecimento à decisão em análise. Provoca, assim, nas palavras de Marques dos Santos, *"uma imposição inadmissível dos pontos de vista do Estado do foro aos ordenamentos jurídicos estrangeiros, sendo certo que o tribunal a quo não pode nunca obedecer a outras regras de competência internacional (directa) que não sejam as do sistema a que pertence."*[56]

É claro que uma sentença proferida, por exemplo, em Angola respeitou as regras de competência vigentes em Angola e não as portuguesas onde, por hipótese, a decisão vai ser objecto de revisão. Daí que se tenha ultrapassado esta teoria, no nosso Código de Processo Civil, sendo apenas necessário averiguar se a sentença proferida em Angola não versa sobre objecto para o qual, de acordo com o nosso direito, os tribunais portugueses são exclusivamente competentes. Só nesse caso é matéria de reserva de competência.

A regra mantém-se, porém, em vigor nos acordos estabelecidos entre Portugal, Angola, Guiné-Bissau e Moçambique. Mais uma vez notamos que as condições de reconhecimento são menos vantajosas do que as do regime geral português, o que é um contra-senso.[57] Não faz sentido celebrar acordos de cooperação para dificultar essa cooperação.

Tendo em conta que esta discrepância é sobretudo produto do tempo – da alteração da legislação portuguesa entretanto em vigor –, poderá fazer sentido defender-se a interpretação mais favorável ao reconhecimento, derrogando, portanto, as normas do acordo que tenham como consequência o não reconhecimento de decisões que, se se aplicasse o regime geral do direito português, seriam reconhecidas. Este entendimento – um pouco por inspiração do regime mais favorável previsto no art. VII da Convenção de Nova Iorque – tem porém dificuldades de aplicação no sentido contrário, na medida em que o direito em vigor em Angola, Guiné-Bissau e Moçambique[58] não é idêntico ao nosso, mas ao dos Acordos.

---

[56] António Marques dos Santos, *Revisão e confirmação de sentenças estrangeiras, in* Aspectos do Novo Processo Civil, Lisboa, Lex, 1997, p. 131.

[57] Carla Gonçalves Borges, *O Sistema de reconhecimento de decisões arbitrais entre Portugal e Angola: consequências da inaplicabilidade da Convenção de Nova Iorque, in* Thémis – Revista da Faculdade de Direito da Universidade Nova de Lisboa, 2009 (no prelo).

[58] Com Moçambique o problema é resolvido através da aplicação da Convenção de Nova Iorque, pelo que o problema não se coloca.

O problema da competência, no que diz respeito à arbitragem, assume contornos diferentes. Quando se fala em competência do tribunal arbitral, mormente quando se trata a questão da competência da competência, está a falar-se de jurisdição do tribunal arbitral e, portanto, a tratar questões como a da arbitrabilidade e de validade da convenção (os seus requisitos formais e materiais).

É necessário, então, verificar se a questão é arbitrável e se o litígio foi objecto de uma convenção arbitral válida.[59] Por outro lado, é irrelevante, segundo Lima Pinheiro, que se trate de matéria da exclusiva competência dos tribunais portugueses, visto que a competência exclusiva não afasta a arbitrabilidade do litígio.[60] Assim, no que à arbitragem diz respeito não há reserva de competência, mas apenas reserva de arbitrabilidade ou jurisdição.

De acordo com a lei portuguesa não é arbitrável o que está sujeito a arbitragem necessária, o que é da competência exclusiva dos tribunais judiciais e que respeite a direitos indisponíveis. Mas, a competência judicial exclusiva (prevista no artigo 1.º n.º 1 LAV) não se confunde com as competências internacionais exclusivas previstas no artigo 65.º-A CPC ou no artigo 22.º do Regulamento 44/2001. Aqui pretende-se apenas excluir litígios cuja jurisdição competente é a pública, por lei especial o prever expressamente. São exemplos os processos criminal e de insolvência.[61]

A análise da arbitrabilidade deve fazer-se de acordo com o país do reconhecimento nos Acordos que adoptam a teoria da bilateralidade (Angola, Guiné-Bissau, Moçambique e São Tomé e Príncipe). Embora seja um entendimento restritivo, parece ser aquele que mais sentido faz na aplicação adaptada deste requisito para o reconhecimento de decisões arbitrais.

No Acordo com Cabo Verde, em que foi adoptada a teoria da reserva de competência, faz sentido ler-se reserva de inarbitrabilidade de acordo

---

[59] A. Ferrer Correia, *Da Arbitragem Comercial Internacional, in* Temas de Direito Comercial, Arbitragem Comercial Internacional, Reconhecimento de Sentenças Estrangeiras, Conflitos de Leis, Coimbra, Almedina, 1989, p. 213.

[60] Luís de Lima Pinheiro, *Arbitragem Transnacional*, Coimbra, Almedina, 2005, p. 323.

[61] Carlos Ferreira de Almeida, *Convenção de arbitragem, in I Congresso do Centro de Arbitragem da Câmara de Comércio e Indústria Portuguesa – Intervenções,* Coimbra, Almedina, 2008, p. 85; Lima Pinheiro, *Arbitragem transnacional*, Coimbra, Almedina, 2005, p. 111.

114 III Congresso do Centro de Arbitragem da Câmara de Comércio e Indústria

com o país do reconhecimento, cabendo nesta reserva apenas aquelas matérias (como a penal e insolvência em Portugal) que o estado do reconhecimento não admite serem arbitráveis. Mas esta fronteira é difícil de estabelecer, correndo-se o risco de se consagrar aqui e afinal a bilateralidade na análise do requisito da arbitrabilidade.

O requisito seguinte impede o reconhecimento quando haja caso julgado ou litispendência no país do reconhecimento, excepto se o país de origem tiver prevenido a jurisdição. Este requisito é idêntico em todos os Acordos bilaterais em análise.[62] Até à reforma de 2007 do Código de Processo Civil português discutia-se a compatibilidade deste requisito com o fundamento de impugnação do pedido de reconhecimento previsto no artigo 1100.º que, na sua remissão para o artigo 771.º, permitia alegar a contrariedade a outra decisão passada em julgado anteriormente. Esta contradição insanável[63] foi suprida pelo Decreto-Lei n.º 303/2007, de 24 de Agosto, que operou a reforma dos recursos cíveis. Não consta já do recurso de revisão este fundamento de impugnação, pelo que interessa apenas qual o primeiro processo a começar.[64]

Ainda assim, a contradição mantém-se nos códigos de processo civil em vigor nos países africanos de língua portuguesa.

Parece-me, porém, que tais requisitos, por serem materiais, não se aplicam. Os Acordos regulam os requisitos necessários à confirmação da sentença, relegando para a lei nacional apenas aspectos processuais. Não sendo o artigo 1100.º um aspecto processual, mas um fundamento que obsta ao reconhecimento, não me parece que seja aplicável.[65]

Também este requisito de confirmação exige alguma adaptação quando se trata de reconhecer uma decisão arbitral. E tal adaptação é fonte de algumas dificuldades.[66]

---

[62] Artigo 13.º d) Angola, artigo 25.º n.º 3 e) Cabo Verde, artigo 14.º n.º 1 d) Guiné-Bissau, artigo 14.º n.º 1 d) Moçambique, artigo 8.º n.º 2 b) São Tomé e Príncipe.

[63] Lima Pinheiro, *Arbitragem transnacional*, Coimbra, Almedina, 2005, p. 323.

[64] Carla Gonçalves Borges, *O Sistema de reconhecimento de decisões arbitrais entre Portugal e Angola: consequências da inaplicabilidade da Convenção de Nova Iorque, in* Thémis – Revista da Faculdade de Direito da Universidade Nova de Lisboa, 2009 (no prelo).

[65] Em sentido contrário, Carla Gonçalves Borges, *O Sistema de reconhecimento de decisões arbitrais entre Portugal e Angola: consequências da inaplicabilidade da Convenção de Nova Iorque, in* Thémis – Revista da Faculdade de Direito da Universidade Nova de Lisboa, 2009 (no prelo).

[66] Lima Pinheiro, *Arbitragem transnacional*, Coimbra, Almedina, 2005, p. 325.

O problema essencial está na eventualidade de não ser invocada excepção de preterição de tribunal arbitral na acção judicial instaurada no país do reconhecimento. Para Lima Pinheiro, ainda que o processo arbitral em curso no estrangeiro se tenha iniciado antes da propositura da acção judicial no país do reconhecimento, se nesta não foi invocada a excepção de preterição de tribunal arbitral, deve prevalecer pois implica renúncia aos direitos decorrentes da convenção. Já se foi invocada a excepção e o tribunal português entendeu não se verificar, o tribunal arbitral não tem, para o ordenamento jurídico português, jurisdição sobre a acção, pelo que a sua decisão não pode ser reconhecida.[67]

A quinta condição de reconhecimento diz respeito à citação do réu. Os Acordos do primeiro grupo (Angola, Guiné-Bissau e Moçambique) estabelecem a regra constante dos seus Códigos de Processo Civil e da anterior formulação do Código de Processo Civil português: ter o réu sido devidamente citado segundo a lei do país em que foram proferidas ou, em caso de condenação à revelia, ter o réu sido pessoalmente citado.[68] O Acordo com São Tomé e Príncipe apenas exige o cumprimento das regras de citação segundo a lei do país em que a decisão foi proferida.[69] Já o Acordo com Cabo Verde contém a norma actualmente vigente no nosso CPC: a citação tem de ser regular à luz do país de origem da decisão.[70]

Encontramos aqui de novo uma regra mais exigente nos Acordos (com excepção de Cabo Verde e São Tomé e Príncipe) face ao regime geral do reconhecimento vigente em Portugal. Esta versão está demasiado apegada aos conceitos próprios do processo civil português, na medida em que era face ao direito português que se tinha de aferir se a citação era ou não necessária e se havia ou não revelia e condenação imediata.[71]

Um sexto requisito foi incluído na reforma de 95/96 e consta apenas do Acordo com Cabo Verde: trata-se do respeito pelos princípios do

---

[67] Lima Pinheiro, *Arbitragem transnacional*, Coimbra, Almedina, 2005, p. 326.

[68] Artigo 13.º e) Angola, Artigo 14.º n.º 1 d) Guiné-Bissau, artigo 14.º n.º 1 d) Moçambique.

[69] Artigo 8.º n.º 2 c).

[70] Artigo 25.º n.º 3 e).

[71] António Marques dos Santos, *Revisão e confirmação de sentenças estrangeiras, in* Aspectos do Novo Processo Civil, Lisboa, Lex, 1997, p. 136.

116 III Congresso do Centro de Arbitragem da Câmara de Comércio e Indústria

contraditório e igualdade, manifestações de ordem pública processual.[72] A circunstância de em mais nenhum acordo estar previsto este requisito pode colocar a dúvida da sua exigência no reconhecimento de sentença provenientes destes países. Na opinião de Carla Gonçalves Borges, o desrespeito destes princípios dará sempre origem ao não reconhecimento, mas por via de outro fundamento, a violação da ordem pública.[73] Não posso deixar de concordar com esta posição.

O próximo fundamento de recusa do reconhecimento da decisão estrangeira é precisamente a violação de princípios de ordem pública. Está previsto em todos os Acordos, embora a formulação do Acordo com Cabo Verde seja, novamente, diversa. Se em todos os Acordos está prevista a ordem pública internacional como fundamento de recusa[74], no de Cabo Verde está limitada, à semelhança do CPC português depois da reforma de 95/96, à discrepância entre o resultado da decisão e a ordem pública internacional do estado do reconhecimento.[75] Tal formulação da norma do CPC português teve como inspiração a proposta de Ferrer Correia e Ferreira Pinto, de acordo com os quais o que interessa é aferir se a decisão concreta afecta ou não e manifestamente esses princípios.[76] Mais, interessa é a solução dada ao caso e não a fonte dos critérios de decisão.[77]

Por último, há que atentar no chamado privilégio da nacionalidade[78], a regra que permite uma apreciação de mérito caso a decisão tenha sido

---

[72] Rui Manuel Moura Ramos, *A Reforma do Direito Processual Civil Internacional, in* Revista de Legislação e de Jurisprudência, Coimbra, 1997 (Ano 130), p. 236.

[73] Carla Gonçalves Borges, *O Sistema de reconhecimento de decisões arbitrais entre Portugal e Angola: consequências da inaplicabilidade da Convenção de Nova Iorque, in* Thémis – Revista da Faculdade de Direito da Universidade Nova de Lisboa, 2009 (no prelo).

[74] Artigo 13.º f) Angola, artigo 14.º n.º 1 f) Guiné-Bissau, artigo 14.º n.º 1 f) Moçambique, artigo 8.º n.º 2 d) São Tomé e Príncipe.

[75] Artigo 25.º n.º 3 f).

[76] A. Ferrer Correia e F. A. Ferreira Pinto, *Breves apreciação das disposições do anteprojecto de código de processo civil que regulam a competência internacional dos tribunais portugueses e o reconhecimento das sentenças estrangeiras, in* Revista de Direito e Economia, Coimbra, 1987 (Ano XIII), p. 54.

[77] Luís de Lima Pinheiro, *Arbitragem Transnacional*, Coimbra, Almedina, 2005, p. 327.

[78] A. Ferrer Correia e F. A. Ferreira Pinto, *Breves apreciação das disposições do anteprojecto de código de processo civil que regulam a competência internacional dos tribunais portugueses e o reconhecimento das sentenças estrangeiras, in* Revista de Direito e Economia, Coimbra, 1987 (Ano XIII), p. 54.

O *Reconhecimento de Sentenças Arbitrais Estrangeiras nos Países Lusófonos* 117

proferida contra nacional do país do reconhecimento e as normas aplicáveis de direito dos conflitos lhes fossem mais favoráveis. Tal regra está prevista nos acordos do primeiro grupo (Angola, Guiné-Bissau e Moçambique) como condição de revisão da sentença estrangeira.[79] Nos Acordos com Cabo-Verde e São Tomé e Príncipe tal norma não consta.

Este requisito constava, mais uma vez, do elenco do Código de Processo Civil anterior à reforma de 95/96, como condição de reconhecimento. Nessa reforma deixou de poder ser oficiosamente verificável, sendo necessária a alegação da parte demandada. Esta alteração justifica-se porque se trata de direito privado e, logo, disponível. A sua aplicação deve estar dependente de alegação de quem é parte interessada.[80]

A análise deste requisito impõe, como é evidente, a análise do mérito da acção, na medida em que é necessário verificar se, pelas regras do Direito Internacional Privado, o direito material interno é aplicável e, se sim, se este direito produz resultados diferentes dos alcançados pela sentença em revisão.[81] Esta análise do mérito é criticável por implicar alguma desconfiança em relação ao tribunal estrangeiro. Repare-se que se aferiu já, através do requisito da competência, que o tribunal era competente.[82]

Porém, de acordo com a doutrina, o privilégio da nacionalidade não se aplica ao reconhecimento da sentença arbitral estrangeira, porque o direito de conflitos português nunca é aplicável. *"(…) O direito de conflitos em matéria de arbitragem internacional só se aplica às arbitragens que têm lugar em Portugal. Tratando-se de uma decisão proferida em arbitragem que teve lugar no estrangeiro, não pode haver uma confiança na competência do direito português fundada no direito de conflitos português."*[83]

---

[79] Artigo 13.º g) Angola, Artigo 14.º g) Guiné-Bissau e artigo 14.º g) Moçambique.

[80] A. Ferrer Correia e F. A. Ferreira Pinto, *Breves apreciação das disposições do anteprojeto de código de processo civil que regulam a competência internacional dos tribunais portugueses e o reconhecimento das sentenças estrangeiras, in* Revista de Direito e Economia, Coimbra, 1987 (Ano XIII), p. 55.

[81] Dário Moura Vicente, *Reconhecimento de sentenças estrangeiras na Guiné-Bissau,* inédito, p. 37.

[82] Dário Moura Vicente, *Reconhecimento de sentenças estrangeiras na Guiné-Bissau,* inédito, p. 38.

[83] Luís de Lima Pinheiro, *Arbitragem Transnacional,* Coimbra, Almedina, 2005, p. 329.

118 *III Congresso do Centro de Arbitragem da Câmara de Comércio e Indústria*

Uma nota para referir o processo aplicável. Apenas o Acordo celebrado com Cabo Verde contém uma disposição sobre esta matéria, o artigo 28.º, nos termos do qual o processo para reconhecimento é regulado pelo direito do Estado requerido. Apesar de não constar dos restantes Acordos, será também esta a regra a aplicar-se nos restantes países lusófonos. Donde, em todos os países africanos de língua portuguesa o processo próprio é o de revisão e confirmação de sentença estrangeira.[84]

No Brasil, o procedimento é regulado também pela Lei de Arbitragem e pelo Código de Processo Civil, sendo necessária a homologação pelo Supremo Tribunal Federal. A regra da Lei de Arbitragem, constante do seu artigo 35.º, foi posta em causa após a ratificação da Convenção de Nova Iorque, por violar o artigo III que impede que sejam impostas condições substancialmente mais gravosas para o reconhecimento de sentenças arbitrais estrangeiras do que aquelas que são exigidas às sentenças arbitrais nacionais. A doutrina maioritária defende, hoje, porém, que a necessidade de homologação pelo Supremo Tribunal Federal não constitui uma condição mais gravosa.[85]

A aplicação deste processo especial pode colocar a questão da aplicabilidade do artigo 1100.º dos diversos Códigos em vigor nos diversos países. Este normativo estabelece fundamentos acessórios de impugnação do pedido. Carla Gonçalves Borges defende a aplicabilidade destes requisitos quando se apliquem os Acordos[86], mas tenho quanto a isso algumas dúvidas. O Acordo estabelece um regime especial material, deixando para a lei nacional apenas os aspectos processuais. Ora, esta regra, ao elencar novos fundamentos de impugnação, refere-se ao conteúdo da revisão de sentenças e não aos trâmites adjectivos. Donde, não deve somar-se aos requisitos substantivos previstos nos diversos Acordos.

---

[84] Em Cabo Verde, a Lei de Arbitragem (nos artigos 44.º e seguintes) nenhuma regra processual contém, limitando-se a regular os requisitos materiais do reconhecimento.

[85] Carlos Alberto Carmona, *Arbitragem e Processo,* 2ª Edição, São Paulo, Editora Atlas, 2006, p. 356.

[86] Carla Gonçalves Borges, *O Sistema de reconhecimento de decisões arbitrais entre Portugal e Angola: consequências da inaplicabilidade da Convenção de Nova Iorque, in* Thémis – Revista da Faculdade de Direito da Universidade Nova de Lisboa, 2009 (no prelo).

5. Regimes internos de reconhecimento

Os regimes internos de reconhecimento de sentenças arbitrais estrangeiras estão previstos nos Códigos de Processo Civil dos diversos países analisados, com excepção do Brasil e de Cabo Verde

O regime do reconhecimento e execução de sentenças arbitrais estrangeiras no Brasil está previsto na sua lei de arbitragem, nos artigos 34.º e seguintes. Como se disse, porém, a partir do momento em que foi ratificada sem reserva de reciprocidade a Convenção de Nova Iorque, este regime aplica-se apenas nos seus aspectos formais.

Também em Cabo Verde o regime comum de reconhecimento está previsto na lei de arbitragem, nos artigos 44.º e seguintes, numa formulação próxima da Convenção de Nova Iorque.

Os regimes comuns dos restantes países lusófonos são idênticos à formulação do CPC português anterior à reforma de 95/96, pelo que dispensam mais análise.

6. Conclusão

É notória a necessidade de reformar os sistemas de reconhecimento de decisões arbitrais nos países lusófonos não signatários da Convenção de Nova Iorque. O Direito em vigor constante dos Acordos bilaterais assinados é anacrónico, prejudicando o reconhecimento em Portugal das sentenças vindas desses países, em vez do contrário. Por outro lado, sendo idêntico aos regimes internos dos diversos países, em nada beneficiar o reconhecimento das sentenças arbitrais portuguesas nesses países.

É, assim, urgente a sua revisão. E é muito simples resolver o problema: basta os países em análise ratificarem a Convenção de Nova Iorque. Faz mais sentido adoptar um sistema quase mundialmente vigente do que criar regimes *ad hoc*, com inevitáveis dificuldades de interpretação.

Enquanto tal não acontece, é recomendável a comparação do regime do Acordo bilateral com o do direito interno português para a invocação do mais favorável. Ainda que não seja esta a regra que dita a hierarquia das fontes, o certo é que raia ao absurdo não reconhecer uma sentença arbitral por não cumprir um Acordo bilateral, quando seria reconhecida se se aplicasse o direito interno português.

DECISÃO ARBITRAL: QUESTÕES SUSCITADAS PELA CONDENAÇÃO EM PEDIDOS GENÉRICOS[1]

LUÍS MIGUEL CORTES MARTINS

I. Introdução

Diz Perrot[2], a propósito da questão da anulação das decisões arbitrais, que este é *"um dos problemas mais irritantes da arbitragem voluntária"*. E concordando inteiramente com o comentário, atrevemo-nos a dizer que poderá ser, seguramente, repetido a propósito da questão que nos vai ocupar: a condenação genérica por um Tribunal Arbitral.

Na verdade, o que dizer de uma situação em que as partes confiaram a árbitros a resolução (quase sempre definitiva) de um litígio e o Tribunal Arbitral se limita a proferir uma condenação genérica? Ou seja, o Tribunal Arbitral emite uma sentença necessariamente preliminar e incompleta, a carecer de ulterior intervenção jurisdicional para, finalmente, ser exequível. Seguramente que, parafraseando Perrot, se trata de uma situação *"irritante"*.

Mas mais do que a qualificação, que com maior ou menor criticismo poderemos fazer, o certo é uma tal situação contém em si própria uma disfunção grave: – o Tribunal Arbitral não completou a sua tarefa, e os objectivos das partes ao recorrerem à arbitragem saíram em grande parte frustrados.

---

[1] O presente texto corresponde, sem revisões nem actualizações, à intervenção realizada no III Congresso do Centro de Arbitragem da Câmara de Comércio e Indústria Portuguesa (Centro de Arbitragem Comercial), em Lisboa, a 16 de Julho de 2009.

[2] PERROT, Roger, *Les Voies de Recours en Matière d'Arbitrage*, Rev. Arb. 1980, 268.

122 *III Congresso do Centro de Arbitragem da Câmara de Comércio e Indústria*

E isso é, inquestionavelmente, um factor de desilusão e prejuízo para as partes que vêem, assim, inacabada a tarefa de que incumbiram o Tribunal Arbitral, tudo contribuindo para o desprestígio da arbitragem, e, no fim do dia, funcionando como sério dissuasor do recurso a esse meio de resolução de litígios.

É certo que esta mesma situação se pode colocar em qualquer processo judicial comum, e em qualquer Tribunal, com graus de frustração igualmente elevados. Mas na arbitragem as partes quiseram precisamente evitar o formalismo e complexidade do processo judicial comum, além de que, se vêem depois confrontadas com um problema específico. É que esgotado o poder jurisdicional do Tribunal Arbitral este extingue-se porque tem uma existência *ad hoc*.

Assim, nas linhas que se seguem procuraremos encontrar respostas para estas questões: **(i) como fazer quando o Tribunal Arbitral profere uma decisão condenatória genérica a carecer de ulterior liquidação; (ii) qual o Tribunal competente para proceder a essa mesma liquidação.**

A tudo isto acresce, no caso português, a recente incerteza legislativa acerca desta matéria, que se algum mérito teve foi apenas chamar atenção para o problema e forçar uma reflexão mais aprofundada.

Finalmente, e em nossa opinião, o legislador veio em 2008 tomar a opção mais inconveniente. Mas continuando ainda em aberto a discussão acerca de uma nova lei de arbitragem voluntária (doravante LAV), e face à seriedade do problema, cremos ser perfeitamente justificado e pertinente o debate quanto à bondade da solução que deve prevalecer, e alimentamos fundada esperança de que num futuro muito próximo possamos ter um enquadramento legislativo mais favorável.

Esperamos que esta reflexão possa contribuir para uma discussão que não damos por encerrada.

II. Os pedidos genéricos no ordenamento jurídico português.

A. Perspectiva Geral

É frequente na prática jurídica portuguesa que os Tribunais, judiciais e arbitrais, condenem em pedidos genéricos, i.e., sem procederem à quantificação da prestação a que o réu fica obrigado.

Decisão Arbitral: Questões Suscitadas pela Condenação em Pedidos Genéricos 123

Esta situação encontra-se, desde logo, legalmente consagrada nos casos referidos no artigo 471.º do Código de Processo Civil:

(i) quando o objecto mediato da acção seja uma universalidade, de facto ou de direito;

(ii) quando não seja ainda possível determinar, de modo definitivo, as consequências de facto ilícito, ou o lesado pretenda usar da faculdade que lhe confere o artigo 569.º do Código Civil;

(iii) quando a fixação do quantitativo esteja dependente de prestação de contas ou de outro acto que deva ser praticado pelo réu.

Por outro lado, caso não haja elementos suficientes para fixar o objecto ou a quantidade, a lei admite igualmente (cfr. artigo 661.º, n.º 2 do Código de Processo Civil) a *condenação no que vier a ser liquidado*, sem prejuízo de condenação imediata na parte que seja já líquida.

A este enquadramento legal, já de si indutor de muitas condenações sem determinação quantitativa, acrescenta a *praxis* jurídica um conjunto de factores que multiplica essa opção[3]:

(i) a efectiva impossibilidade ou a dificuldade de apuramento da matéria de facto necessária à liquidação ou a necessidade de uma mais rigorosa quantificação (v.g. artigo 589.º do Código Civil).

(ii) A frequente inércia das partes e seus mandatários na produção atempada da prova até ao encerramento da audiência de discussão e julgamento;

(iii) uma certa tendência defensiva de alguns juízes que em casos de alguma complexidade, optam por relegar para outrem o trabalho, muitas vezes difícil (mas absolutamente essencial), de calcular os montantes das condenações;

Existindo uma condenação genérica – e, naturalmente, cingimo-nos aos casos em que a liquidação esteja para além de simples cálculo aritmético – surge inevitavelmente a necessidade de um ulterior incidente declarativo que concretize a anterior condenação.

---

[3] O problema, como se vê, não é privativo da arbitragem, sendo que muitos dos inconvenientes que estes pedidos suscitam se verificam nas acções a decorrer perante os tribunais judiciais. Mas na arbitragem, por definição, as partes procuram decisões definitivas. Acresce que, no quadro legal actual, o Tribunal arbitral se extingue deixando as partes "órfãs" de Tribunal competente.

Isto, além de fatalmente tornar o processo muito mais moroso, originará, com altíssima probabilidade, uma decisão menos informada (porque proferida por um Tribunal que não conhece tão profundamente o caso em litígio), e com recurso a menos meios de prova. Em suma, o incidente declarativo ulterior tenderá, naturalmente, a gerar uma pior decisão final do que a que teria saído do Tribunal que julgou a causa. É um dado da experiência comum. Ou então, assiste-se a uma repetição quase integral do anterior julgamento para, não poucas vezes, pouco se progredir em termos de quantificação da decisão.

O problema das condenações genéricas agrava-se, como se disse, no caso de decisões arbitrais, até pela natureza efémera destes Tribunais.

O que vem de referir-se permite-nos concluir, sem dificuldade, pela conveniência em evitar a prolação de decisões arbitrais de condenação genérica.

B. "Terapias Radicais". Proibir as condenações genéricas?

Numa primeira aproximação, e seguindo uma via a que chamamos de terapia "radical", caberia perguntar: porque não proibir a prolação de condenações genéricas?

De um ponto de vista puramente teórico, poderiam imaginar-se algumas soluções que levassem a esse resultado: v.g. (i) aplicação estrita das regras do ónus da prova penalizando em sede de sentença a parte onerada; (ii) aplicação com maior frequência do mecanismo previsto no artigo 566.º, n.º 3 do Código Civil, permitindo-se uma decisão de acordo com os ditames da equidade, na falta de elementos de facto.

Sem excluir que estas são vias que os Tribunais dispõem para obviar às condenações genéricas, a verdade é que existem razões atendíveis para a admissibilidade dos pedidos genéricos, e a aplicação de uma "terapia radical" poderia trazer inconvenientes sérios.

E, a verdade é que, como se disse, o nosso sistema jurídico permite este tipo de condenação, quer em sede de processos judiciais, quer em sede de processos arbitrais.

Talvez não seja esta a via de solução da questão que nos ocupa. Mas assim sendo, importa, então, divisar como lidar com o problema, i.e. o que sucede se a condenação genérica tiver sido proferida por um Tribunal Arbitral que, como acontece entre nós, se extingue com a decisão.

Decisão Arbitral: Questões Suscitadas pela Condenação em Pedidos Genéricos 125

Recordemos como a questão tem sido regulada no nosso ordenamento jurídico.

III. A recente evolução legislativa no Direito Português

A. Antes de 2003

Até à reforma da acção executiva de 2003, a regra para a liquidação da obrigação que não fosse já líquida em face do título executivo era a de que tal liquidação se faria em sede de acção executiva.

Na acção declarativa, o incidente de liquidação só poderia ter lugar na pendência da instância e até ao início da discussão da causa (em consonância com o disposto no anterior artigo 378.º do Código de Processo Civil, que hoje é o seu n.º 1).

Na verdade, e como determinava o artigo 661.º, n.º 2 do Código de Processo Civil, quando a liquidação não fosse feita em processo declarativo, nas condições expostas *supra*, o Tribunal condenaria *"no que se liquidar em **execução de sentença**, sem prejuízo de condenação imediata na parte que já seja líquida"*.

A liquidação na fase liminar do processo executivo contemplava, à data, três meios adequados: a **liquidação pelo exequente**, a **liquidação pelo tribunal** e a **liquidação por árbitros**.

Para o primeiro dos casos, regia o artigo 805.º, que, no seu n.º 1, afirmava: *"Se for ilíquida a quantia que o executado é obrigado a pagar, o exequente fixará o quantitativo no requerimento inicial da execução **quando a liquidação dependa de simples cálculo aritmético."***

Para o segundo, e que aqui se afigura mais relevante, determinava o artigo 806.º que *"Quando a obrigação for ilíquida e **a liquidação não depender de simples cálculo aritmético**, o exequente especificará no requerimento inicial da execução os valores que considera compreendidos na prestação devida e concluirá por um pedido líquido."* Encontrávamo-nos, assim, perante um enxerto de um incidente declarativo no processo executivo.

No terceiro caso, previsto no artigo 809.º, *"**A liquidação é feita por um ou mais árbitros, nos casos em que a lei especialmente o determine ou as partes o convencionem**"*. Aqui, feita a liquidação, o juiz limitava-se a homologar o laudo arbitral.

126 III Congresso do Centro de Arbitragem da Câmara de Comércio e Indústria

B. Depois da reforma da acção executiva instituída pelo Decreto-Lei 38/2003, de 8 de Março

Com a reforma da acção executiva, o incidente de liquidação passou a ser admitido depois de proferida a sentença e até depois do seu trânsito em julgado, **mediante renovação da instância declarativa extinta,** como estipula o n.º 2 do artigo 378.º do CPC: *"O incidente de liquidação pode ser deduzido depois de proferida sentença de condenação genérica, nos termos do nº 2 do artigo 661.º, e, caso seja admitido, a instância extinta considera-se renovada."*

Tal alteração reflectiu-se na redacção do artigo 661.º, n.º 2, que passou a determinar que *"Se não houver elementos para fixar o objecto ou a quantidade, **o tribunal condenará no que vier a ser liquidado**, sem prejuízo de condenação imediata na parte que já seja líquida."*

Assim, e dado o disposto nos artigos 47.º, n.º 5, 471.º, n.º 2 e 805.º, n.º 4 do Código de Processo Civil, a regra adoptada pela reforma de 2003 será a de que (e exceptuando-se o caso de universalidade) **só na eventualidade de o título executivo não ser uma sentença (ou decisão a ela equiparada, nos termos do artigo 48.º, n.º 1) é que o artigo 805.º expressamente determina que a liquidação da obrigação exequenda, não dependente de simples cálculo aritmético, tenha lugar na acção executiva** ou, no caso de contestação, na oposição à execução.

Neste contexto, e perante a dificuldade de aplicar aos Tribunais Arbitrais a regra da *"renovação da instância declarativa extinta"* estabelecida no citado artigo 378 n.º 2 do Código de Processo Civil, e na ausência de previsão específica para a instância arbitral, colocou-se então a questão da liquidação da obrigação no caso de sentença genérica arbitral, designadamente qual o Tribunal competente para o efeito.

Admitiam-se como possíveis, à luz do referido quadro legal, três hipóteses:

(i) Numa primeira hipótese, o tribunal competente para a liquidação seria o tribunal arbitral, por aplicação analógica do artigo 378.º, n.º 2 do Código de Processo Civil. Esta era a solução seguida pela jurisprudência mais recente no anterior enquadramento legal[4];

---

[4] *Vide*, a este respeito, Acórdão do Supremo Tribunal de Justiça de 04.04.2002, Acórdão do Tribunal da Relação do Porto de 23.10.2007, e Acórdão do Tribunal da Relação de Lisboa de 17.04.2008.

(ii) Numa segunda hipótese, o tribunal competente para a liquidação seria o tribunal judicial, e nesse caso a liquidação seria feita na fase liminar da acção executiva, no tribunal de execução, nos termos do artigo 805.º do Código de Processo Civil;

(iii) Numa terceira hipótese (de que conhecemos casos na prática), a liquidação seria feita numa acção declarativa *ad hoc*, em momento prévio à instauração da acção executiva, mas num tribunal de competência genérica.

Debruçaram-se especificamente sobre esta problemática LEBRE DE FREITAS[5] e PAULA COSTA E SILVA[6].

Para o primeiro destes Autores, embora numa primeira abordagem se afigurasse lógico que, tendo as partes celebrado convenção de arbitragem, a liquidação – *terminus* do processo decisório – deveria ser cometida aos árbitros[7], duas razões se revelariam contrárias a este argumento. Por um lado, a notificação do depósito da decisão ou da mesma às partes extinguia o poder jurisdicional dos árbitros, nos termos do artigo 25.º da Lei da Arbitragem Voluntária (doravante, LAV).

Por outro, e em consonância com o disposto no artigo 4.º, alínea c) do mesmo diploma, ultrapassado o prazo para a prolação da decisão (supletivamente, de 6 meses), produzir-se-ia a caducidade do compromisso arbitral.

E este segundo argumento seria decisivo dado que a caducidade do compromisso arbitral obsta à actuação dos árbitros, não se permitindo a renovação automática da instância, por força do prazo peremptório estabelecido pelo referido artigo 4.º da LAV.

Ou seja, a menos que não tivesse ainda decorrido o prazo para a prolação da decisão arbitral – ou as partes voluntariamente acordassem em atribuir aos árbitros a tarefa de a liquidar – a competência passaria então a estar cometida ao Tribunal Judicial.

---

[5] *In* Competência do Tribunal de Execução para a liquidação de obrigação no caso de sentença genérica arbitral, ROA, 2006, Ano 66, Vol. I, Janeiro de 2006 – realces nossos.

[6] *In* A execução em Portugal de decisões arbitrais nacionais e estrangeiras, ROA, 2007, Ano 67, Vol. II, Setembro de 2007 – realces nossos.

[7] Este seria um dos casos em que teria lugar a liquidação por árbitros, nos termos estabelecidos no Código de Processo Civil.

128 _III Congresso do Centro de Arbitragem da Câmara de Comércio e Indústria_

Sendo competente o Tribunal Judicial, entende LEBRE DE FREITAS que apenas duas hipóteses são possíveis, descartando a possibilidade de a liquidação ocorrer no Tribunal de competência genérica: i) incidente prévio à acção executiva; ii) incidente liminar da acção executiva.

Ora, no seu entender "_a lei não prevê nenhum incidente preliminar de liquidação, semelhante ao incidente preliminar de procedimento cautelar (art. 383-1 CPC). Por outro lado, não é de esquecer que a solução do actual art. 378-2 CPC se fez por destaque da solução geral do regime anterior, que continua a funcionar residualmente, tendo por razão de ser aproximar a decisão sobre a liquidação da decisão de decisão genérica, num novo regime em que a acção executiva deixou, em regra, de correr por apenso à acção declarativa (art. 90 CPC; a situação do art. 90-3-b CPC apresenta-se como excepcional): "**não sendo o título executivo uma sentença**" significa, na economia do art. **805-4 CPC** "**não ocorrendo situação em que a liquidação se deva fazer na acção declarativa, nos termos do art. 378-2 CPC**". O argumento literal e o argumento histórico concorrem, pois, para se concluir que a liquidação se fará no **tribunal da execução [...] na fase liminar da acção executiva já proposta**"._

PAULA COSTA E SILVA[8] debruça-se igualmente sobre esta questão, afirmando, em síntese, que, embora o princípio da equiparação das sentenças proferidas por Tribunal Arbitral às sentenças proferidas por Tribunal Judicial impusesse, à partida, que à liquidação da decisão arbitral fossem aplicados os artigos 378.º e seguintes do Código de Processo Civil, a tal aplicação obstaria a extinção do poder dos árbitros com o depósito da sentença, nos termos do artigo 25.º da Lei da Arbitragem Voluntária (embora não o princípio do esgotamento da jurisdição arbitral plasmado no seu artigo 4.º).

Este seria, como tal, um caso em que não colhe o princípio da equiparação das sentenças judiciais e arbitrais, devendo a liquidação da sentença genérica arbitral ser cometida a Tribunal Judicial.

Em suma, ambos os Autores convergem em dois pontos: o primeiro é o de que **a lógica e a coerência do sistema tenderiam a privilegiar uma liquidação em sede de processo arbitral, renovando-se a instância, nos termos do artigo 378.º, n.º 2 do Código de Processo Civil.**

---

[8] _Ob. Cit._

Mas – num segundo ponto – essa solução não seria aceitável, seja pela extinção do poder dos árbitros (artigo 25.º da Lei da Arbitragem Voluntária), seja pela caducidade da convenção de arbitragem (artigo 4.º do mesmo diploma).

C. A reforma instituída pelo Decreto-Lei n.º 226/2008, de 20 de Novembro

Com o Decreto-Lei n.º 226/2008, de 20 de Novembro, que entrou em vigor a 31 de Maio de 2009, **foi alterada a redacção do artigo 805.º, n.º 4 do Código de Processo Civil,** passando aí agora a ler-se *"Quando, não sendo o título executivo uma sentença judicial, a liquidação não dependa de simples cálculo aritmético, o agente de execução cita, de imediato, o executado para a contestar, em oposição à execução, com a advertência de que, na falta de contestação, a obrigação se considera fixada nos termos do requerimento executivo, salvo o disposto no artigo 485º."*

Adoptou a lei, como tal, a posição defendida por LEBRE DE FREITAS[9], no sentido de que a liquidação se fará em sede de acção executiva, como procedimento liminar.

D. A solução propugnada pelo Anteprojecto de alteração da Lei da Arbitragem Voluntária

Esta solução foi igualmente perfilhada pelo Anteprojecto da nova Lei da Arbitragem Voluntária, na formulação do seu artigo 47.º, n.º 2: *"no caso de o tribunal arbitral ter proferido sentença de condenação genérica, a sua liquidação far-se-á nos termos do n.º 4 do artigo 805.º do Código de Processo Civil"*.

A este respeito, acrescenta-se ainda em nota (n.º 163) ao Anteprojecto que *"Embora rigorosamente não fosse necessária, esta disposição visa dissipar quaisquer dúvidas que pudessem subsistir sobre esta matéria,*

---

[9] Quer no artigo citado, quer no artigo posterior *"Apreciação do Projecto de Diploma de Reforma da Reforma da Acção Executiva"*, *in* ROA, 2008, Ano 68, Vol. I, Janeiro de 2008.

sobre a qual, antes da recente Reforma da Acção Executiva, se começou a formar uma inadequadíssima jurisprudência".

E. Crítica do regime actual

Sendo hoje indiscutível qual a solução determinada pelo legislador – a de a que liquidação se fará em sede de acção executiva, como procedimento liminar – importa ver se esta é, *de iure condendo*, a opção que melhor serve os interesses em presença.

E, tendo atrás abandonado a tentação óbvia do que designámos "terapias radicais", a opção terá de passar entre manter o actual regime ou modificá-lo no sentido da equiparação das sentenças arbitrais às judiciais, tendo, para o efeito, de encarar-se a questão da extinção dos poderes jurisdicionais dos árbitros. Afinal, a única questão que parece ser impeditiva da equiparação que havemos por inteiramente justificada, como fomos já adiantando.

Pese embora todas as dificuldades que reconhecemos que esta opção comporta, entendemos que uma solução "amiga" da arbitragem é a única que se compagina e que deverá ser privilegiada num contexto de revisão da LAV.

Aliás, não poderá deixar de sublinhar-se que a orientação professada pela Jurisprudência mais recente vinha no bom sentido, embora seja justo reconhecer que deixava em aberto a questão essencial de saber como se materializava a renovação da instância: (i) se através da criação de um novo Tribunal Arbitral; (ii) se pela manutenção do já existente.

Por essa razão, entendemos que o caminho a seguir passará sempre por dotar a LAV e o CPC dos mecanismos legais que permitam solucionar o problema.

Decisão Arbitral: Questões Suscitadas pela Condenação em Pedidos Genéricos 131

É que, atribuir aos juízes de execução, em detrimento do próprio Tribunal Arbitral (que conheceu e julgou o litígio concreto) cometendo-lhes aquela que, na prática, é a parte mais importante da decisão arbitral – a resolução cabal e efectiva do conflito submetido pelas partes – parece-nos ser uma má solução. E o argumento normalmente apontado contra a inevitabilidade da solução actualmente consagrada na lei portuguesa parece ter resposta.

F. Uma Proposta Alternativa para a definição do regime da liquidação das decisões genéricas proferidas em Tribunais Arbitrais.

Ponderados os argumentos contrários à opção de cometer a liquidação da condenação genérica à jurisdição arbitral, estes cingir-se-ão, no essencial, e como vimos, ao seguinte:

i) o esgotamento do poder jurisdicional dos árbitros;
ii) a caducidade da convenção de arbitragem após a prolação da decisão.

Trata-se, sem dúvida de argumentos importantes e, de certa forma, inultrapassáveis. Na verdade não se pode dispor, pela própria natureza das coisas, de um Tribunal Arbitral permanente. Mas será que não existem outras formas de ultrapassar a questão? Ponderemos, por um momento, no cotejo dos interesses em presença, os argumentos que militam a favor de uma solução que garanta a liquidação de pedidos genéricos pelo Tribunal Arbitral:

i) O primeiro, e seguramente o mais importante de todos, a vontade das partes, e a sua expectativa na obtenção de uma decisão definitiva do litígio. Com efeito, se o propósito das partes é o de submeterem a resolução do conflito que as divide a uma jurisdição distinta da dos Tribunais Judiciais, na evidente expectativa de aí encontrar uma decisão final e exequível, o facto de ter de "regressar" aos tribunais comuns para obter esse tipo de decisão é manifestamente contrário aos interesses das partes;
ii) Um outro argumento relevante entronca na qualidade técnica do Tribunal Arbitral. Como é evidente, um dos factores de opção pela jurisdição arbitral é exactamente o de proporcionar o julga-

132 *III Congresso do Centro de Arbitragem da Câmara de Comércio e Indústria*

mento da causa por pessoas com especiais conhecimentos técnicos, que permitam dirimir o litígio de forma mais esclarecida e, como tal, mais justa. Cometer, no fim de todo esse processo, uma problemática tão relevante como a da quantificação efectiva da condenação à mesma jurisdição a que se procurou obviar, por não especialmente qualificada, resulta manifestamente incoerente e inconveniente;

iii) Uma terceira razão é a de que o Tribunal Arbitral que proferiu a decisão condenatória terá, necessariamente, um melhor conhecimento dos factos em discussão no litígio, factos esses que serão, evidentemente, necessários também à liquidação da mesma, pelo que se revela essencial – e significativamente mais eficiente – que também esta função de liquidação lhe seja cometida;

iv) Também na óptica do interesse das partes, é de ressaltar a questão dos custos associados à prolação de uma decisão em incidente de liquidação ulterior. De um lado, as necessárias custas judiciais e outros encargos do processo, por uma *nova acção declarativa* interposta nos tribunais judiciais; de outro, a continuação de um processo já iniciado, com valores, nessa fase já pré-determinados;

v) Por outro lado, também razões de celeridade farão propender para a escolha do Tribunal Arbitral como tribunal competente para a liquidação, dado que será sempre manifestamente mais célere a prorrogação – sujeita a prazo – do compromisso arbitral, do que a instauração de uma nova acção, ainda que incidental, junto dos tribunais comuns;

vi) Esta é também a solução imposta pelo princípio da autonomia da Arbitragem. Será absolutamente incompatível com a preservação de tal autonomia a aceitação de um sistema que permita aos tribunais judiciais *completar* as decisões arbitrais, afastando desta jurisdição arbitral a decisão cabal do litígio. Tal opção estaria em contra ciclo com o movimento autonomizador da arbitragem, que vem progressivamente procurando eliminar os laços de dependência em face da jurisdição comum;

vii) E esta solução é também aquela que garante a plena consagração do princípio da equiparação das sentenças judiciais e arbitrais prevista pelo artigo 48.º do Código de Processo Civil. A própria

Decisão Arbitral: Questões Suscitadas pela Condenação em Pedidos Genéricos 133

analogia com o processo judicial comum, que se vem de se referir, é em si mesma, aliás, um ponderoso argumento no sentido do cometimento da competência para liquidar a sentença genérica arbitral ao tribunal que a proferiu (cfr. neste sentido a Jurisprudência citada);

viii) Por último, não poderá deixar de se salientar a necessária desadequação e falta de meios dos Juízos de Execução para proceder a uma liquidação – nomeadamente quando envolva a importância e complexidade que as questões arbitrais comummente envolvem, em particular à luz da recente reforma da acção executiva, que profusamente desjudicializa as execuções, cometendo a quase totalidade do seu cerne à figura do Agente de Execução. Trata-se, com o devido respeito, já se vê, de atribuir tão importante função a quem menos está preparado (até em meios) para a assumir.

Da ponderação feita parece-nos claro o sentido da inevitabilidade de se considerar que a liquidação das sentenças genéricas proferidas por Tribunais Arbitrais deverá ser feita por estes e não pelos tribunais comuns.

São tantas e tão fortes as razões que elencámos que parece não caber outra solução.

Mas defrontamo-nos com o "tal" problema aparentemente irresolúvel: a transitoriedade dos tribunais arbitrais.

Sem ignorar a questão, cremos que existem, contudo, formas de a ultrapassar.

G. Solução Proposta (*De Iure Condendo*)

Atenta a reflexão anterior, e como deixámos claramente afirmado, entendemos que o caminho a seguir passa por demonstrar que há vias que permitem com consistência remover os obstáculos recorrentemente assinalados.

Uma indicação de sentido para a adequação do sistema actual da liquidação de sentenças genéricas ao regime da arbitragem poderá encontrar-se, desde logo, *mutatis mutandis*, no artigo 45.º do próprio Anteprojecto da Lei da Arbitragem Voluntária, claramente inspirado pelo artigo 33.º da Lei Modelo da UNCITRAL.

134 *III Congresso do Centro de Arbitragem da Câmara de Comércio e Indústria*

De acordo com este artigo, e no caso de condenações *infra petitum*, podem as partes, no prazo de 30 dias, suscitar ao Tribunal Arbitral que complete a decisão, o que este poderá fazer no prazo de 60 dias, prorrogáveis se necessário. **Encontrar-nos-íamos, assim, perante um Acórdão Complementar.**

Entendemos que este é um caminho que vale a pena explorar.

No fundo, a condenação genérica não é também ela própria uma condenação incompleta, porquanto o Tribunal Arbitral não cumpriu, *in toto*, a função jurisdicional que lhe foi cometida? E se assim é, como não poderá deixar de reconhecer-se, não se divisa qualquer razão de princípio que obste à prorrogação da instância arbitral quando esta situação ocorra.

Neste sentido, com todas as dúvidas que estas questões necessariamente suscitam, ademais numa perspectiva inovadora, entendemos pertinente propor uma solução similar, de acordo com a qual a **liquidação em processo arbitral deverá ser realizada pelo mesmo tribunal que proferiu a decisão**.

E, se bem virmos, a questão dos "obstáculos" é susceptível de ser resolvida em sede legislativa, sem inconvenientes de maior. Mais concretamente através de uma revisão das actuais disposições da LAV, particularmente os artigos 4.º e 25.º desse diploma.

Assim, sugeríamos as seguintes alterações:

i) Estabelecer o dever de as partes, ao elaborarem a convenção de arbitragem, regularem a forma de liquidação de uma eventual e ulterior decisão arbitral genérica;

ii) Na falta da referida regulação ficaria, subsidiariamente, consagrado o princípio da renovação da instância arbitral em caso de dedução de incidente de liquidação dentro de prazo a determinar. Para o efeito, teria de se considerar não esgotado o poder jurisdicional dos árbitros até à prolação da decisão que liquidasse a condenação genérica;

iii) Prever a não caducidade da convenção de arbitragem, desde que a dedução da liquidação ocorra num prazo determinado (v.g. 180 dias);

iv) Reequacionar se acção arbitral deveria continuar a ter um prazo máximo (nem todas as legislações a prevêem, como é sabido), ou estabelecer um novo prazo máximo para a liquidação a contar da dedução do incidente respectivo;

v) Caso o Tribunal, dentro dos prazos em que houvesse de decidir, não dispusesse dos meios para tomar uma decisão, poderia sempre decidir segundo a equidade nos termos do art.º 566 nº 3 do Código Civil.

Cremos que, desta forma, e sem entorses ao sistema, se conciliariam os diversos interesses em presença.

Em primeiro lugar, deixava-se à autonomia das partes a resolução da questão, autonomia essa que é justamente um dos fundamentos da jurisdição arbitral. Depois, prevenia-se a caducidade da convenção de arbitragem e a extinção do poder jurisdicional dos árbitros, mas definindo-se prazos para a conclusão da tarefa de forma a evitar que se eternizasse a missão do Tribunal.

Por seu lado os árbitros, ao aceitarem inicialmente o encargo da arbitragem, teriam de representar como possível esta solução e, consequentemente, ponderá-la-iam na aceitação, sendo certo que estamos seguros de que este regime permitiria diminuir fortemente a "tentação" de prolação de condenações genéricas.

Se os árbitros se vissem confrontados com a falta de elementos para a liquidação lançariam mão da faculdade de decidir segundo a equidade por directa permissão legal.

Em acréscimo, esta solução garante a plena equiparação entre decisões judiciais e arbitrais, com a vantagem decisiva de a liquidação ser realizada (à semelhança dos tribunais comuns) pelo tribunal que melhor conhece o caso. E, assim, conseguir-se-ia estender até à fase da liquidação todas as vantagens da arbitragem o que, certamente, será sempre uma mais-valia para quem decidiu seguir essa via.

E contra esta solução não vislumbramos, sinceramente, obstáculos de monta. Uma dificuldade possível e ponderável seria a de um ou mais árbitros ficarem, pelas contingências da vida, impossibilitados. Nesse caso proceder-se-ia à sua substituição nos termos legais (questão esta que, aliás, é inerente a todos os Tribunais Arbitrais). E repare-se que também não defendemos uma manutenção ilimitada dos tribunais arbitrais.

Também a possibilidade de o Tribunal Arbitral decidir *ex lege* pela equidade se não conseguir reunir os elementos necessários para proceder à liquidação nos parece não ser inconveniente. Não é essa, porventura, a solução a que tem de recorrer um Juiz se não lhe restarem outros meios?

A solução que propomos parece-nos, pois, a mais célere, a mais informada, a mais coerente com o regime da arbitragem e com a sua autonomia, mas também a mais económica e a mais eficaz.

Afinal, nada tem, sequer, de muito original. Trata-se de aplicar à arbitragem as mesmas regras de processo dos tribunais comuns. E adaptar as normas da arbitragem a preverem a outorga de tais poderes de liquidação seja por vontade das partes seja *ex lege*.

No fundo, defendemos aqui o que tem permitido à Arbitragem avançar: uma maior confiança por parte do ordenamento jurídico e um aproximar de regras dos tribunais comuns.

Parece claro que esse é o caminho do futuro.

3º Painel

Rui Pinto Duarte

Constituição do Tribunal Arbitral em Arbitragem Multipartes
Miguel Pinto Cardoso

Arbitragem no âmbito do Código dos Contratos Públicos
Rui Chancerelle de Machete

Flexibilização do Procedimento Arbitral
Carlos Alberto Carmona

CONSTITUIÇÃO DO TRIBUNAL ARBITRAL EM ARBITRAGENS MULTIPARTES

MIGUEL PINTO CARDOSO e CARLA GONÇALVES BORGES[*]

I. O problema

O problema a tratar nesta intervenção é o da constituição do tribunal arbitral em arbitragens multipartes, isto é, as designadas "arbitragens complexas" ou com pluralidade de partes[1].

Há que restringir, no entanto, o âmbito das situações em que a constituição do tribunal arbitral efectivamente representa um problema nos processos arbitrais com pluralidade de partes[2]. Na verdade, nos casos

---

[*] Advogados na Sociedade de Advogados Linklaters LLP – Sucursal em Portugal (miguel.cardoso@linklaters.com, carla.borges@linklaters.com).

[1] Sobre os diferentes problemas suscitados nos processos arbitrais com pluralidade de partes, para além da abundante e aprofundada doutrina estrangeira, v. na doutrina nacional Silva, Manuel Botelho da, "Pluralidade de Partes em Arbitragens Voluntárias", *in Estudos em Homenagem à Professora Doutora Isabel de Magalhães Collaço*, Vol. II, Coimbra, Almedina, 2002, 499 e ss., e Borges, Carla Gonçalves, "Pluralidade de Partes e Intervenção de Terceiros na Arbitragem", *in Themis*, Ano VII, n.º 13, 2006, pp. 109 e ss..

[2] Sobre o tema, na doutrina estrangeira, Fouchard, Philippe, Gaillard, Emmanuel e Goldman, Berthold, *Traité de l'arbitrage commercial international*, Paris, Editions Litec, 1996, pp. 565 e ss., Craig, W. Laurence, Park, William W., Paulsson, Jan, *International Chamber of Commerce Arbitration*, 3ª ed., Nova Iorque, Oceana Publications, 2000, pp. 198 e ss., Lew, Julian D. M., Mistelis, Loukas A., Kröll, Stefan M., *Comparative International Commercial Arbitration*, The Hague, Kluwer Law International, 2003, pp. 380 e ss., Redfern, Alan, Hunter, Martin, Blackaby, Nigel e Partasides, Constantine, *Law and Practice of international Commercial Arbitration*, 4ª ed., Londres, Thomson/

140 III Congresso do Centro de Arbitragem da Câmara de Comércio e Indústria

em que o conjunto dos requerentes e o conjunto dos requeridos na acção arbitral tenham uma proximidade de interesses suficientemente forte que lhes permita ter uma actuação comum[3], o processo de constituição do tribunal arbitral não acarretará dificuldades acrescidas pelo simples facto de haver mais do que um requerente ou um requerido. Nesses casos, o conjunto dos requerentes não terá dificuldades em designar um árbitro e o conjunto dos requeridos em designar o outro, escolhendo estes o presidente, se for aplicável, por exemplo, o regime previsto na Lei da Arbitragem Voluntária ("LAV")[4].

O problema especifico associado à constituição do tribunal arbitral em arbitragens complexas surge quando estas envolvem várias partes com interesses distintos entre si, quando, por exemplo, o(s) requerente(s) deduz(em) pedidos distintos em relação a diferentes requeridos, não tendo estes uma uniformidade de interesses que lhes permita uma actuação ou oposição comum no âmbito do processo, ou ainda em situações de intervenção de terceiros[5] na arbitragem.

Por outro lado, este é um problema típico em arbitragens em que esteja prevista uma composição plural do tribunal arbitral, isto é, um tribunal arbitral colegial, frequentemente composto por três árbitros, em que se verifique a ausência de acordo quanto à escolha de um dos árbitros – geralmente por parte dos requeridos, já que os requerentes que se puseram de acordo para iniciar uma acção arbitral não terão (em princípio) dificuldades em escolher conjuntamente um árbitro.

Sweet & Maxwell, 2004, pp. 168 e ss., Hanotiau, Bernard, *Complex Arbitrations – Multiparty, Multicontract, Multi-issue and Class Actions*, The Hague, Kluwer Law International, 2005, pp. 200 e ss., Derains, Yves e Schwartz, Eric A., 2ª ed., The Hague, Kluwer Law International, 2005, pp. 177 e ss., e na doutrina portuguesa, Silva, Manuel Botelho da, "Pluralidade de Partes em Arbitragens Voluntárias", *in Estudos em Homenagem à Professora Doutora Isabel de Magalhães Collaço*, Vol. II, Coimbra, Almedina, 2002, 499 e ss., e Caramelo, António Sampaio, "Anotação ao Acórdão do Tribunal da Relação de Lisboa de 18 de Maio de 2004", *in Revista de Direito e Estudos Sociais*, 2004, Ano XLV, n.º 4, pp. 307 e ss..

[3] Casos que o Dr. Sampaio Caramelo identifica no seu texto como exemplos de "(...) *multipartidarismo processual, mas bipolaridade de interesses em oposição*", cf. "Anotação ao Acórdão...", *cit.*, p. 338.

[4] Cf. artigos 11.º, n.º 3, e 14.º, n.º 1 da LAV.

[5] Sobre a intervenção de terceiros na arbitragem, cfr. Borges, Carla Gonçalves, "Pluralidade de Partes...", *cit.*, pp. 114 e ss..

Por último, um dos elementos decisivos para que a constituição do tribunal seja de facto um problema neste tipo de arbitragens é a ausência de regra, na convenção arbitral ou no regulamento aplicável, sobre o modo de proceder à sua designação, quando exista mais do que uma parte no processo, com interesses distintos.

Nestas circunstâncias, como se escolhe o árbitro dos requeridos?

Vejamos alguns exemplos.

II. Constituição do tribunal arbitral: caso típico

Consideremos então um exemplo, provável no contexto de várias realidades – por exemplo, um consórcio, um acordo parassocial, no âmbito de grupos de sociedades, perante contratos coligados –, em que existe uma acção arbitral entre uma demandante e duas demandadas, com pedidos diferentes em relação a cada uma delas.

A convenção de arbitragem prevê que o tribunal arbitral será composto por três árbitros, estabelecendo-se a regra típica da nomeação de um árbitro por cada "parte", assim como a regra típica de nomeação por terceiro na falta de nomeação por uma das "partes".

Deve considerar-se que as duas demandadas são uma só parte? Deve existir um processo arbitral para cada uma das demandadas?

A solução adoptada durante muito tempo foi considerar as demandadas como uma só parte, com o ónus de se entenderem quanto à escolha do "seu" árbitro, continuando a ser uma solução aceite em alguns países. Na falta de cumprimento desse ónus, caberia a terceiro a nomeação de um árbitro em substituição das demandadas.

Perante esta solução, entendia-se que o princípio da igualdade das partes estava assegurado pela independência e imparcialidade dos árbitros.

III. O Caso *Dutco*

O estado da arte quanto à problemática associada à constituição do tribunal arbitral em arbitragens complexas foi decisivamente abalado por um acórdão proferido pela *Cour de Cassation* francesa, datado de 7 de

142 *III Congresso do Centro de Arbitragem da Câmara de Comércio e Indústria*

Janeiro de 1992[6], no litígio entre a sociedade *Dutco Consortium Construction Company, Ltd.* e as sociedades *Siemens AG* e *BKMI Industrieanlagen GmbH* (comummente referido como o "caso *Dutco*")[7].

As sociedades referidas integravam um consórcio para construção de uma fábrica de cimento em Omã, sendo que o contrato celebrado entre as partes estabelecia como forma de resolução de litígios a arbitragem, sob a égide da Câmara de Comércio Internacional (CCI), em Paris. Esta cláusula arbitral previa ainda que deveria ser constituído um tribunal arbitral composto por três árbitros, nomeados de acordo com o Regulamento da CCI.

A *Dutco* iniciou uma acção arbitral contra os outros dois membros do consórcio, formulando pedidos distintos relativamente a cada um deles, vindo estes defender a necessidade de instauração de dois processos diferentes, de modo a que cada um pudesse escolher o seu árbitro. Perante esta tomada de posições, a *Cour d'arbitrage* da CCI – enquanto órgão responsável pela tomada de decisões relacionadas com a constituição dos tribunais arbitrais criados ao abrigo do seu Regulamento – decidiu, de acordo com o que constituía a sua prática habitual na altura, que os demandados constituíam uma só parte no processo em causa, pelo que deveriam nomear conjuntamente um árbitro, sob pena de ser aquele órgão a fazê-lo.

As sociedades demandadas cumpriram esta decisão da *Cour d'arbitrage* "sob protesto" e reservando-se o direito de insistir na questão da irregularidade da constituição do Tribunal Arbitral. Quando este foi constituído, as demandadas voltaram a suscitar a questão perante o Tribunal Arbitral, alegando que a sua constituição teria violado a convenção de arbitragem (que estabelecia caber a "cada parte designar um árbitro").

O Tribunal Arbitral proferiu um acórdão interlocutório no qual considerava ter sido regularmente constituído, com base em quatro argumentos essenciais: (i) a cláusula arbitral reflectia uma intenção comum das partes de virem a integrar uma acção arbitral envolvendo as três sociedades; (ii) a natureza do contrato em causa tornava provável que tal viesse

---

[6] Vd. *Revue de Arbitrage*, 1992, Paris, pp. 470 e ss..

[7] Para uma análise mais desenvolvida sobre este caso, cf. Silva, Manuel Botelho da, "Pluralidade de Partes...", pp. 502-504, e Caramelo, António Sampaio, "Anotação ao Acórdão...", pp. 339-347, e ainda a doutrina estrangeira citada na nota 2.

Constituição do Tribunal Arbitral em Arbitragens Multipartes 143

a acontecer; (iii) as partes não previram regras especiais para a constituição do tribunal arbitral; e (iv) "partes" significa "demandante ou demandantes e demandada ou demandadas".

As demandadas interpuseram recurso de anulação desta decisão para a *Cour d'appel* de Paris, reiterando o fundamento já apresentado perante o tribunal arbitral – a irregularidade da constituição deste tribunal, por violação da convenção de arbitragem – e acrescentando um novo fundamento: o de que o reconhecimento da decisão pelos tribunais estatais violaria a ordem pública internacional (francesa).

A *Cour d'appel* negou provimento ao recurso, adoptando basicamente as razões invocadas pelo Tribunal Arbitral e considerando, nomeadamente, que as partes teriam necessariamente previsto que, em caso de disputa entre as três, não poderia cada uma delas designar um árbitro. Concretamente quanto ao princípio da igualdade, a *Cour d'appel* salientou que a independência do árbitro garantia a igualdade estrita das partes.

As demandadas voltaram a recorrer, desta feita para a *Cour de Cassation*, alegando essencialmente uma violação do direito de igualdade das partes na constituição do tribunal arbitral. Embora não tenha posto em causa a interpretação que a *Cour d'appel* fizera da cláusula arbitral, a Cour de Cassation entendeu que: (i) as partes são titulares de um direito de igualdade na constituição do tribunal arbitral e (ii) não podem renunciar validamente a esse direito numa convenção de arbitragem antes de existir o litígio[8].

No seguimento desta decisão, a *Cour de Cassation* ordenou que se realizasse um novo julgamento na *Cour d'appel* de Versailles, mas entretanto as partes chegaram a acordo.

IV. Consequências

Apesar de a jurisprudência resultante do caso *Dutco* ser apenas de aplicação obrigatória em relação a arbitragens com sede em França – ou arbitragens em que o direito francês seja a *lex arbitri* –, a verdade é que suscitou grande interesse na comunidade internacional, determinando que

---

[8] Quanto às reacções a esta decisão, vejam-se os diferentes argumentos aduzidos pelos seus críticos e pelos seus apoiantes em Caramelo, António Sampaio, "Anotação ao Acórdão...", pp. 343-344.

as mais importantes instituições de arbitragem internacional alterassem os seus regulamentos de modo a evitar a proliferação de acções de anulação com base nos mesmos fundamentos.

– Os Regulamentos de Instituições de arbitragem internacional

Desde logo, o novo Regulamento da CCI (versão de 1998) passou a incluir uma disposição específica para resolver a questão da constituição do tribunal arbitral em arbitragens multipartes, nas quais se suscitassem os problemas discutidos no caso *Dutco*. O artigo 10(1) do Regulamento da CCI começa por reafirmar a regra geral de que, no caso de existirem partes múltiplas, os requerentes, em conjunto, e os requeridos, em conjunto, deverão nomear um árbitro. O artigo 10(2) resolve o problema *Dutco*, prevendo que nos casos em que não exista nomeação conjunta, e não exista acordo das partes quanto ao método de constituição do tribunal, a *Cour d'arbitrage* pode nomear cada um dos árbitros e escolher o presidente – sendo este poder uma mera opção (*"may appoint"*) da *Cour d'arbitrage*, que esta utilizará conforme for mais adequado de forma casuística.

Ou seja, nos termos do novo artigo 10 do Regulamento da CCI, reafirma-se o princípio de que "partes" significa "demandante ou demandantes" e "demandado ou demandados", deixando-se ao critério da *Cour d'arbitrage* a aplicação, caso a caso, do artigo 10(2) do Regulamento da CCI. As razões que levaram à consagração deste regime de cariz discricionário dizem respeito, essencialmente, à verificação de que, em muitos casos de arbitragens complexas, não se está perante verdadeiras arbitragens multipartes, como já se evidenciou no início desta apresentação, pois é frequente que os vários demandantes e/ou os vários demandados tenham uma proximidade de interesses tão estreita que não se justifique um regime diferente do da sua nomeação conjunta. Além disso, como já se sublinhou também, a jurisprudência *Dutco* apenas é obrigatória relativamente às arbitragens sujeitas à lei francesa, não se aplicando necessariamente aos restantes processos resolvidos sob a égide da CCI[9].

---

[9] Sobre as razões que estiveram na base da opção por um regime discricionário da *Cour d'arbitrage*, cf. Derains, Yves e Schwartz, Eric A., *A Guide the ICC Rules of Arbitration*, op. cit., pp. 183-185.

Constituição do Tribunal Arbitral em Arbitragens Multipartes

Nas palavras de IVES DERAINS e ERIC SCHWARTZ, nos termos deste novo regime do artigo 10 do Regulamento CCI, *"Todas as partes são assim tratadas igualmente e, em nome da igualdade, todas privadas do seu direito de nomear um árbitro"*[10].

Vários outros regulamentos de instituições de arbitragem adoptaram soluções semelhantes, como por exemplo os regulamentos do London Court of International Arbitration (LCIA), em 1998, da American Arbitration Association (AAA), em 1997, e do Arbitration Institute of the Stockholm Chamber of Commerce, na versão de 2007.

Deve, no entanto, sublinhar-se uma diferença importante entre a solução prevista no Regulamento da CCI e nos regulamentos agora referidos: enquanto aquele consagra um poder discricionário da *Cour d'arbitrage*[11], estes estabelecem que, na falta de acordo das partes quanto a outro método de constituição do tribunal arbitral, a nomeação dos três árbitros é sempre feita pelo órgão correspondente de cada um desses centros de arbitragem (*"shall appoint"*).

– Portugal

No que respeita a centros de arbitragem institucionalizada, o Regulamento do Centro de Arbitragem da Câmara de Comércio e Indústria Portuguesa, também designado por Centro de Arbitragem Comercial, na versão de Setembro de 2008, considera como parte, para efeitos de nomeação de árbitros, o conjunto dos demandantes ou dos demandados (artigo 8.º, n.º 1).

No entanto, este recente Regulamento estabelece nos n.ºs 2 e 3 do mesmo artigo que, sendo o tribunal arbitral composto por três árbitros, nos casos de falta de acordo, caberá ao Presidente do Centro de Arbitragem a nomeação do árbitro em falta ou de todos, se o considerar justificado.

---

[10] Tradução nossa do seguinte excerto em ingles: *"All of the parties are, thus, treated equally, and, in the name of equality, all are deprived of the right to nominate an arbitrator"*, cf. Derains, Yves e Schwartz, Eric A., *A Guide the ICC Rules of Arbitration*, op. cit., p. 183.

[11] Regime também adoptado no artigo 8(5) do Regulamento das Swiss Chambers of Commerce (versão de Janeiro de 2006).

146 *III Congresso do Centro de Arbitragem da Câmara de Comércio e Indústria*

Quanto à legislação nacional em vigor, a Lei n.º 31/86, de 29 de Agosto (Lei de Arbitragem Voluntária, designada por "LAV") não prevê uma regra específica para os casos de constituição do tribunal arbitral em arbitragens complexas. O artigo 12º da LAV estabelece apenas a regra de que, em todos os casos em que falte nomeação de árbitro ou árbitros, essa nomeação caberá ao presidente do Tribunal da Relação do lugar fixado para a arbitragem ou, na falta de tal fixação, do domicílio do requerente, sendo essa nomeação inimpugnável, nos termos do n.º 3 do mesmo preceito.

A título de exemplo, refira-se que o mesmo não se passa com a recente legislação espanhola de arbitragem, a *Ley de Arbitraje de 2003*[12], que prevê já expressamente os casos de arbitragens complexas. Nos termos do artigo 15, n.º 2, alínea b), deste diploma, existindo pluralidade de demandantes ou de demandados, estes nomeiam um árbitro e aqueles outro. Se o conjunto dos demandantes ou dos demandados não se puser de acordo quanto ao árbitro que lhes cabe nomear, todos os árbitros são designados pelo tribunal competente a requerimento das partes. Trata-se, portanto, de uma solução semelhante à consagrada nos regulamentos das mais importantes instituições de arbitragem internacional, referidos acima.

O Projecto de nova Lei de Arbitragem Voluntária[13] da Associação Portuguesa de Arbitragem (APA) inclui já um artigo específico sobre a constituição do tribunal arbitral em caso de pluralidade de demandantes ou de demandados (artigo 11.º), sendo que a solução adoptada não corresponde exactamente à solução da lei espanhola. A regra geral, se o tribunal dever ser composto por três árbitros, é também a da designação conjunta de um árbitro pelos demandantes e de outro pelos demandados (n.º 1). Na falta de acordo entre os demandantes ou os demandados, a designação do árbitro em falta caberá ao tribunal estadual competente, a requerimento das partes (n.º 2). Prevê-se a possibilidade de o tribunal estadual nomear a totalidade dos árbitros e designar de entre eles quem será o presidente, se se demonstrar que as partes que não conseguiram a nomeação conjunta têm interesses conflituantes quanto ao fundo da causa (n.º 3). Em todo o caso, no n.º 4 deste preceito, ressalva-se que esta

---

[12] Sobre a nova lei espanhola de arbitragem, cf. por exemplo, Lozano, David Arias (Coord.), Pérez-LLorca Abogados, *Comentarios a la Ley de Arbitraje de 2003*, Navarra, Thomson Aranzadi, 2005, pp. 137 e ss., no que respeita ao regime de nomeação dos árbitros.

[13] Disponível em www.arbitragem.pt.

Constituição do Tribunal Arbitral em Arbitragens Multipartes

possibilidade pode ser afastada na convenção de arbitragem para o caso de arbitragem com pluralidade de partes.

V. Jurisprudência portuguesa

Tanto quanto é do nosso conhecimento, o acórdão do Tribunal da Relação de Lisboa, de 18 de Maio de 2004[14], constitui a primeira e única decisão dos tribunais superiores portugueses, até à data, a debruçar-se sobre o tema da constituição do tribunal arbitral em arbitragens multipartes.

O litígio em causa dizia respeito, tal como configurado pela demandante, a uma alegada violação pelas duas sociedades demandadas de um acordo parassocial de que as partes eram signatárias. A demandante invocava ter contra as demandadas direitos indemnizatórios distintos, tendo enviado a ambas notificações tendentes a iniciar o processo arbitral, nas quais definia o objecto do litígio e designava o árbitro que lhe cabia nomear, convidando as requeridas a fazer o mesmo. Ou seja, a demandante contou com o princípio de que as duas demandadas constituíam uma só parte.

Ora, as demandadas recusaram-se a designar conjuntamente o "seu" árbitro, alegando o direito de nomear cada uma um árbitro e a necessidade de existirem dois processos arbitrais distintos. Sendo assim, o segundo árbitro, a requerimento da demandante, veio a ser nomeado pelo Presidente do Tribunal da Relação de Lisboa, em substituição de ambas as demandadas, ao abrigo do n.º 1 do artigo 12.º da LAV. Os dois árbitros designados, seguidamente, escolheram o árbitro presidente, ficando constituído o tribunal arbitral.

Uma das demandadas decidiu, então, propor uma acção no tribunal de 1ª instância, territorialmente competente, com vista à declaração de incompetência do tribunal arbitral e de nulidade da sua constituição. A ré (demandante no processo arbitral) pediu à absolvição da instância por preterição do tribunal arbitral – excepção dilatória prevista no artigo 494.º, al. j), *in fine*, do CPC – e o tribunal de 1ª instância acolheu a sua argumentação, absolvendo-a da instância.

---

[14] O acórdão encontra-se publicado, seguido da respectiva anotação, em Caramelo, António Sampaio, "Anotação ao Acórdão...", *op. cit.*, pp. 307 e ss..

148 *III Congresso do Centro de Arbitragem da Câmara de Comércio e Indústria*

A Autora (demandada no processo arbitral) recorreu desta sentença para o Tribunal da Relação de Lisboa, que negou provimento ao recurso, mantendo a decisão de absolvição da instância do tribunal recorrido. O Tribunal da Relação de Lisboa considerou que as questões relativas à competência e regularidade da constituição do tribunal arbitral são, na verdade, fundamentos de anulação da decisão arbitral em acção a propor depois de esta ser proferida (artigo 27.º, n.º 1, al. b), da LAV), sob pena de haver preterição do tribunal arbitral, pois de acordo com o princípio consagrado nos artigos 21.º, n.ᵒˢ 1 e 4, da LAV, é ao tribunal arbitral, e só a este, até à prolação da decisão sobre o fundo da causa, que cabe a decisão sobre a sua própria competência.

Deste modo, o Tribunal da Relação de Lisboa não decidiu sobre o fundo da questão, mas resulta do texto do acórdão que entende admissível a coligação passiva em processos arbitrais, não se identificando fundamentos relacionados com o regime específico da arbitragem que obstem à sua admissibilidade. Por outro lado, o Tribunal da Relação de Lisboa contraria o argumento da recorrente no sentido de se verificar um desequilíbrio das partes, quanto à nomeação dos árbitros, nos casos de aplicação da convenção de arbitragem a litígios com pluralidade de demandados, saliendo que as demandadas na acção arbitral em questão poderiam, à cautela, ter designado conjuntamente o "seu" árbitro. Não o tendo feito, lê-se no mesmo aresto, que o segundo árbitro teve necessariamente de ser designado pelo Presidente do Tribunal da Relação de Lisboa, em substituição da parte plural, que não chegou a acordo quanto a uma designação conjunta[15].

VI. Convenções de arbitragem

Perante o problema exposto na presente intervenção, conclui-se que é aconselhável prever expressamente na convenção de arbitragem o método de constituição do tribunal arbitral, no caso de litígio multipartido.

---

[15] Criticando a parte do acórdão onde se afirma que o problema da igualdade de requerentes e requeridos, relativamente à nomeação dos árbitros em arbitragens complexas, se coloca com a mesma intensidade quando há apenas uma ou várias relações materiais controvertidas, cf. Caramelo, António Sampaio, "Anotação ao Acórdão...", *op. cit.*, pp. 337-339.

As soluções podem ser várias, sendo sem dúvida uma das mais seguras a remissão para um regulamento conhecido de um centro de arbitragem institucionalizada, com uma solução que seja aceite à partida por todos os signatários da convenção de arbitragem. Outra hipótese é prever, desde logo, que no caso de litígios que envolvam mais do que um demandante ou, principalmente, mais do um demandado, deverão ser intentados processos arbitrais separados, com apenas uma parte requerente e requerida. Uma terceira hipótese passará por estabelecer a designação por um terceiro do árbitro em falta – não em França, como vimos – ou de todos os árbitros, incluindo a designação do presidente. Outra hipótese ainda passará pela escolha de uma composição diferente do tribunal arbitral, que poderá ser constituído por um árbitro único ou, no caso de um litígio entre três partes – provável em casos como o *Dutco*, em que estava em causa um consórcio de três membros – por cinco árbitros, sendo designado um árbitro por cada parte e os restantes dois escolhidos por eles ou nomeados por um terceiro.

A SUBMISSÃO À ARBITRAGEM DOS ACTOS PROCEDIMENTAIS DE FORMAÇÃO DOS CONTRATOS PÚBLICOS

RUI CHANCERELLE DE MACHETE

1 – O Código dos Contratos Públicos, adiante designado por CCP, aprovado pelo Decreto-Lei n.º 18/2008, de 29 de Janeiro, ao proceder à transposição das Directivas n.ºs 2004/17/CE e 2004/18/CE, ambas do Parlamento Europeu e do Conselho, de 31 de Março, bem como da Directiva n.º 2005/51/CE da Comissão, de 7 de Setembro e ainda a Directiva n.º 2005/75/CE do Parlamento Europeu e do Conselho, de 16 de Novembro, veio sistematizar no ordenamento jurídico português a legislação sobre contratos públicos, bem como introduzir numerosas inovações nos procedimentos de formação já anteriormente aplicados aos contratos administrativos e ainda codificar o regime substantivo destes. A regulamentação de novos procedimentos pré-contratuais e a aplicação obrigatória dos diversos tipos de procedimentos a um vasto leque de contratos, independentemente da sua natureza pública ou privada, apenas unificados por serem celebrados pelas entidades adjudicantes definidas no novo Código – CCP, art.º 2.º, 1, alterou profundamente todo o sector dos contratos em que intervêm entidades públicas ou funcionalmente equiparadas.

O CCP não contém porém, preceitos directamente modificativos do âmbito da arbitragem das questões administrativas[1]. A arbitrabilidade das

---

[1] Vários artigos do Código, inclusive alguns referentes ao regime substantivo dos contratos administrativos, pressupõem a admissibilidade da arbitragem. é, v.g., o caso dos artigos 27, 1, d); 283, 4; 296, 1; 311, 1, b); 313, n.º 3; 330, c); 332,1, e), e 3; 333, 1, f) e 342.

152 III Congresso do Centro de Arbitragem da Câmara de Comércio e Indústria

questões administrativas litigiosas continua a ser regulada pelo artigo 180.º do Código do Processo nos Tribunais Administrativos, adiante designado por CPTA. A referida disposição disciplina apenas a susceptibilidade da submissão à arbitragem das questões administrativas que são objecto a título principal das acções. Às questões fundamentais objecto do processo, há ainda a acrescentar a extensão da competência dos tribunais arbitrais para julgar questões administrativas, incidentais e pré-judiciais, nos termos do artigo 15 do CPTA e do artigo 97.º do Código do Processo Civil, este último aplicável por força do disposto no artigo 1.º do CPTA.

2 – Para além dos Contratos Administrativos[2] e das questões de responsabilidade civil extracontratual do Estado e demais pessoas colectivas públicas, incluindo a efectivação do direito de regresso, as diversas alíneas do n.º 1 do artigo 180.º do CPTA admitem que possam ser objecto do processo arbitral a título principal os actos de execução dos contratos administrativos, as questões relativas a actos administrativos que possam ser revogados sem fundamento na sua invalidade, nos termos da lei substantiva, e ainda litígios emergentes de relações jurídicas de emprego público quando não estejam em causa direitos indisponíveis e não resultem de acidentes de trabalho ou de doença profissional.

No que se reporta ao problema que queremos aqui abordar, o da arbitrabilidade autónoma, isto é, a título principal, das questões emergentes dos procedimentos pré-contratuais, só nos interessa considerar se a mesma é admitida pela alínea c) do n.º 1 do artigo 180.º do CPTA, e em que termos[3].

---

[2] A arbitrabilidade dos contratos públicos que revistam natureza privada resulta do princípio geral da admissibilidade da arbitragem voluntária consagrado no artigo 1.º, 1, da Lei 31/86, de 29 de Agosto. Esta Lei é, de resto, a aplicável aos contratos públicos sujeitos a um regime de direito privado, nos termos do CCP, apenas com as adaptações resultantes do seu procedimento público de formação.

[3] A doutrina tem-se até agora pronunciado contra a admissibilidade *"de jure condito"* da submissão à arbitragem dos litígios emergentes de actos integrantes dos procedimentos pré-contratuais. Nesse sentido, vejam-se, entre outros, Alexandra Leitão, A protecção Judicial dos Terceiros nos Contratos da Administração Pública, Coimbra, 202, pág. 401 e segs.; José Luís Esquível, Os Contratos Administrativos e a Arbitragem, Coimbra, 2004, pág. 237 e segs.; Mário Aroso de Almeida e Carlos Fernandes Cadilha, Comentário ao Código de Processo dos Tribunais Administrativos, 3ª Edição, Coimbra,

A Submissão à Arbitragem dos Actos Procedimentais de Formação dos Contratos ... 153

3 – A colocação do problema pressupõe a resposta afirmativa à questão prévia de saber se os procedimentos pré-contratuais derivados da transposição para o CCP das Directivas Comunitárias, revestem natureza pública.

A circunstância das entidades adjudicantes referidas no artigo 2.º, 1, do CCP, serem o Estado e demais pessoas colectivas de direito público, com excepção das associações previstas na alínea g) desse mesmo n.º 1, o facto dos procedimentos serem igualmente aplicáveis com as necessárias adaptações aos actos administrativos e equiparados em que as entidades adjudicantes atribuem vantagens ou benefícios em substituição de um contrato público – artigo 1.º, 3 do CCP –, as categorias de contratos referidas nas alíneas b), c) e d) do artigo 1.º, n.º 6; as garantias administrativas previstas no art.º 267.º a 274.º do CCP; a contagem dos prazos na fase de formação dos contratos – art.º 14.º, 1, do Decreto-Lei de aprovação do CCP, Decreto-Lei n.º 18/2008, de 29 de Janeiro, tudo aponta para o carácter público dos procedimentos pré-contratuais regulados naquele Código. Por seu turno o artigo 100.º, n.º 3 do CPTA é, aliás claro nesta matéria pois equipara expressamente a actos administrativos, os praticados por sujeitos privados num procedimento pré-contratual de direito público.

4 – Questão diferente de que não nos ocuparemos aqui, é a de explicar em termos dogmáticos como pessoas colectivas de direito privado praticam actos procedimentais administrativos sem disporem de título específico para o efeito, não podendo os seus órgãos ser considerados, ao contrário do que durante bastante tempo sustentou a doutrina e jurisprudência italianas, como órgãos indirectos do Estado.

5 – Os actos administrativos a que se refere o artigo 120.º do CPA podem ser revogados sem fundamento na sua invalidade em duas situações:
   a) Se são válidos e a sua permanência não resulta de vínculo legal, ou deles não provêm obrigações legais ou direitos irrenunciáveis, ou ainda não sejam constitutivos de direitos ou interesses legalmente protegidos.

2010, págs. 1147 e 1148; Robin de Andrade, Arbitragem e Contratos Públicos, in Estudos de Contratação Pública, Vol. I, Coimbra, 2008, pág. 955.

b) Se, apesar de sofrerem de um vício que dita a sua anulabilidade, este já não pode ser invocado por terem passado todos os prazos em que era admitida a sua impugnação. Nestas circunstâncias, só poderão ser revogados nos termos da alínea anterior.

Num e noutro caso, os actos administrativos poderão ser revogados por razões de oportunidade ou conveniência.

Se aos actos procedimentais pré-contratuais se aplicarem exactamente as mesmas regras quanto à revogação que vigoram para os actos finais definidos nos termos do art.º 120.º do CPA, também aqueles só poderão ser sujeitos a arbitragem por razões de mérito, mas não já se forem ilegais.

6 – O realismo impõe que reconheçamos que este primeiro resultado é de utilidade prática reduzida, exclui desde logo a possibilidade de submeter a tribunal arbitral todos os litígios do âmbito do contencioso pré--contratual regulado no art.º 100.º do CPTA, e em geral, todos os litígios emergentes dos procedimentos pré-contratuais dos contratos públicos em que se discutam questões relativas à validade dos actos procedimentais que deles façam parte.

Tão pouco se afigura muito ser desejável pelas partes, entidades adjudicantes e concorrentes optar pela arbitragem e devolver ao Tribunal Arbitral o poder discricionário, eventualmente temperado pela equidade, de escolher a solução mais conveniente ou oportuna.

7 – Admitimos, porem, que uma análise mais funda permita encontrar boas razões para sustentar a extensão da jurisdição arbitral não apenas *de jure condendo* mas também *de jure condito,* ao conhecimento directo dos procedimentos de formação dos contratos públicos sem as limitações impostas pela alínea c) do n.º 1 do artigo 180.º do CPTA.

8 – A exclusão do contencioso de anulação das matérias de julgamento a título principal pelos tribunais arbitrais é habitualmente fundada na indisponibilidade dos poderes públicos exercidos pelas autoridades administrativas. O artigo 1.º, 1 da Lei da Arbitragem Voluntária, Lei n.º 21/86, de 29 de Agosto, não admite a submissão a arbitragem de qualquer litígio que respeite a direitos indisponíveis, e o n.º 4 do mesmo artigo 1.º requer que o Estado e as outras pessoas colectivas de direito

A Submissão à Arbitragem dos Actos Procedimentais de Formação dos Contratos ... 155

público, para poderem celebrar convenções de arbitragem relativas a questões de direito público sejam para tanto autorizado por lei especial. A lei especial de autorização, será precisamente a alínea c) do n.º 1 do art.º 180 do CPTA.

9 – Os procedimentos pré-contratuais previstos no CCP são instrumentais permitindo que as entidades adjudicantes, sejam elas públicas ou privadas, façam uso da sua autonomia contratual, não se traduzindo assim no exercício dos poderes unilaterais da Administração cujos actos conformam posições jurídicas finais das dos seus destinatários.[4] Os efeitos dos actos procedimentais são melhor qualificados como situações jurídicas transitórias, momentos de uma dinâmica que culminará primeiro num acto de adjudicação, pertencente simultaneamente à categoria dos actos procedimentais e preparatórios da declaração negocial que fará parte o posterior acordo contratual e também acto final do procedimento pré--contratual.

O procedimento administrativo consubstancia-se numa sucessão de actos teleologicamente orientados e interligados com vista à produção de um acto final, conclusivo do procedimento e ao qual é imputado o efeito final, definitório da situação das partes, pelo menos de quem dirige o procedimento e cujos interesses devem ser prosseguidos pela sua finalização e de quem, em reciprocidade com o decidente, vê igualmente a sua situação estavelmente concretizada. Todos os actos anteriores caracterizam, do ponto de vista subjectivo dos participantes, situações transitórias, expectativas que podem realizar-se ou desvanecer-se, isto é, situações não adquiridas em definitivo.

A importância reconhecida à formação do acto administrativo e, em paralelismo com este, à do regulamento e do contrato, deveu-se em medida apreciável ao relevo que a participação do particular interessado,

---

[4] O conceito de situação jurídica, "Rechtslage" foi inicialmente concebido por J. Golschmid, **"Prozess als Rechtslage"**, Berlin, 1925, para combater a concepção do processo como relação jurídica. Aqui utilizarmo-lo para salientar que *fattispecie* final não se realiza de uma só vez, mas por graus sucessivos cada acto é "Causa" de efeitos pendentes nas esferas jurídicas dos sujeitos do processo, de expectativas logo substituídas por outros efeitos posteriores até ao resultado final. Neste sentido, veja-se Massimo Occhiena, **Situazioni Giuridiche Soggettive e Procedimento Ammistrativo**, Milão, 2003, passim, mas especialmente na pág. 19 e segs.

156 *III Congresso do Centro de Arbitragem da Câmara de Comércio e Indústria*

sobretudo do cidadão, passou a assumir. A ponderação dos vários interesses em jogo – e não apenas dos interesses prosseguidos pelas entidades públicas – deixou de ser feita somente em abstracto pela norma em principio aplicável, mas realiza-se por fases numa dinâmica de preparação da decisão em que todos participam. O procedimento constitui o método adequado para o confronto das diversas pretensões em presença e para a elaboração da escolha final, sendo ao mesmo tempo garante da legitimação da decisão que prevaleceu porque previamente discutida e garantia da optimização possível.

Dada a natureza e funções dos actos procedimentais de formação dos actos administrativos, as disposições da Parte IV, do Capitulo II, do CPA, incluindo designadamente os seus artigos 140 e 141, não possam ser aplicados sem mais àqueles.

10 – Acresce que os interesses superiores que norteiam os procedimentos pré-contratuais regulados no CCP não são os tradicionais interesses públicos secundários prosseguidos pelo Estado e pelas demais pessoas colectivas de direito público que integram a Administração.

Os procedimentos pré-contratuais do CCP são orientados pelos princípios da transparência, da igualdade e da concorrência – artigo 1.º, 4 do CCP – e devem promover a defesa do mercado e da concorrência – CCP, 5.º, 1. Poderá, assim, haver colisões entre os interesses prosseguidos pelas entidades adjudicantes e os que os procedimentos pré-contratuais visam defender.[5]

Compreende-se bem que em procedimentos pré-contratuais em que se desconsiderou a natureza público-privada das entidades adjudicantes para apenas se atender ao critério material da idêntica funcionalidade de umas e de outras face ao mercado, carece de sentido e não possa ter acolhimento uma construção que atribua relevo dogmático decisivo aos interesses públicos secundários prosseguidos pelas pessoas colectivas públicas que sejam entidades adjudicantes[6].

---

[5] Sobre as limitações do Direito dos contratos públicos e em especial das limitações do princípio concorrencial para as Administrações Nacionais vejam-se as considerações de Jost Pietzcken, Grenzen des Vergaberechts in "Der Staat als Nachfrager", editado por U. Blaurock, Tübinga, 2008, pág. 15 e segs.

[6] É preciso reconhecer, como o faz A. Romano Tassone, num interessante resumo sobre a diversidade dos conceitos traduzidos pela expressão interesse público, que no

11 – A este primeiro argumento contra a restrição às questões de mérito da competência dos Tribunais Arbitrais para apreciar os actos procedimentais pré-contratuais, junta-se um outro derivado do que estatui o artigo 283.º do CCP a propósito da invalidade consequente de actos procedimentais inválidos.[7]

Dispõe com efeito o artigo 283, 1, do CCP que *"Os contratos são nulos se a nulidade do acto procedimental em que tenha assentado a sua celebração tenha sido judicialmente declarada ou possa ainda sê-lo."* O n.º 2 estatui que *" Os contratos são anuláveis se tiverem sido anulados ou se forem anuláveis os actos procedimentais em que tenha assentado a sua celebração."* Dispõe, por último, o n.º 4 do mesmo artigo que *"O efeito anulatório previsto no número 2 pode ser afastado por decisão judicial ou arbitral, quando, ponderados os interesses públicos e provados em presença e a gravidade da ofensa geradora do vício do acto procedimental em causa, a anulação do contrato se revele desproporcionada ou contrária à boa-fé ou quando se demonstre inequivocamente que o vício não implicaria uma modificação subjectiva no contrato celebrado"*

Direito Administrativo é possível entender por este três realidades bem distintas: o interesse geral da colectividade à observância da legalidade; o interesse especifico a cargo de determinada entidade administrativa, que no texto designámos por interesse secundário; e o interesse geral da colectividade à correcta definição do conjunto de interesses, subjectivamente públicos e privados que a decisão a tomar pondera, envolve e sintetiza – "Risarcibilita del Damno e Tutela Cautelar", in Diritto Ammistrativo, 2001, 28. Os interesses da defesa da concorrência e do concreto funcionamento das leis do mercado correspondem ao terceiro sentido indicado.

[7] A Directiva 2007/66/CE, do Parlamento e do Conselho, de 11 de Dezembro de 2007, ao vir reforçar a defesa da legalidade no chamado contencioso pré-contratual, designadamente introduzindo um prazo mínimo durante o qual a celebração do contrato fica suspensa, e ainda ao criar uma sanção efectiva nova, a privação de efeitos se o contrato tiver sido celebrado na sequência de adjudicação ilegal por ajuste directo, sublinhou mais ainda a importância de poder haver um processo arbitral que incida directamente sobre os procedimentos pré-contratuais.

Também o artigo 7.º, 2, do Regime da Responsabilidade Civil Extracontratual do Estado e Demais Entidades Públicas, aprovado pela Lei n.º 67/2007, de 31 de Dezembro, com o aditamento introduzido pela Lei 31/2008, de 17 de Julho, que remete a definição da responsabilidade civil extracontratual dos contratos referidos no art.º 100 do CPTA para o direito comunitário, e a possibilidade prevista no art.º 102, 5, do CPTA, de definir no mesmo processo de impugnação, no caso de impossibilidade absoluta de satisfação dos interesses do Autor, o montante da indemnização a que este tem direito, militam no sentido de ser possível submeter à arbitragem os litígios emergentes de actos inseridos nos procedimentos regulados pelo CCP.

158 *III Congresso do Centro de Arbitragem da Câmara de Comércio e Indústria*

Importa, por um lado notar que, nem o n.º 2, nem o n.º 4 do artigo 283, indicam que a apreciação da invalidade consequente dos actos procedimentais inválidos só possa ser feita nos tribunais arbitrais, a título incidental, quando se julga a validade a título principal dos próprios contratos. Por outro lado, os interesses em jogo e a urgência na resolução das questões aconselham que a ponderação dos interesses públicos e privados em causa possa ser feita através de um juízo de prognose anterior à celebração do contrato. Evitar-se-á deste modo a assinatura de um contrato que já de antemão se sabe que a sua validade carece e está dependente de uma ponderação cuidada do relevo dos vícios ocorridos na sua formação que possa até legitimar a desconsideração dos efeitos dos mesmos, ou também ponderar o tipo de sanções mais adequadas à situação concerta, designadamente se há lugar à privação dos efeitos do contrato, nos termos da nova Directiva / Recursos de 2007.

A menção expressa à decisão arbitral feita no citado n.º 4 do artigo 283 do CCP, permite afirmar que esse juízo de prognose sobre a irrelevância do vício procedimental e sobre a validade do contrato futuro e agora também a ponderação e decisão sobre a possibilidade deste não produzir efeitos, possam também ser realizados no processo arbitral que tenha por objecto, a título principal, questões suscitadas pelos actos procedimentais pré-contratuais.

12 – O mesmo n.º 4 do artigo 283 do CCP autoriza também a fazer prevalecer o carácter procedimental da adjudicação sobre a natureza, que também possui, de acto final constitutivo de direitos, quando se pretenda submeter a tribunal arbitral, a título principal um procedimento pré-contratual que já inclui a adjudicação. Permanece igualmente sempre aberta a possibilidade de conhecer incidentalmente o acto de adjudicação no processo arbitral que tenha por objecto a interpretação ou a validade do contrato posteriormente celebrado, nos termos do artigo 15.º do CPTA e 97.º do CPC.

13 – O tribunal arbitral, ao julgar uma questão sobre a interpretação e validade de um contrato público, administrativo ou de direito comum, ou ainda a validade de um acto administrativo emergente de uma relação de direito público, se se deparar com uma questão pré-judicial, pode, em alternativa, sobrestar à decisão com devolução das partes para a jurisdição competente ou conhecer da questão pré-judicial. É o chamado prin-

cípio da devolução facultativa. Quando o tribunal arbitral conhecer da questão pré-judicial, aprecia, obviamente, se for caso disso, a legalidade dos actos procedimentais pré-contratuais.

14 – Há que referir, quanto à legitimidade de propor uma acção arbitral relativa à legalidade ou ao mérito de actos de procedimento pré--contratual, que esta resultará da subscrição da convenção de arbitragem ou do compromisso arbitral. São partes legítimas para subscrever estes quem participe ou tenha participado no procedimento pré-contratual que ocasiona o litígio. Estes não coincidem necessariamente com os constantes do artigo 40 do CPTA sobre a legitimidade em acções administrativas relativas a contratos. Incluem porem necessariamente quem tenha impugnado um acto administrativo relativo à formação de um contrato, CPTA, artigo 1, d), quem seja parte do procedimento pré-contratual, CPTA, artigo 1, e), e o Ministério Público e as demais entidades mencionadas no artigo 9, n.º 2 do CPTA, quando possam invocar a defesa de valores e bens constitucionalmente protegidos.

De acordo com o prescrito no artigo 180, n.º 2, do CPTA, a não participação de alguns dos interessados, os quais assumirão no processo a condição de contra-interessados, conduzirá à impossibilidade de dar execução à convenção ou compromisso arbitral.

15 – Resulta do acima exposto que se deparam ainda muitas dificuldades ao desenvolvimento da arbitragem tendo por objecto os procedimentos pré-contratuais públicos regulados no CCP. Tal facto contrasta com o arrojo com que o legislador português seguindo as pisadas do seu homólogo germânico, avançou com a possibilidade de substituição dos actos administrativos finais – os tradicionais actos administrativos executórios – pelos contratos administrativos, primeiro permitindo-a no artigo 179, do CPA, e depois no artigo 278, do CCP. O CCP vai mesmo mais longe, pois, para além da grande fungibilidade entre o acto administrativo e o contrato, permite também a substituição do contrato pelo acto administrativo – CCP, artigo 1, n.º 3. Concedida grande liberdade em matéria de utilização dos contratos para concretizar o exercício de poderes públicos e admitida também a arbitrabilidade destes, compreendem--se mal as restrições, que consideramos excessivas, à submissão dos actos procedimentais a julgamento arbitral a título principal. O contencioso de plena jurisdição pode e deve cada vez mais consumir o contencioso de

anulação, como forma mais completa de executar a garantia da tutela jurisdicional efectiva, e a arbitragem voluntária constitui um meio não despiciendo da agilização da justiça.

Admitimos que seja útil e até necessário para incrementar o uso da arbitragem no domínio dos procedimentos administrativos, introduzir algumas regras que a facilitem e dêem maiores garantias às partes, mas afigura-se-nos inconveniente manter restrições que dificultam e de que não se descortinam fundamentos razoáveis.

FLEXIBILIZAÇÃO DO PROCEDIMENTO ARBITRAL

CARLOS ALBERTO CARMONA[*]

1. Flexibilizar, ensinam os dicionaristas, significa tornar suave, dócil, fácil de manejar, ou seja, tornar complacente, acomodatício, permeável a variações.[1] Um procedimento flexível, portanto, deverá ser dotado de mecanismos que permitam seu fácil manejo, com adaptações necessárias ao seu adequado funcionamento. Que variações seriam essas? Quais os limites de complacência toleráveis?

2. Estas perguntas têm sido respondidas com dose maior ou menor de rigor pelos processualistas. Há quem veja no procedimento pré-determinado pelas leis do processo uma garantia pétrea do devido processo legal, não admitindo qualquer interferência do magistrado no manejo do encadeamento traçado pela lei e na forma predisposta pelo regramento, sob pena dos mais diversos níveis de nulidade (*lato sensu*). Naturalmente, esta visão – medievalista – não encontra guarida nos ordenamentos evoluídos, que trabalham, quase todos, com a idéia de que não pode haver nulidade sem prejuízo (*pas de nullité sans grief*), guindando o princípio

---

[*] Professor Doutor do Departamento de Direito Processual da
Faculdade de Direito da Universidade de São Paulo
Advogado em São Paulo

[1] O Dicionário Contemporâneo da Língua Portuguesa Caldas Aulete (Ed. Delta, Rio de Janeiro, 1974, vol. 2, p. 1616) avisa que flexibilizar significa *"tornar flexível"*. Para o adjetivo *"flexível"* o mesmo Dicionário aponta os seguintes sentidos: *"fácil de dobrar ou curvar sem quebrar"*; *"suave, ágil, fácil de manejar, que se presta a variar de tom, de modo, de jeito, de feição"*; figurativamente, afirma que o adjetivo significa *"complacente, condescendente, acomodatício, dócil"*.

162 *III Congresso do Centro de Arbitragem da Câmara de Comércio e Indústria*

da instrumentalidade a verdadeira pedra de toque de todo o arcabouço processual[2].

3. Deixando de lado o radicalismo fetichista, cumpre reconhecer, porém, que ainda há exagerado apego aos ritos processuais, o que exige do juiz grande esforço para adequar a realidade e a necessidade do processo às formas previstas na lei, que normalmente não acompanham a rápida transformação da realidade social. Dito de outro modo, os meios e métodos para a outorga da tutela jurisdicional são incrementados, seja por conta de avanços tecnológicos (que hoje são rápidos) seja por conta da experiência de outros países e de outros sistemas jurídicos (igualmente divulgados com extrema velocidade). Basta pensar no que ocorreu na última década no que toca os meios de prova (que hoje encontram tais e tamanhas variações que código algum conseguiria descrevê-los com precisão), as tutelas emergenciais (que cada dia exigem mais pressa e mais eficácia), os meios de comunicação às partes dos atos processuais (exigindo velocidade e segurança nas citações e intimações), ou ainda os métodos integrados de apresentação de petições (cada vez mais eficazes, com o concurso de vias eletrônicas, evitando a necessidade do comparecimento de partes e advogados nos tribunais), para estabelecer uma pálida idéia da rapidez com que envelhecem as normas do processo.

4. Por conta da facilidade de divulgação de informações e dado o irreversível movimento de globalização a que estamos todos submetidos, a interferência dos ordenamentos jurídicos passou a ser lugar comum. O acesso a informações sobre a tramitação de um processo judicial novaiorquino por um colombiano é feito em tempo real e um português pode saber exatamente o que está acontecendo hoje num determinado processo em curso em qualquer dos tribunais brasileiros, bastando para tanto uma simples consulta por meio da rede mundial de computadores. Os códigos de processo estão todos à disposição dos interessados em meio eletrônico e os textos são atualizados tão logo os parlamentos implantam modificações. Todos podem saber tudo com relativa facilidade,

---

[2] O princípio da instrumentalidade das formas, em linhas simples, determina que não sejam anulados os atos imperfeitos se o objetivo tiver sido atingido. Aos brasileiros, tal princípio é muito caro, e vem positivado, por exemplo, nos artigos 244 e 249, parágr. 1º, do Código de Processo Civil.

Flexibilização do Procedimento Arbitral 163

o que significa que o conhecimento e a divulgação das mais variadas técnicas processuais é rápida, muito rápida.

5. O preço desta pletora de informações, entretanto, faz-se sentir pesadamente: os países desenvolvidos, que têm sempre maior expressão midiática, econômica, social e política, acabam apregoando com eficiência muitos de seus mecanismos processuais. O domínio econômico espraia--se no campo científico, e métodos pouco conhecidos em países menos desenvolvidos são paulatinamente incorporados ao seu acervo intelectual e científico (mas não necessariamente legal). Países em desenvolvimento (vou usar este simpático eufemismo para designar países subdesenvolvidos) em toda a América Latina, por exemplo, conhecem hoje com alguma proficiência métodos de descoberta da verdade (mecanismos de prova do processo) como o *discovery*, o *cross questioning*, o interrogatório de especialistas (*expert witnesses*) e os depoimentos escritos (*written statements*), embora tais métodos não estejam integrados em seus respectivos ordenamentos jurídicos.

6. O exemplo do Brasil é sintomático: embora tenha legislação processual bem estruturada e relativamente moderna, o país mantém-se afastado dos mecanismos típicos dos países de *Common Law* (como estes que citei acima), embora o advogado médio seja capaz de entender (ainda que de modo aproximativo) o funcionamento deles. Assim, juízes mais dogmáticos apegam-se à letra do Código de Processo Civil, como se não tivessem a menor possibilidade de adaptar o fluxo de atos processuais (o *rito*, para usar nomenclatura antiga) para melhor servir aos interesses das partes (que querem o meio mais eficaz de resolver-lhes um conflito) e do Estado (que quer o meio mais rápido, seguro e econômico de entregar a prestação jurisdicional)[3].

---

[3] Faço eco à advertência de José Roberto dos Santos Bedaque (Efetividade do Processo e Técnica Processual, Ed. Malheiros, São Paulo, 2007, p. 43): "*A má compreensão da técnica processual e da exata função da forma dos atos processuais tem impedido que o processo alcance seu objetivo maior. Estabeleceu-se verdadeiro paradoxo, pois aquilo que deveria representar garantia para o desenvolvimento adequado do instrumento acabou por transformar-se em óbice a que ele atinja seus escopos de atuação da lei e pacificação social*".

164 *III Congresso do Centro de Arbitragem da Câmara de Comércio e Indústria*

7. O juiz – diz o art. 125 do Código de Processo Civil brasileiro – deve dirigir o processo "conforme as disposições deste Código", o que pode gerar a impressão (errônea) de engessamento do magistrado. Entretanto, por vezes tem o operador a impressão de que o juiz procura seguir à risca o direito posto, para evitar concorrer para a instabilidade das relações jurídicas entre as partes. Este proceder – titubeante, tímido, hesitante – não pode ser incentivado quando se busca um processo de resultados. A interpretação gramatical (e aplicação automática) de normas de procedimento, cujo envelhecimento é sempre galopante em qualquer ordenamento jurídico, é um equívoco imperdoável e o juiz que age de modo tão conservador erra por medo de errar. As normas processuais, portanto, exigem arejamento diário. É certo, porém, que os juízes estatais não são estimulados a mitigar as regras do processo: para alguns, adaptar os dispositivos do Código de Processo pode soar como arbítrio, tornando o juiz um verdadeiro legislador (*judge made law*) [4]. Em última análise, pode-se constatar que o sistema processual estatal não acompanhou as necessidades sociais, deixando de preparar-se para a solução rápida, simplificada e eficaz das novas situações jurídicas, que exigem prestação jurisdicional mais qualificada.[5]

8. O Código de Processo Civil português, desde 1996, contempla norma que parece incentivar o juiz a adaptar o procedimento ao caso concreto, na linha do princípio da instrumentalidade tão cara aos brasileiros: com efeito, o art. 265-A daquele Código dispõe que "quando a

---

[4] Cândido R. Dinamarco (Nova Era do Processo Civil, Ed. Malheiros, São Paulo, 2009, p. 24-26) lembra, em página inspirada, que estamos vivendo uma era de renúncia aos dogmas do processo, o que tende a mitigar o rigor dos princípios (em certos casos) *"para harmonizá-los com os objetivos superiores a realizar (acesso à justiça)"*. É verdade. Mas tal mitigação vem sendo levada a efeito de modo muito lerdo no ambiente judiciário, de forma a causar frustração nos operadores, que esperam sempre arejamento rápido das formas do processo, de acordo com a necessidade dos tempos modernos. Em minha percepção, o Poder Judiciário é excessivamente lento em dar respostas eficientes às necessidades dos tempos que correm.

[5] Paula Costa e Silva (A Nova Face da Justiça, Coimbra Ed., Lisboa, 2009, p. 19), aponta, com razão, uma inversão dos paradigmas na justiça, afirmando que *"o direito de acesso ao Direito, pilar fundamental do Estado de Direito, vem sofrendo profundas transformações"*. E conclui: *"Deixou de seu um direito de acesso ao Direito através do direito de acesso aos tribunais para passar a ser um direito de acesso ao direito, de preferência sem contacto ou sem passagem pelos tribunais"*.

tramitação processual prevista na lei não se adequar às especificidades da causa, deve o juiz oficiosamente, ouvidas as partes, determinar a prática de actos que melhor se ajustem ao fim do processo, bem como as necessárias adaptações". Prestigiou o legislador português o princípio da **adequação formal** e, apesar das discussões que se travaram em torno da redação do dispositivo (que parece condicionar eventual flexibilização ao consentimento das partes) nota-se o evidente avanço legislativo, que reconhece e estimula a possibilidade de o juiz apartar-se do rígido regime de legalidade das formas processuais que pode embaraçar os magistrados. A exposição de motivos da lei que modificou o Código de Processo Civil português para encartar o princípio da adequação formal (art. 265-A) declara enfaticamente a necessidade de instituir um modelo de concisão e simplicidade, apto a funcionar "como meio de ser alcançada a verdade material pela aplicação do direito substantivo, e não como estereótipo autista que a si próprio se contempla e impede que seja perseguida a justiça". Resta saber, é claro, que utilização deram (e darão) os juízes portugueses a tão potente fator de instrumentalização das formas e do processo.

9. Como se vê, no âmbito judiciário as amarras do procedimento legal podem ser afrouxadas, com um pouco de boa-vontade, criatividade e bom senso. Tudo, porém, girará em torno da maior ou menor capacidade do magistrado de entender os escopos do processo e de sua maior ou menor capacidade de instrumentalizar as formas. É certo, porém, que o processo, diante do interesse do Estado na solução das controvérsias, não deixará ao alvedrio das partes ou do juiz a construção do itinerário processual do caso concreto. Em outros termos, a adaptação e acomodação que se pode permitir ao juiz é sempre mitigada, estando o magistrado autorizado a moldar as regras procedimentais quando perceber que o *iter* legal será inócuo ou inadequado aos fins do próprio processo.[6]

10. Se no processo estatal a flexibilização do procedimento é conseguida a duras penas, creio que em sede de arbitragem o tema possa – e deva – ter tratamento bem mais ventilado.

---

[6] Vide, sobre o tema da flexibilidade do procedimento, especialmente no âmbito do processo estatal, a bem elaborada tese de doutoramento de Fernando da Fonseca Gajardoni, publicada sob o título Flexibilização Procedimental (Ed. Atlas, São Paulo, 2008).

166 *III Congresso do Centro de Arbitragem da Câmara de Comércio e Indústria*

11. Aqueles que pretendem utilizar a arbitragem como mecanismo de solução de litígios querem, antes de mais nada, livrar-se do peso da máquina estatal. Já disse Bruno Oppetit[7] que entre a justiça arbitral e a estatal haveria **diversidade** de vias e meios, mas **unidade** funcional. De fato, o notável professor de Paris, em síntese feliz, apontou diferenças específicas entre a arbitragem e a justiça estatal, que convém sempre ter em mente. Pinço algumas delas para melhor expor meu ponto de vista: a) enquanto a arbitragem é voluntária, decorrendo da autonomia da vontade dos litigantes, a justiça estatal submete a todos; b) os terceiros, não signatários do acordo de arbitragem, não podem ser obrigados a submeter-se ao tribunal arbitral; c) o árbitro possui a *jurisdictio*, mas não o *imperium*, de modo que não pode executar suas próprias decisões; d) o processo arbitral não é público; e) a arbitragem não é gratuita, não atuando ali os serviços estatais de defensoria; f) a jurisprudência arbitral não tem efeito vinculante para os árbitros; g) a decisão arbitral é, via de regra, irrecorrível.

12. As diferenças entre os dois métodos de solução de litígios – o processo estatal e o processo arbitral – não podem, porém, criar expectativas exageradas a favor do segundo em detrimento do primeiro. Explico: quando as partes resolvem libertar-se das peias do processo estatal e optam pela arbitragem não estão criando um método livre de solução de disputas, que tenha diferença ontológica em relação àquele oferecido pelo Estado. Querem as partes, sim, um mecanismos mais flexível de solução de controvérsias, mas isso não significa que os árbitros devam transformar-se em verdadeiros profetas à procura do justo, do bom e do équo, afastando-se dos sistemas legislativos. Se as partes não derem aos árbitros o poder de julgar por **equidade**, esperam os contendes que os julgadores profiram uma solução que aplique a norma jurídica que deveria ter regulado fisiologicamente a espécie. É preciso tomar um certo cuidado com visões românticas, que imaginam que o árbitro tenha a função primordial de harmonizar as partes, organizar suas relações futuras, encontrar pontos de convergência ou conduzir os litigantes a um acordo. Não é isso o que se espera da arbitragem. Não é essa a função

---

[7] Teoría del Arbitrage, tradução de Eduardo Silva Romero, Fabricio Mantilla Espinoza e José Joaquin Caicedo Demoulin, Legis Ed., Bogotá, 2006, p. 63-67.

do árbitro. O árbitro é um **julgador**, não um conciliador. Assim, perdem-se em conjecturas aqueles que supõem que os árbitros devam aplicar a lei de forma diferente em relação ao que fariam os juízes estatais. Os árbitros, por serem **juízes qualificados**, terão oportunidade de estudar melhor o caso, avaliar melhor as provas, perquirir melhor as normas jurídicas que regem a espécie e terão oportunidade de fazer um bom julgamento. Um bom juiz – se fosse especializado e se pudesse dedicar-se de corpo e alma a uma causa específica ao invés de decidir centenas delas – provavelmente faria o mesmo. Os **métodos**, como se vê, podem ser diferentes – e realmente são! – mas a **função** de árbitros e juízes é substancialmente a mesma.

13. Diferentemente do que ocorre no processo estatal, em sede arbitral deve existir **consenso**: independentemente da natureza que se queira atribuir a tal meio de solução de litígios,[8] não se pode negar que é o consenso das partes, manifestado em um negócio jurídico processual (a convenção de arbitragem) que retira a competência do juiz natural, estatal (no Brasil, vale lembrar, não existe arbitragem obrigatória). Assim, quando as partes decidem que não querem ver resolvida controvérsia presente (compromisso arbitral) ou futura (cláusula compromissória) pelo juiz estatal, podem desde logo estabelecer o procedimento que os árbitros empregarão para a tutela jurisdicional. Podem, portanto, criar um procedimento, reportar-se a um procedimento de órgão arbitral institucional, adotar um procedimento legal estrangeiro ou até mesmo deixar ao alvedrio do árbitro regular o procedimento mais adequado ao caso em espécie. Tudo orbita, portanto, ao redor da autonomia da vontade dos litigantes. E é justamente a respeito de um dos aspectos desta autonomia da vontade – a escolha do procedimento para a solução da controvérsia – que quero tecer minhas considerações.

14. É relativamente raro que as partes, na convenção de arbitragem, **criem** um procedimento. Na cláusula compromissória, efetivamente, a criação de um procedimento *ad hoc* seria pouco prática, já que as partes não sabem qual poderá ser o futuro e eventual conflito em que se envol-

---

[8] A doutrina ainda continua a debater sobre a natureza jurisdicional ou contratual da arbitragem. Minha visão, como fica claro neste ensaio, é nitidamente jurisdicionalista.

168 *III Congresso do Centro de Arbitragem da Câmara de Comércio e Indústria*

verão, de modo que imaginar um procedimento flutuante não parece uma boa idéia; no compromisso, provavelmente as partes já estarão de tal modo indispostas que dificilmente haverá clima propício para criar regras que possam satisfazer plenamente ambos os contendentes. Reportar-se a uma lei estrangeira também não é uma prática comum (eu mesmo nunca vi ou ouvi relato de que alguém tenha feito tal escolha), embora – como disse – a autonomia das partes permita até mesmo a escolha de um procedimento regulado por lei estrangeira para reger uma arbitragem.

15. Restam, pois, as alternativas mais freqüentes: a primeira é a permissão para que o árbitro adote o procedimento que lhe parecer mais adequado para o caso concreto; a segunda é a escolha de procedimento constante do regulamento de algum órgão arbitral institucional.

16. A outorga ao árbitro de amplos poderes para gerenciar o procedimento adequado ao caso concreto deixa as partes em situação deveras insegura: não terão parâmetro algum, antes do início do procedimento arbitral, para eventualmente estudar as táticas que adotarão durante a refrega. O árbitro, portanto, poderá escolher procedimento inesperado e surpreendente para ambas as partes, deixando-as igualmente insatisfeitas. Imagine-se que as partes tenham como provável que o árbitro edite uma fórmula conhecida de organização de atos processuais com a divisão bem demarcada do procedimento (petição inicial, contestação, réplica, tréplica, saneamento, instrução e decisão): nada o impedirá – se as partes de antemão lhe outorgarem o poder criativo – de optar por solução diferente (algo como alegações iniciais simultâneas, respostas simultâneas, audiência de discussão das provas a serem produzidas, instrução, audiência de sustentação oral de razões finais e decisão). A outorga ao árbitro de poderes para decidir sobre o procedimento a ser adotado, como se vê, é escolha arriscada, que pode chamuscar os litigantes.

17. A fórmula mais usada no que toca a escolha do procedimento arbitral é a adoção das regras de um órgão arbitral institucional.

18. Evidentemente a escolha não está isenta de acidentes. Não é incomum que as partes decidam aplicar as regras de um órgão arbitral a uma arbitragem *ad hoc* ou então decidam utilizar as regras criadas por uma entidade para processar uma arbitragem em outro centro arbitral.

Os problemas decorrentes de tal escolha são intuitivos: quantas vezes já não se viu a escolha das regras da Câmara de Comércio Internacional (CCI) para aplicação em outro órgão institucional cuja estrutura administrativa não pode (ou não está preparada para) exercer as funções previstas para a Corte ou para o Secretário Geral; quantas vezes já não se viu a perplexidade das partes no momento de submeter o laudo arbitral a exame prévio (escrutínio, nos termos do Regulamento da CCI), atividade que a maior parte das câmaras ou centro de arbitragem não exerce (ou não está preparada para exercer); quantas vezes já não se viu impasse para identificar quem deve decidir sobre impugnação de algum árbitro, quando o órgão arbitral escolhido não tenha algo parecido com a "Corte" da CCI, que detém tal função. É fácil perceber, portanto, que a escolha de um regulamento para aplicação fora da entidade que o criou pode trazer estorvos para o andamento normal do processo arbitral, obrigando os árbitros a adequar, alterar ou até mesmo desconsiderar parcialmente procedimento regulamentar escolhido.

19. Resta analisar a última hipótese, que pode ser dita **fisiológica**, de escolha pelas partes do procedimento criado pelo próprio órgão encarregado de administrar a arbitragem. Ainda assim, ninguém imaginará que os regulamentos arbitrais, mesmo das entidades mais tradicionais e melhor estruturadas, possam ser completos. Bem pelo contrário: se a entidade for voltada à arbitragem comercial internacional, certamente o regulamento será muito aberto e vago a respeito do procedimento, de molde a atrair litigantes de várias origens e afeitos a sistemas jurídicos diferentes. Não se espera, portanto, que os regulamentos tratem minuciosamente de atos do processo arbitral, prazos, preclusões, impugnações, exceções e de toda a parafernália que cerca os códigos de processo, criados para utilização genérica perante juízes não escolhidos pelos litigantes.

20. Quando o árbitro estiver autorizado pelas partes a idealizar o procedimento adequado para o caso concreto, sua liberdade criativa será naturalmente muito larga. Quer isso dizer que, respeitados os cânones do devido processo legal (imparcialidade, contraditório, igualdade das partes) poderá o julgador estabelecer as balizas do procedimento. Não se exige que o árbitro, tendo a liberdade de criar o procedimento, ancore suas escolhas nesta ou naquela lei processual. É um equívoco imaginar que a única fórmula "garantística" do processo seja aquela conhecida em

170 III Congresso do Centro de Arbitragem da Câmara de Comércio e Indústria

determinada coletividade e espelhada – pelo menos nos sistemas de *Civil Law* – num código ou lei de processo. É evidente que há uma razoável quantidade de métodos e técnicas úteis para a realização dos escopos do processo (escopo jurídico, social, político) e que não são incorporadas por esta ou por aquela lei nacional. Na arbitragem os mesmos escopos do processo estatal são visíveis e alcançáveis com fórmulas muitas vezes bem mais ágeis (e diferentes) do que aquelas escolhidas por um determinado Estado.

21. Nada impediria um árbitro, que tenha recebido das partes o poder de estabelecer o procedimento a ser adotado na solução da controvérsia, de valer-se amplamente de técnicas que a lei local (a *lex fori,* ou seja, a lei do lugar em que a arbitragem estiver sendo processada) não contemple, técnicas essas de que as partes eventualmente (provavelmente, diria eu) não cogitaram.

22. Tendo porém as partes escolhido expressamente o procedimento a ser empregado, podem os árbitros flexibilizá-lo? A resposta tem que ser afirmativa.

23. Preliminarmente, como já anotei, pode acontecer que o procedimento escolhido apresente algumas incompatibilidades com o órgão arbitral que administre a arbitragem (ou com a falta de estrutura de uma arbitragem *ad hoc*). É razoável (*rectius*, necessário) que as regras incompatíveis sejam afastadas ou adaptadas às possibilidades da entidade que organiza a arbitragem ou às possibilidades dos árbitros quando não houver entidade responsável pela administração do procedimento. Isto ocorrerá sempre que o regulamento escolhido determinar alguma função para conselhos, secretarias ou para a presidência do órgão administrador da arbitragem. O regulamento do Centro de Arbitragem da Câmara de Comércio Brasil-Canadá, por exemplo, prevê (art. 6.4) que o incidente de remoção de árbitro suscitado pela parte que entenda ser algum dos julgadores impedido ou suspeito, seja julgado por um comitê designado pelo presidente do Centro e formado por três membros do corpo de árbitros da entidade: se a arbitragem for *ad hoc* e houver previsão para a aplicação de tal regulamento, a regra deverá ser ignorada, pois não poderá ser implementada. O mesmo pode-se dizer se a regra procedimental escolhida for o Regulamento do Centro de Arbitragem da Câmara de Comércio e

Flexibilização do Procedimento Arbitral 171

Indústria Portuguesa (Centro de Arbitragem Comercial), cujo art. 11°, parágr. 3°, atribui ao presidente do Centro a competência para apreciar o incidente de recusa de árbitro por conta de dúvida quanto à sua independência ou imparcialidade.

24. Mas mesmo quando a arbitragem for institucional e estiverem os árbitros aplicando o regulamento da entidade, haverá necessidade de amoldar o procedimento, não podendo os árbitros padecer de verdadeira artrose processual.

25. Nenhum órgão arbitral atreveu-se a criar um procedimento nos moldes de um código de processo. Certamente, se algum viesse a fazê--lo, desapareceria rapidamente por falta de causas, pois o que as partes querem quando escolhem a arbitragem como via de solução de conflitos é evitar o complexo mecanismo estatal e suas superestruturas burocráticas. A consequência inevitável da simplificação é a ausência de solução para muitos dos problemas surgidos durante o procedimento da arbitragem, obrigando o árbitro a encontrar paradigmas para resolvê-los.

26. Há quem sustente que a fonte natural para a integração das regras lacunosas será a lei processual.[9] Não creio nisto. Deve o árbitro orientar-se pelos **princípios** do direito processual, não por qualquer **lei** processual. Se isto vale para a arbitragem doméstica, com maior razão serve para a arbitragem internacional, onde muitas vezes não há lei processual alguma a consultar, já que a "sede" da arbitragem por vezes não tem qualquer elemento de conexão com as partes ou com a questão em disputa ("sede" neutra).

27. A flexibilização do procedimento arbitral é ferramenta poderosa para instrumentalizar até mesmo procedimentos razoavelmente completos. Quero com isso dizer que, independentemente de autorização das partes, não há nada que impeça os árbitros de alterar o modelo legal conhecido pelos contendentes (ou contemplado nas regras institucionais adotadas) substituindo-o por regras mais elásticas a adequadas ao caso concreto, aptas a auxiliar os julgadores a melhor decidir (princípio da

---

[9] Vide, neste sentido, Elio Fazzalari, L'Arbitrato, UTET, Torino, 1997, p. 56.

adequação das formas). Dito de outro modo, o árbitro deverá (por conta de seu dever de diligência) remover e superar obstáculos processuais que entravem a tramitação do processo arbitral, adaptando a sequência de atos às necessidades da causa, determinando a prática de ato não previsto (ou dispensando a prática de ato inútil), reordenando, se necessário, o procedimento.

28. São múltiplos os exemplos da tarefa ingente do árbitro no que se refere à procura do melhor rendimento do procedimento que as partes escolheram. Nesta linha, vejo **duas vertentes** importantes para a exploração do tema: a primeira trata da inserção de atos não previstos no procedimento adotado (ou modificação da ordem em que devem ser praticados) e que podem provocar o melhor desenvolvimento do contraditório; a segunda diz respeito à utilização de técnicas não contempladas no procedimento adotado (e que podem até mesmo ser estranhas ao direito escolhido para reger a arbitragem).

29. Pensando na **primeira vertente**, sustento, por exemplo, que nada impediria o tribunal arbitral de determinar uma nova rodada de manifestações das partes se os julgadores considerarem que os argumentos não estão bem alinhavados, embora tal possibilidade não esteja contemplada no procedimento escolhido. Da mesma forma, não vejo qualquer dificuldade em determinarem os árbitros que as partes respondam perguntas formuladas pelos julgadores que tendam a elucidar a matéria controvertida. Também não antevejo qualquer impedimento na designação, pelos árbitros, de uma reunião prévia com os advogados dos litigantes para preparação da audiência de produção de provas.

30. A determinação pelos árbitros da prática de atos não previstos no procedimento adotado pelas partes tem se revelado muito produtiva. A designação de audiências para discussão de temas previamente apontados pelos árbitros como cruciais para a solução do litígio ou a formulação de perguntas servem de orientação precisa para os advogados no sentido de que devem concentrar sua atividade nos pontos assinalados, tudo a evitar a dispersão da prova. Da mesma forma, a determinação pelos árbitros de apresentação de memoriais focados em determinadas matérias de fato ou de direito é prática salutar, pois mostra desde logo aos contendentes onde está localizado o nó górdio do litígio, tornando os arrazoados mais úteis para a prolação de decisão gabaritada.

Flexibilização do Procedimento Arbitral 173

31. Alguns regulamentos estipulam de modo mais ou menos rigoroso os "momentos da prova" e a ordem em que devem ser produzidas (aqueles que o fazem costumam seguir a ordem prevista nos códigos de processo civil locais). De modo geral (e usando como parâmetro o modelo brasileiro), haverá um instante preciso em que os contendentes requererão as provas que pretendem produzir; em seguida, os julgadores deverão avaliar a necessidade, oportunidade e conveniência das provas requeridas, deferindo-as ou não; ato contínuo, as provas deferidas serão produzidas, na forma e na ordem preconizada no regulamento (algumas fora da audiência, como as provas periciais e as inspeções, outras durante a audiência, como as provas orais); por fim, as provas serão avaliadas pelos julgadores, na decisão que proferirão.

32. Não creio que os árbitros estejam proibidos de alterar tanto o **momento** previsto para a decisão sobre as provas a serem produzidas como a **ordem** em que as provas deverão ser produzidas, tudo a bem do resultado da experiência probatória.

33. Volto-me à experiência brasileira para exemplificar o que digo: tornou-se bastante comum por aqui, em certos órgãos arbitrais institucionais, o deferimento e produção da prova oral, deixando para momento posterior a análise da pertinência, necessidade e utilidade da prova pericial. Em outros termos: os árbitros, abandonando a técnica usual do processo estatal, cindem os momentos da prova, o que revela uma **dupla superação**, tanto da técnica do Código de Processo Civil quanto das disposições procedimentais do regulamento escolhido pelas partes.

34. A inversão de previsões regulamentares (modificação da ordem em que os atos processuais devem ser praticados) é muitas vezes útil (e, eventualmente, até mesmo necessária), quando os árbitros vislumbram, por exemplo, que a oitiva de testemunhas poderá trazer os elementos probatórios suficientes para a solução do litígio, tornando desnecessária a produção de prova pericial ou inspeção requerida por uma ou outra parte (quando não pelas duas!). A cisão do momento do deferimento da prova certamente contraria os cânones do processo civil brasileiro (e, provavelmente, de tantos outros ordenamentos que adotam o mesmo modelo), na medida em que nossa Lei Processual estabelece, de forma cartesiana, um momento adequado para o **deferimento** da prova e outro,

subseqüente, para a sua **produção**, em bloco; apesar disto, não encontro nenhuma dificuldade em justificar a alteração da regra (legal ou regulamentar), sob a ótica do adequado funcionamento do processo arbitral, já que os critérios de excelência, eficácia e funcionalidade – sempre muito valorizados em sede de arbitragem – ficam prestigiados com a saudável inversão (ou subversão, para os mais dogmáticos) apontada, tudo com eventual economia para as partes (outro valor estimulado no processo arbitral).

35. Tudo o que já disse conduz, penso, à clara impressão de que o árbitro – tal qual o juiz togado – deve conduzir o processo arbitral, organizando os atos processuais de forma a potencializá-los, o que corresponde ao **dever de diligência** preconizado em todos os sistemas jurídicos evoluídos e positivado em muitas leis que regulam a arbitragem.[10] A falta de dispositivos específicos no regulamento escolhido (arbitragem administrada) ou no procedimento construído pelas partes não pode impedir os árbitros de permeá-lo dos atos que julguem necessários para seu adequado funcionamento, pois todo o procedimento é voltado – instrumentalmente – a servir à atividade dos julgadores de decidir o caso concreto.

36. A **segunda vertente** a que me referi diz respeito à possibilidade de utilização, pelos árbitros, de técnicas processuais que as partes não previram. Para melhor organizar este verdadeiro "vôo de pássaro" que pretendo fazer para demonstrar a extensão dos poderes do árbitro de organizar o procedimento arbitral, proponho-me a explorar a fase instrutória (e, mais especificamente, os meios de prova), pois é exatamente aqui que a utilização de mecanismos não previstos pelas partes pode servir para auxiliar os árbitros a melhor decidir a causa.

37. Começo com o **depoimento pessoal** dos litigantes: no Brasil, ainda empregam os juízes estatais o método indireto de interrogatório das partes, ou seja, os advogados dirigem as perguntas ao juiz e este, triangularizando o diálogo, formula a pergunta ao depoente, ditando a resposta ao escrevente que estiver gravando em meio físico os atos da audiência

---

[10] Vide, a título de exemplo, o art. 13, parágr. 6°, da Lei de Arbitragem brasileira.

Flexibilização do Procedimento Arbitral   175

(estenotipia, com um pouco de sorte; datilografia nas comarcas menos dotadas de meios).[11] Não parece nada exótico que o árbitro livre-se de tal modelo bolorento, determinando que as perguntas sejam dirigidas diretamente ao depoente, gravando-se desde logo a resposta, sem intermediação.

38. Vou um pouco mais além: o que impediria o árbitro de franquear a palavra ao advogado da própria parte depoente para que fizesse perguntas a seu cliente, esclarecendo pontos que possam ter ficado nebulosos durante o depoimento? Em muitos sistemas de *Civil Law* criou-se uma espécie de tabu que supõe uma simbiose entre advogado e seu representado, o que tornaria verdadeiro monólogo uma inquirição de tal jaez. A prática, porém, revela que a técnica é extremamente interessante e tende a evitar que respostas mal ajambradas ou perguntas capciosas possam levar os julgadores a erro na intelecção de fatos importantes para a causa. Em minha experiência pessoal notei que franquear a palavra ao advogado para que inquira seu cliente com o objetivo de esclarecer alguma dúvida sobre o depoimento tem produzido declarações mais consistentes e – por conseqüência – mais confiáveis para estruturar a futura decisão da causa.

39. No ordenamento processual brasileiro as **testemunhas** devem depor sobre fatos que presenciaram. Os juízes procuram aferir, portanto, se a testemunha está apta a relatar algo que viu e que possa contribuir para corroborar a narrativa de um ou outro contendente. Cerca-se o depoente, por outro lado, de uma série de restrições, tendentes a dar maior dose de verossimilhança ao que dirá em juízo: são afastados os amigos

---

[11] Tradicionalmente as testemunhas são inquiridas indiretamente no Brasil. Gabriel José Rodrigues de Rezende Filho (Curso de Direito Processual Civil, Ed. Saraiva, São Paulo, 1960, vol. II, p. 278-279), ao tratar da produção da prova testemunhal sob a égide do Código de Processo Civil anterior (1939) louvava a fórmula indireta, em que o juiz dirigia as perguntas ao depoente, podendo os advogados das partes requererem as perguntas que julgassem necessárias, a critério do juiz, cabendo a este último redigir o depoimento: *"é o melhor sistema, sem dúvida, pois o juiz, pela sua própria posição, é quem deve, naturalmente, tomar e redigir o depoimento da testemunha"*. O Código de 1973 manteve o sistema e somente no terceiro milênio é que em algumas comarcas os depoimentos passaram a ser gravados ou estenotipados, mantendo-se, porém, a tradição do "diálogo indireto".

176 III Congresso do Centro de Arbitragem da Câmara de Comércio e Indústria

e inimigos das partes, os parentes, os que têm algum interesse na causa, ou seja, criam-se impedimentos e suspeições dos mais variados matizes, ameaçando a testemunha que faltar com a verdade com amarga perseção penal. Embora as testemunhas não estejam sujeitas a juramentos (o Brasil é um país leigo, *graças a Deus*!), os depoentes são advertidos de que têm o compromisso legal de dizer a verdade, sob as penas da lei (art. 415 do Código de Processo Civil e 342 do Código Penal).

40. O Código Penal brasileiro, coerentemente com a natureza jurisdicional da arbitragem, afirma ser crime mentir para o juiz ou para o árbitro, o que leva também o árbitro a advertir a testemunha de que, se faltar com a verdade será processada. Por conta disso, os advogados, mesmo em sede arbitral, engalfinham-se em batalhas inglórias no afã de contraditar testemunhas sob a afirmação de que haveria algum impedimento ou suspeição que recomende o afastamento do depoente. No sistema do Código de Processo Civil, pode o juiz, se julgar necessário, ouvir a testemunha impedida ou suspeita, dando ao depoimento o valor que merecer em termos de convencimento.

41. Tal sistema – cultural – tem causado desgaste inútil em sede arbitral. Muitos árbitros deixam claro aos advogados, desde o início da audiência, que ouvirão todas as testemunhas arroladas, o que desestimula os longos e por vezes inúteis debates tendentes à contradita[12]. Assim, os advogados limitam-se a chamar a atenção dos árbitros acerca desta ou daquela ligação que o depoente pode ter com a parte ou do interesse que pode ter em relação à causa, de modo que se perde pouco tempo em querelas que costumam, no foro, levar as partes aos tribunais de segundo grau e às cortes superiores em Brasília para discussões pouco produtivas. Torna-se comum a oitiva – como testemunha – de representantes legais dos litigantes, de seus diretores estatutários, de parentes, de amigo de um ou outro litigante, de pessoa que tenha interesse no litígio, tudo a contrariar os cânones do art. 405 do Código de Processo Civil brasileiro. É cada vez mais raro que um árbitro descarte de antemão uma testemunha pelo

---

[12] Contradita é a denúncia dos motivos que impedem ou tornam suspeito o depoimento da testemunha. Sendo *"estritamente necessário"* (a expressão é do art. 405, parágr. 4º, do Código de Processo Civil brasileiro), porém, o depoimento poderá ser tomado, sem o compromisso de o depoente dizer a verdade.

Flexibilização do Procedimento Arbitral 177

fato de ser ela suspeita ou impedida: melhor tática será ouvir o depoimento (desde que a prova oral seja útil, necessária e pertinente), avaliando seu conteúdo e credibilidade diante do conjunto probatório.

42. A prática da arbitragem, por outro lado, revelou que ouvir testemunhas apenas sobre fatos que presenciaram é limitação injustificável. Entram em cena as **testemunhas técnicas** (*expert witnesses*), método probatório de que os juízes estatais brasileiros não se tem valido, mas que vem sendo empregado com largueza no âmbito da arbitragem.

43. O Código de Processo Civil brasileiro permite, desde 1992. (reforma introduzida pela Lei 8.455) que o juiz substitua a apresentação de laudos periciais escritos pelo depoimento de perito em audiência.[13] O critério, que homenageia o princípio da oralidade, tão combalido em nosso sistema processual, acabou caindo no vazio, já que os advogados não mostraram conforto com o método, que os obrigaria a estudar a causa com profundidade e debatê-la com seus assistentes técnicos, para que as perguntas e esclarecimentos que pudessem solicitar em audiência fossem úteis, conferindo (e eventualmente desafiando) as premissas do perito depoente; os juízes também não se encantaram com a técnica, que exigiria a designação de mais audiências, congestionando as pautas de primeira instância. Assim, esta pequena brecha que se abriu no cenário carregado de um processo estatal cada vez mais escrito acabou descartada.

44. A testemunha técnica, que tem sido utilizada na arbitragem (e que não consta do Código de Processo Civil brasileiro, como de resto não é disciplinada por grande parte dos códigos de processo de países de *Civil Law*) é admissão de depoimento de especialistas indicados pelas partes que informarão os árbitros sobre questões técnicas, não sobre fatos que tenham presenciado. Em outros termos: enquanto as testemunhas depõem sobre fatos que presenciaram e que interessam ao desenvolvimento da causa, as testemunhas técnicas fazem relato de práticas de mercado, de costumes de certa praça, de técnicas de construção, tudo para dotar os

---

[13] Diz o artigo 421, parágr. 2º: *"Quando a natureza do fato o permitir, a perícia poderá consistir apenas na inquirição pelo juiz do perito e dos assistentes, por ocasião da audiência de instrução e julgamento a respeito das coisas que houverem informalmente examinado ou avaliado"*.

julgadores do conhecimento técnico de que carecem. Não se trata, bem se vê, de uma transposição para a arbitragem do relatório oral do perito judicial, técnica fracassada indicada no parágrafo anterior, mas sim de método bem diferente, pois os depoentes (*expert witnesses*) são indicados pelas partes, não pelos julgadores, e são submetidos ao questionamento das partes e dos árbitros, tudo sem prejuízo de valerem-se (o que é muito comum) de exposição áudio-visual para melhor informar sobre os pontos técnicos relevantes.

45. Outro tabu do processo estatal que começa a ser ameaçado no sistema arbitral é o dos **depoimentos escritos** (*written statements*), que nossa legislação processual parece historicamente repudiar, pois é da tradição de nosso direito que o depoimento seja prestado oralmente.[14] É evidente que as partes podem, de antemão, estabelecer regras para a aceitação de tal meio de prova, determinando que poderão ser produzidos os depoimentos escritos a respeito de tais ou quais fatos, com ou sem possibilidade de inquirição pessoal do depoente acerca dos fatos sobre os quais escreveu, prevendo quantidade de páginas do depoimento, admitindo ou não sua apresentação em meio sonoro (gravação do depoimento). Nada proíbe, portanto, que os contendentes adotem expressamente este meio de prova, o que em nada ofenderá o devido processo legal: o fato de não haver previsão legislativa para a produção da prova, já se viu, não impede que as partes queiram utilizar o mecanismo, embora desconhecido no território onde os atos da arbitragem devam se realizar ("sede da arbitragem").

46. Alguma dificuldade poderia ser vislumbrada, porém, se as partes nada previrem sobre a possibilidade de os árbitros determinarem a produção

---

[14] João Monteiro (Curso de Processo Civil, São Paulo, Ed. Duprat & Comp., 1905, vol II, p. 251-255) explica que o comparecimento do depoente a juízo é obrigatório, de modo que declarações feitas fora de juízo não se prestariam a fazer prova judiciária: *"Desde o direito romano clássico que a testemunha devia, em regra, comparecer em juízo para prestar o seu depoimento. Diz-se em regra, não só porque também se conhecia o* testimonium per tabellas, *como porque se permitia às pessoas egrégias que depusessem no próprio domicílio. Se as legislações estrangeiras não são uniformes neste ponto, em nosso direito atual não vemos como seja ainda lícito abrir exceções naquela regra, tendo a Constituição Republicana abolido por completo todo e qualquer privilégio, toda e qualquer distinção pessoal".*

Flexibilização do Procedimento Arbitral 179

de tal meio de prova. Ainda assim, não vejo nada que impeça os julgadores de, especificando em que circunstâncias e com que garantias admitirão a produção de tal mecanismo probatório, aceitarem o depoimento escrito, que tanto incomoda os juízes brasileiros. Creio que o depoimento escrito é ferramenta interessante no âmbito da arbitragem, especialmente no que toca a arbitragem comercial internacional. Num primeiro momento, o depoimento escrito evitaria a locomoção do depoente, muitas vezes residente em território distante da localidade em que se desenvolve a arbitragem; em segundo lugar, penso que o depoimento escrito tende a concentrar observações, focando-se o depoente sobre as questões efetivamente interessantes para o deslinde da causa; por último, ainda que seja facultado às partes interrogar posteriormente o autor do depoimento escrito, o método continua a ser valioso, na medida em que o depoimento será circunscrito ao que foi declarado por escrito, evitando longos e desnecessários circunlóquios, típicos dos depoimentos testemunhais tradicionais. Concluo, portanto, que a utilização deste método, ainda que não estipulado pelo regulamento escolhido pelas partes (e mesmo que estranho à *lex fori*), não está proibido e pode ser admitido pelos árbitros, sendo sempre conveniente expor às partes as regras para a produção do depoimento escrito.

47. De tudo quanto expus, extraio que a tão decantada flexibilidade do procedimento arbitral não significa permitir-se aos árbitros um julgamento frouxo, desconectado das regras de direito material que as partes querem ver aplicadas, livre de compromissos com o ordenamento jurídico escolhido na convenção de arbitragem. Arbitragem não é uma cruzada em busca do *Santo Graal*: os árbitros recebem a incumbência clara e precisa de julgar um litígio segundo este ou aquele ordenamento, com a aplicação destas ou daquelas regras, e devem ater-se com denodo a tal missão. Não se lhes pede que aproximem as partes ou que facilitem acordos; exige-se-lhes um julgamento justo, com a aplicação adequada da lei e do direito. Todos os ordenamentos **exigem** – note-se o verbo! – que seus juízes julguem **com** equidade (não **por** equidade, mas sim **com** equidade, ou seja, aplicando a lei para que atinja o bem comum); todo e qualquer julgador deve agir assim.[15] Neste ponto, confluem as funções de juízes e

---

[15] A Lei de Introdução ao Código de Processo Civil brasileiro (Decreto-Lei 4657/42) tem a esse respeito regra precisa e preciosa (art. 4°): *"Na aplicação da lei, o juiz atenderá aos fins sociais a que ela se dirige e às exigências do bem comum"*.

árbitros. Portanto, o árbitro – da mesma forma que o juiz (**da mesma forma!**) – deve julgar a causa, aplicando a norma que regulou a *fattispecie*, o fato típico. Árbitros e juízes, portanto, têm a mesma função – jurisdicional – de dizer o direito, sendo certo que, quando as partes expressamente assim admitirem, poderão os árbitros julgar por equidade, afastando o direito posto. Mas isso só ocorrerá se e quando as partes quiserem. Se nada disserem, os árbitros, tal qual os juízes estatais, devem aplicar o direito posto. Não reside aí, portanto, a flexibilidade do procedimento arbitral.

48. A flexibilidade que torna a arbitragem tão atraente reside no **método** de solucionar a controvérsia. Enquanto os juízes estão atrelados às teias do processo, com previsões mais ou menos rígidas, segundo o sistema de cada país, os árbitros têm maior liberdade para flexibilizar formas, fórmulas e atos do procedimento, tudo com o objetivo de facilitar a apuração dos fatos e a aplicação do direito. Este arejamento e esta liberdade são essenciais para quem pretenda resolver com rapidez e eficiência um dado litígio, sendo realçadas tais qualidades quando a disputa for travada nas vastas planícies do comércio internacional.

49. Resta apenas um alerta para findar este breve ensaio: a liberdade que os árbitros têm para flexibilizar o procedimento gera, em contrapartida, o dever dos julgadores de evitar surpresas às partes. Isto significa que a liberdade procedimental, cuja moldura apenas alinhavei, requer constante informação aos litigantes, para que possam sempre participar de modo proativo em todas as fases do processo. Cumpre aos árbitros, portanto, sempre que entenderem necessária a adaptação ou adequação de regras procedimentais previamente escolhidas avisar as partes sobre as mudanças; cumpre aos árbitros, da mesma forma, sempre que entenderem útil franquear às partes a utilização de certos meios de prova não convencionados (e não convencionais) esclarecer a forma, o método e os limites para que ninguém possa lamentar-se, ao término da arbitragem, de ter sido alijado da experiência probatória ou de ter sido cerceado no seu direito de plena participação no processo.

São Paulo, Brasil, 30 de novembro de 2009

4º Painel

RUI MEDEIROS

Intervenção de terceiros (signatários e não signatários da convenção) no processo arbitral
JOSÉ LEBRE DE FREITAS

Recurso para o Tribunal Constitucional das Decisões dos Tribunais Arbitrais
MIGUEL GALVÃO TELES

Apensação de Processos Arbitrais
JOSÉ RICARDO FERIS

INTERVENÇÃO DE TERCEIROS EM PROCESSO ARBITRAL

José Lebre de Freitas

1. Introdução

Agradeço à Câmara de Comércio de Lisboa a oportunidade que me dá de vir aqui dizer umas palavras sobre a Intervenção de Terceiros no Processo Arbitral.

Porque o tempo é limitado, começo por quatro recomendações de leitura sobre o tema: entre nós, o estudo de Carla Borges, jovem doutoranda da Universidade Nova de Lisboa, publicado no n.º 7 da Themis, com o título *Intervenção de terceiros no processo arbitral* (inicialmente um relatório que me apresentou numa disciplina de doutoramento dedicada à *Pluralidade de partes em processo civil*, contendo uma resenha das questões que se levantam e das suas soluções em direito português); ainda entre nós, o artigo de Manuel Botelho da Silva *Pluralidade de partes em arbitragens voluntárias*, publicado no vol. II dos *Estudos em Homenagem à Prof. Doutora Isabel de Magalhães Collaço*; para aprofundamento do tema, as monografias *Complex arbitrations* de Bernard Hanotian (Kluwer, 2005) e *L'arbitrato con pluralità di parti* de Laura Salvaneschi (Cedam, 1999). O tema é normalmente aflorado, com maior ou menor profundidade, em qualquer manual sobre direito de arbitragem que se preze.

Refere-se o título da minha comunicação a terceiros signatários e a terceiros não signatários da convenção de arbitragem. *Terceiro* é, pois, aqui todo aquele que não é parte na acção arbitral. Entre os terceiros vamos distinguir três categorias: terceiro que assinou a convenção base

184 *III Congresso do Centro de Arbitragem da Câmara de Comércio e Indústria*

da arbitragem; terceiro que assinou uma convenção de arbitragem com esta conexa; terceiro que não assinou convenção de arbitragem.

Abstraio da proposta de Lei da Arbitragem Voluntária (LAV) em apreciação na Assembleia da República, a que só farei adiante breves referências.

2. Terceiro subscritor da convenção de arbitragem

A primeira situação não oferece especialidades directamente derivadas da natureza da convenção de arbitragem, sem prejuízo das divergências de regime que possa haver entre o direito processual aplicável e o direito processual do Estado da arbitragem. Quero eu dizer, nomeadamente, que, se a arbitragem tiver como padrão processual de referência o Código de Processo Civil (CPC) português, o terceiro, relativamente ao processo, que haja assinado, com as partes processuais, a convenção de arbitragem pode intervir espontaneamente ou ser chamado a intervir, nos mesmos termos em que tal aconteceria perante os tribunais judiciais: **intervenção principal, intervenção acessória** e **oposição**, espontâneas ou provocadas, podem assim ter lugar perante o tribunal arbitral.

Mas, não tendo este *jus imperii*, poderá o chamamento de **terceiro que não intervenha** ter o efeito cominado pela lei processual? poderá, designadamente, ter aplicação o art. 328 CPC, que estende o efeito de caso julgado ao terceiro citado para a intervenção principal, mas não interveniente, quando tem como pressuposto a eficácia duma **citação** que só um tribunal do Estado, ou uma extensão deste, como o agente de execução, pode efectuar?

Alguma tentação para responder negativamente será facilmente ultrapassada se se tiver em conta que os efeitos normais do acto de citação judicial se repartem, no processo arbitral, entre os da **comunicação inicial** do art. 11 LAV e os da normal **notificação da petição inicial** ao réu para este contestar. Talvez se deva é entender, por aplicação analógica desse artigo, que o convite dirigido ao terceiro, após a decisão do incidente, tem de ser feito, não pelo tribunal arbitral, mas **pela própria parte que o requereu**. A falta de poderes de autoridade do tribunal arbitral não constitui, pois, óbice, a que, perante o terceiro não interveniente, se produza a eficácia de **caso julgado**, nos termos dos arts. 328 (intervenção principal), 332-4 (intervenção acessória) e 349 (oposição).

Posto isto, e continuando a considerar apenas o caso de terceiro signatário da mesma convenção em que se funda a arbitragem, a hipótese paradigmática é a de **intervenção principal**: A, B e C celebram uma convenção de arbitragem, sendo, por exemplo, A credor e B e C devedores solidários; A demanda B e, na pendência da instância, A ou B quer a intervenção principal de C; intervenha C ou não, aplica-se o regime da intervenção principal provocada do CPC, se o direito processual português se dever aplicar. O mesmo se a intervenção principal provocada visar a integração do litisconsórcio necessário, como, por exemplo, quando se queira a anulação do contrato, com C (terceiro) também celebrado.

Mais difícil é imaginar casos de convenção de arbitragem única em que C, inicialmente não demandado, só o seja posteriormente para assegurar o direito de B (réu) à indemnização em **regresso** (intervenção acessória provocada) ou para garantir que B (réu) não venha a pagar duas vezes, por C (e não A, que o demandou) ser o seu **verdadeiro credor** (oposição). São casos que podem surgir no domínio da arbitragem, mas sem que A, B e C se tenham a esta obrigado na mesma convenção, visto que as relações entre A e B e entre B e C que propiciam essas situações serão normalmente objecto de contratos separados, com cláusulas compromissórias distintas; se, diversamente, entre os três for celebrado um só compromisso arbitral, não é normal que não deixem de ser todos eles logo inicialmente constituídos como partes.

3. Terceiro subscritor de convenção de arbitragem conexa

3.1. Passemos ao caso em que o terceiro se vinculou à arbitragem por convenção diversa da que vincula as partes na instância arbitral pendente. O facto de serem diferentes as convenções de arbitragem levará à inadmissibilidade da intervenção, espontânea ou provocada, não obstante estarem reunidos os requisitos de que as normas processuais comuns de referência[1] a fazem depender?

---

[1] Lei processual nacional dum Estado; convenção ou regulamento processual supranacional, como é o caso do Regulamento (CE) 44/2001, de 22.12.2000 (art. 6-2); normas internacionais postas à disposição dos litigantes, como é o caso das International Rules of Civil Proceedings.

Algumas leis de arbitragem, no pressuposto de que esses requisitos estão reunidos, admitem a apensação de processos arbitrais pendentes. É o caso da lei holandesa de 1986 (que confere ao Presidente do Tribunal do Círculo de Amesterdão poderes para ordenar a apensação de processos arbitrais conexos) e da lei de Hong Kong de 1982 (que igualmente confere ao tribunal judicial o poder de ordenar a apensação de processos arbitrais respeitantes à mesma transacção ou ao mesmo conjunto de transacções ou que tenham em comum algumas questões de facto ou de direito)[2]. No campo dos regulamentos de arbitragem, merece especial referência o art. 4-1 do Regulamento Suíço de Arbitragem Internacional, que confere às Câmaras de Comércio por ele abrangidas o poder de ordenar que uma nova causa seja submetida ao tribunal arbitral já constituído para julgar outra causa entre as mesmas partes ou uma causa sem identidade de partes que com a primeira apresente conexão. Algo de semelhante estabelecem actualmente os arts. 4-6 RegCCI e 19 RegCCI, exigindo, porém, a identidade de partes, além evidentemente da sujeição de ambos os litígios ao regulamento de arbitragem da CCI[3].

Para ilustrar a aplicação concreta destas regras, serve de exemplo o caso que deu lugar à decisão da Cour d'Appel de Paris de 31.10.89. Kis France, fabricante de equipamento para a revelação e impressão de fotografias, acordou com a Société Générale certos procedimentos-quadro para o marketing desse equipamento em vários países, sob a forma de locação financeira e através das respectivas filiais; estas celebraram também, entre si, contratos de âmbito local. Iniciada a arbitragem pela Société Générale e duas suas filiais contra a Kis France e duas filiais desta, o tribunal arbitral entendeu ter competência para julgar todos os litígios que decorressem dos vários acordos celebrados, o mesmo tendo entendido a Cour d'Appel de Paris, com o argumento de que os vários contratos estavam entre si "inexoravelmente ligados" e os dois grupos de sociedades estavam, cada um *de per se*, organizados em nítidos esquemas de domínio[4].

Esta orientação não é única nem, provavelmente, ainda dominante. Uma visão mais tradicional parte da natureza contratual da arbitragem

---

[2] CARLA BORGES, *cit.*, p. 119.

[3] Nem a lei-modelo nem as normas de arbitragem da UNCITRAL regulam a cumulação de acções.

[4] BERNARD HANOTIAN, *cit.*, ps. 112-113.

para concluir pela sua **relativização**: se as partes celebraram contratos separados e neles incluíram cláusulas compromissórias distintas, mesmo que algumas remetam para o conteúdo de outras, ou todas tenham o mesmo conteúdo expresso, foi porque só **entre si** se quiseram obrigar a recorrer à arbitragem, impedindo a aplicação das normas processuais aplicáveis à junção de processos na jurisdição estadual, que não está, como a arbitral, condicionada pela **vontade negocial** das partes.

Esta visão redutora, nascida da ideia de equiparação da eficácia relativa das "obrigações" resultantes da cláusula compromissória à eficácia relativa das obrigações resultantes do contrato base e da tendencial concepção de umas e outras como contraídas *intuitu personae*, tem um aspecto válido e um aspecto criticável. O primeiro reside em que não é possível abdicar da **interpretação da vontade das partes** ao celebrarem a convenção de arbitragem. O segundo reside no erro de **presumir** que é mais conforme a essa vontade o tratamento jurisdicional separado dos litígios emergentes de relações e contratos conexos do que o seu tratamento unitário. A celebração, pelas mesmas ou outras pessoas, de contratos **distintos**, mas **interligados**, com cláusulas de arbitragem que não sejam **incompa-tíveis**, não tem, em si mesma, o significado de excluir o recurso à mesma jurisdição arbitral para solução dos litígios deles emergentes.

Bem pelo contrário, é de presumir que a vontade das partes, **real** ou **hipotética** – e esta é, como se sabe, requisito da integração do negócio jurídico (art. 239 CC) –, seja no sentido de fruirem as vantagens, inclusivamente de economia processual e financeira, que uma jurisdição única pode oferecer. A presunção é **ilidível**: se da interpretação do contrato resultar que as partes **quiseram** arbitragens separadas, ou que as **quereriam** se a questão tivesse sido prevista, há que respeitar essa vontade. Nomeadamente, a estipulação de regras de constituição de tribunais arbitrais incompatíveis[5], de normas de decisão incompatíveis[6] ou de regimes de tramitação processual incompatíveis[7] inculcarão a vontade, real ou hipotética, de que a arbitragem não seja única.

---

[5] Centros de arbitragem distintos; procedimentos de designação dos árbitros inconciliáveis; centro de arbitragem num caso, arbitragem *ad hoc* noutro.

[6] Julgamento de equidade num caso; julgamento segundo o direito constituído noutro.

[7] Ver, mesmo assim, no direito português, os arts. 31-A-2 CPC e 265-A CPC.

Contrariando a relevância desta vontade, poderia invocar-se, em contraponto à fonte contratual da arbitragem, a fundamentação constitucional da jurisdição arbitral: a vontade das partes explica o recurso aos árbitros, mas não a eficácia de caso julgado da decisão que eles proferem. Constituido o tribunal arbitral em conformidade com a vontade das partes, a sua actuação – dir-se-á – releva já do domínio da jurisdição e esta é, em si, **indisponível**, devendo normas de direito público, como as relativas à apensação de processos e à entrada de terceiros em arbitragens alheias, ser aplicadas independentemente da expressão da vontade autónoma.

Não creio este argumento procedente: às partes cabe definir limites e conteúdos jurisdicionais, não só quando determinam a matéria que pretendem sujeitar à arbitragem, mas também quando escolhem – ou dispensam – o direito aplicável e quando fixam o procedimento de escolha dos árbitros e as regras do procedimento[8]; a prova da vontade, expressa ou implícita na convenção de arbitragem, de recusa de uma arbitragem única, ou a consagração nela de regras (válidas) incompatíveis com uma arbitragem única, hão-de constituir limites, que normas ditas de interesse público não podem transpor sem com isso subverterem a própria base em que assenta a arbitragem.

Terceiros vinculados a uma jurisdição arbitral poderão, pois, com esses limites, intervir espontaneamente num processo arbitral alheio, ou ser convidados a nele intervir, quando se verifiquem os elementos de **conexão** do litisconsórcio, da coligação ou da oposição, exigíveis segundo o sistema de direito processual, nacional ou outro, aplicável – ou, sendo caso disso, segundo o critério autónomo do próprio tribunal arbitral. Para tanto não será, a meu ver, necessário o acordo ou consentimento actual das partes já constituídas: bastará que, nos termos já referidos, elas não tenham manifestado o seu **desacordo** ao pactuarem o recurso à arbitragem.

Com isto, considero que a proposta da nova LAV é, no seu art. 36, demasiado timorata, ao exigir sempre, além do consentimento do próprio tribunal, a **vontade das partes e do terceiro** para que a intervenção seja admitida e ao não prever a situação em que o terceiro esteja vinculado

---

[8] Já a fixação destas regras pelos próprios árbitros não pode limitar a cumulabilidade de acções.

Intervenção de Terceiros em Processo Arbitral 189

a arbitragem por uma convenção conexa[9]. À mesma norma é também criticável que apenas preveja, no n.º 1, o chamamento do terceiro para se associar à parte que o requer e que omita, no n.º 2, a remissão subsidiária para a legislação processual nacional. A primeira opção sacrifica a necessidade da intervenção do terceiro **litisconsorte necessário**, quando este se deva associar à parte não requerente, seja este o autor ou o réu reconvinte. A segunda deixa desapoiada, por **falta de fonte normativa**, a cominação da constituição de caso julgado contra o terceiro que, chamado, não intervenha.

3.2. Um ponto, porém, carece ainda de alguma reflexão: em que condições é que o terceiro que, convidado a intervir, não intervenha ficará sujeito à eficácia do caso julgado?

Creio, em primeiro lugar, que a **iniciativa** do seu chamamento terá de partir da parte que com ele haja celebrado a convenção de arbitragem, em termos semelhantes àqueles que são seguidos no início da arbitragem. Em segundo lugar, é preciso que ele não tenha menos direitos e poderes processuais do que aqueles que teria se participasse numa arbitragem independente: não se aplicando o direito processual português, haverá que aplicar normas semelhantes às que, no nosso CPC, tutelam o interesse do terceiro, admitindo sempre o articulado próprio ou, no caso da intervenção acessória, limitando em face dele a eficácia do caso julgado, sem prejuízo de a aplicação do sistema de direito processual estrangeiro

---

[9] **1.** A intervenção, no decurso do processo arbitral, de um terceiro que pretenda associar-se a uma das partes deste processo ou que seja chamado por uma das partes neste processo para a si se associar, só é admitida se estiverem preenchidos todos os seguintes requisitos:
a) Todas as partes no processo, o terceiro e o tribunal arbitral, se já estiver constituído, consintam na referida intervenção;
b) O terceiro adira à convenção de arbitragem, se não já for parte desta;
c) O terceiro aceite a composição do tribunal arbitral, se este já estiver constituído, ou, se não for esse o caso, aceite a designação do árbitro feita pela parte à qual o terceiro se deva associar.
2. O disposto no número anterior não impede que as partes acordem de modo diferente sobre os termos e condições da intervenção de terceiros no processo arbitral, quer regulando directamente tal matéria na convenção de arbitragem quer remetendo para regulamentos de arbitragem ao abrigo dos quais a intervenção de terceiros seja admitida com dispensa de algumas das condições exigidas pelo número anterior.

190 *III Congresso do Centro de Arbitragem da Câmara de Comércio e Indústria*

aplicável poder levar a consequências menos gravosas do que estas. Este limite não poderá, inclusivamente, deixar de funcionar nas arbitragens internacionais realizadas em Portugal, às quais são, em minha opinião, necessariamente aplicáveis as normas garantísticas do direito processual português.

3.3. Antes de passar a outro ponto, exemplifico com um caso de intervenção acessória provocada de terceiro vinculado por convenção de arbitragem conexa.

Adgas, proprietário duma planta produtor de gás natural no Golfo Pérsico, propôs uma acção arbitral em Inglaterra contra uma empresa construtora, alegando defeito de construção do tanque por ela construído para guardar o gás. A demandada negou a responsabilidade, mas acrescentou que, a haver defeito, ele era imputável ao subcontraente japonês. Iniciaram-se processos de arbitragem separados, dado que nem Adgas nem o terceiro quiseram a intervenção deste na primeira arbitragem.

Se a acção movida por Adgas corresse num tribunal do Estado inglês, o subcontraente teria sido chamado a nela intervir, apesar da vontade contrária dele próprio e da autora. Chamado a pronunciar-se, o English Court of Appeal, embora entendendo desejável o julgamento conjunto, que pouparia dinheiro e evitaria o risco de decisões desarmoniosas, julgou não poder ordenar a apensação, mas, cabendo-lhe designar os árbitros de um e outro processo, nomeou o mesmo para ambos (tratava-se, em qualquer deles, de árbitro único em arbitragem *ad hoc*)[10].

Se a questão se tivesse posto perante um tribunal norte-americano, a solução teria sido, com grande probabilidade, a inversa: teria havido uma só arbitragem, à qual o subcontraente teria sido chamado como "vouchee"[11]. Estou, como se viu, de acordo com esta solução: a única vontade actual relevante era a do contraente principal, desde que a interpretação dos contratos não impusesse outra conclusão. Tal não exclui, nos casos de intervenção acessória, que o regulamento de arbitragem não possa, com vantagem, dar aos árbitros o poder de **recusar** a intervenção, com fundamento na sua inconveniência para o bom andamento do processo.

---

[10] REDFERN / HUNTER / BLACKABY / PARTASIDES, **Law and practice of international commercial arbitration**, London, 2004, p. 171.

[11] CARLA BORGES, *cit.*, p. 121.

4. Terceiro não subscritor de convenção de arbitragem

4.1. Já não acompanharia o hipotético tribunal norte-americano na decisão que possivelmente continuaria a tomar (no sentido de chamar o terceiro, independentemente da sua vontade e da das partes), se o contrato com o terceiro subcontraente não contivesse estipulação de arbitragem. E com isto passo a tratar da terceira categoria de terceiro inicialmente enunciada: será admissível sujeitar à arbitragem, nomeadamente através de incidente de intervenção de terceiro, pessoas jurídicas que não hajam subscrito convenção de arbitragem?

Na jurisprudência dos Estados Unidos e, em menor medida, na de França, é possível encontrar uma larga resposta positiva a esta questão. Em outros países os tribunais são – e bem – muito mais cautelosos.

Pese embora a existência de jurisprudência mais ousada, o princípio não pode sofrer dúvida: a convenção de arbitragem obriga apenas quem subscreve o documento (ou documentos) em que ela conste ou o documento que para ela remeta. É a exigência que se vê feita no art. 2 da LAV vigente e que o n.º 4 do art. 2 do projecto da nova LAV impõe, até com mais rigor[12].

Situações há, porém, que obrigam a alguma reflexão.

4.2. Em primeiro lugar, temos o caso de **transmissão** das situações de direito substantivo para as quais se prevê a jurisdição arbitral.

A cessão da posição contratual, a cessão do direito de crédito, a assunção de dívida, a sub-rogação do garante ou outro interessado no direito de crédito (para não falar já da sucessão por morte, em que nenhuma dúvida legitimamente pode ser levantada) implicam a sujeição do adquirente à convenção de arbitragem respeitante à situação transmitida, salvo se a sua interpretação levar a um resultado inequivocamente contrário.

A solução é mais nítida na **cessão do contrato** em que a cláusula compromissória se inclui, mas não deixa de valer também nos casos de

---

[12] A remissão para o documento em que conste a convenção há-de ser "feita de modo a fazer dessa cláusula parte integrante do contrato", tido designadamente em conta o regime das cláusulas contratuais gerais. Dada a equiparação, em certas condições, do documento electrónico ao documento escrito, há que ter hoje também em conta o suporte electrónico da convenção, adequando-se neste aspecto o projecto de lei ao que estabelece desde 2006 a Lei Modelo da Uncitral.

cessão do direito de crédito (que o devedor nem sequer tem de consentir), de **assunção de dívida** e de **sub-rogação** para o terceiro interessado que pagou em vez do devedor, tida designadamente em conta a paralela transmissão de garantias, acessórios e meios de defesa estatuída pelos arts. 582, 585, 593, 594, 598 e 599 do CC, de onde alguma **analogia** se pode extrair para a sujeição do adquirente à convenção de arbitragem.

A autonomia da convenção de arbitragem não obsta a esta equiparação de regimes, a menos que se prove que ela foi, diferentemente do contrato de direito substantivo em que se insira, celebrada *intuitu personae*. O adquirente está, perante a convenção de arbitragem, no lugar do transmitente. Fica, portanto, designadamente, sujeito ao mesmo regime de intervenção, espontânea ou provocada, a que estava sujeito o transmitente.

O mesmo se diga do terceiro que vem a adquirir os direitos e a assumir as obrigações provenientes do **contrato para pessoa a nomear**, uma vez que este seja por ele ratificado ou ele haja emitido procuração antes da sua celebração (art. 453-2 CC).

Em todos estes casos, pressupomos que a convenção de arbitragem reveste a modalidade de **cláusula inserida no contrato base** e é como tal **conhecida** ou **cognoscível** pelo terceiro adquirente. Já se a cláusula compromissória constar de **documento autónomo** ou se estivermos perante o **compromisso arbitral**, a oposição dela ao terceiro adquirente só poderá, em minha opinião, ter lugar se ele dela tiver tido **conhecimento** e o acto de aquisição, assunção ou ratificação tiver sido feito **sem reserva**; caso contrário, dependerá da **vontade do terceiro** a sua sujeição à jurisdição arbitral. Ressalvam-se sempre os direitos que, recusando o terceiro a ela sujeitar-se, a parte contrária (ou, quando esta não tenha consentido a transmissão, o adquirente) possa ter perante o transmitente[13].

4.3. Em segundo lugar, há o caso do **contrato a favor de terceiro**.

Contra a sujeição do terceiro à convenção de arbitragem há quem diga que impor-lha seria contrário ao princípio da autonomia privada: o

---

[13] Caso em que a arbitragem se aplica sem restrições é o da acção sub-rogatória: o credor do credor que move a acção contra o devedor deste (art. 606 CC) está sujeito à convenção de arbitragem celebrada relativamente à (única) dívida que é objecto do processo, tal como estaria o seu devedor.

Intervenção de Terceiros em Processo Arbitral 193

terceiro pode adquirir **direitos** por força do contrato em que não interveio, mas não lhe podem ser impostas "**obrigações**"[14]; pode, portanto, valer-se da convenção, mas não está a ela sujeito.

O argumento não colhe: aderindo à promessa (art. 447-3 CC), o terceiro fica sujeito a que contra ele sejam feitos valer todos os meios de defesa (de direito substantivo) oponíveis pelo promitente ao promissário por causa da promessa (art. 449 CC); a **analogia** impõe-se com a sujeição à excepção dilatória de preterição do tribunal arbitral. Aliás, algum paralelismo existe com o caso da **doação modal** (doação onerada com encargos, cujo cumprimento pode ser exigido pelo doador ou seus herdeiros ao donatário: art. 965 CC).

Claro que o terceiro inicialmente demandado em tribunal arbitral ou a ele chamado para intervir pode declarar que quer rejeitar a promessa, se antes a ela não tiver aderido, com o que se libertará, nomeadamente, dos encargos da arbitragem[15].

No entanto, quando o contrato a favor de terceiro é **imposto por lei**, como acontece no campo do seguro automóvel, a origem **legal** do direito do terceiro não se harmoniza com a imposição **contratual** de limitações, ainda que de natureza processual, pelo que o terceiro que não rejeite a promessa já não pode ficar então automaticamente sujeito à convenção de arbitragem: para esta sujeição será imprescindível um acto de **adesão à convenção**. Esta adesão pode dar-se mediante intervenção, espontânea ou provocada, mas neste caso efectiva, do terceiro; sem ela estará vedada a extracção do efeito da extensão do **caso julgado** ao terceiro que, convidado a intervir, não intervenha.

4.4. Em terceiro lugar, tem sido defendido que o princípio da circunscrição da eficácia da convenção de arbitragem às pessoas jurídicas que a subscrevem há-de ser adaptado e encontrar alguma inflexão no caso de **grupos de sociedades**.

---

[14] O termo, usado pela Cour de Cassation francesa num caso citado por Poudret-Besson (CARLA BORGES, *cit.*, ps. 126-127), não é correcto. A situação retratada é de sujeição, não de dever ou obrigação. CARLA BORGES refere igualmente que tanto a lei inglesa como a jurisprudência norte-americana reconhecem o direito, mas também a sujeição, do terceiro à arbitragem.

[15] A celebração da convenção de arbitragem depois da adesão não lhe é oponível (SCHWAB-WALTER, *Schiedsgerichtsbarkeit*, München, Beck, 1990, cap. 7, n.º 27, a ps. 62).

194 *III Congresso do Centro de Arbitragem da Câmara de Comércio e Indústria*

Entramos assim no ponto mais controvertido, onde mais legitimamente se pode duvidar da pretensão de sujeitar terceiros à eficácia da convenção de arbitragem, bem como da de lhes conceder o direito a dela se socorrerem, nomeadamente por intervenção na pendência da instância. Subscrita uma convenção de arbitragem por uma sociedade do grupo, pode considerar-se que as outras ou algumas outras sociedades do grupo ficam por ela abrangidas?

Exemplo de extensão *ultra partes* da eficácia da convenção que hoje se pode ter por clássico é o da acção Dow Chemical/ Saint Gobain[16].

Em 1.10.65 Dow Chemical International SA, sediada na Venezuela e controlada pela Dow Chemical AG, filial suíça do grupo, celebrou com uma sociedade do grupo Saint-Gobain um contrato para distribuição em França de produtos de isolamento térmico. Seguiu-se, em 31.7.68, um segundo contrato entre Dow Chemical Europe SA, controlada pela mesma Dow Chemical AG, e a mesma e outras sociedades do grupo Saint-Gobain, ainda para distribuição dos mesmos produtos. Ambos os contratos continham uma cláusula que previa a possibilidade de as entregas serem feitas pela Dow Chemical International SA ou por qualquer outra sociedade do grupo. Continham igualmente uma cláusula compromissória com sujeição ao regulamento da CCI.

Acontece que a filial francesa da Dow Chemical participara activamente na negociação e no cumprimento dos contratos, embora não os tenha subscrito. O controlo do grupo Dow Chemical era feito por uma sociedade norte-americana, titular da marca registada dos produtos, a qual tão-pouco assinara os contratos.

Surgidos litígios relativos ao cumprimento dos contratos, as filiais signatárias, juntamente com a sociedade-mãe norte-americana e a filial francesa, demandaram a Saint-Gobain. Levantou-se a questão da falta de jurisdição arbitral em face das não signatárias do acordo, mas quer o tribunal arbitral, quer a Cour d'Appel de Paris em decisão de 21.10.83, julgaram que, tendo a filial francesa estado no centro da organização das relações contratuais e do cumprimento dos contratos e não podendo estes ter sido nem concluídos nem cumpridos sem o acordo da sociedade-mãe, ambas tinham de ser consideradas partes contraentes, à luz da vontade

---

[16] "O precedente orientador da doutrina do *grupo de sociedades* é o caso Dow Chemical" (REDFERN / HUNTER / BLACKABY / PARTASIDES, **cit.**, p. 149).

Intervenção de Terceiros em Processo Arbitral 195

das partes e dos usos do comércio internacional, aplicáveis por via da sujeição ao regulamento arbitral da CCI.

Decisões ulteriores desenvolveram esta ideia de não bastar a pertença da sociedade a um grupo para a entender vinculada, quer ela seja a sociedade-mãe da sociedade signatária, quer seja, ao invés, sociedade dominada por aquela que assinou o contrato: é preciso que a não signatária tenha participado na negociação e no cumprimento do contrato, relevando, além disso a intenção das partes, *maxime* da parte contrária, no acto de celebração. Os tribunais franceses têm-se mostrado particularmente permeáveis a estas ideias.

Outras decisões arbitrais, nomeadamente proferidas fora do território francês, chegam a resultados semelhantes, mas recorrendo antes ao conceito de **presunção** da aceitação tácita da cláusula compromissória ou ao conceito de **agência**; mas os tribunais estaduais, seguidamente chamados a pronunciar-se, nem sempre têm mostrado – a meu ver bem – essa largueza de vistas da jurisprudência francesa, semelhantemente perfilhada na jurisprudência dos tribunais norte-americanos.

Aos tribunais suiços foi, designadamente, presente para apreciação, no caso AOI, uma decisão arbitral que concluira estarem abrangidos pela cláusula compromissória, constante de contrato celebrado pela sociedade Westland Helicopters Ldt. com AOI, os quatro Estados árabes que tinham estado na origem da criação desta última, pessoa colectiva dirigida por uma comissão composta por ministros desses Estados e cujo objecto era o desenvolvimento da indústria militar em benefício dos mesmos. A decisão foi anulada com fundamento na pura e simples não subscrição do contrato, e portanto da cláusula compromissória nele contida, pelos quatro Estados em causa[17].

Pessoalmente, não tenho simpatia nenhuma pelas limitações de responsabilidade próprias do direito das sociedades comerciais. No entanto, a personalidade jurídica colectiva é uma realidade basilar dos nossos sistemas jurídicos e, por muito que várias sociedades se mostrem entre si agrupadas, repugna à minha consciência de jurista que se possa vir a sujeitar a uma convenção de arbitragem sociedades diversas daquelas que a subscreveram, ainda que tenham tido um papel essencial na decisão de celebrar a convenção que não assinaram ou no cumprimento do contrato em que ela foi inserida.

---

[17] Laura Salvaneschi, *cit.*, ps. 156-159.

196   III Congresso do Centro de Arbitragem da Câmara de Comércio e Indústria

Não quer isto dizer que eu permaneça insensível a situações de abuso de direito e de actuações contrárias à boa fé. E com isto entro no último ponto da minha comunicação.

4.5. No domínio da doutrina e das práticas da arbitragem, um último tipo de situação (o quarto, na classificação que estou seguindo) usa ser invocado como fundamento da extensão da eficácia da convenção de arbitragem a pessoas que não a subscreveram. Para quem recuse as doutrinas ditas do grupo de sociedades, da agência ou da presunção da aceitação tácita da convenção, esse tipo de situação invade, embora extravasando-o, o campo dos grupos de sociedades. Refiro-me ao *stoppel* do direito norte-americano, que entre nós pode ser qualificado como **abuso de direito**, designadamente nas modalidades da inegabilidade formal e do *venire contra factum proprium*, e pode levar ao levantamento da personalidade colectiva.

Para melhor nos fixarmos, recorro a um caso recentemente julgado nos tribunais franceses (última decisão tomada em 30.10.06 pela Cour de Cassation).

Besins International, fabricante e distribuidora de produtos farmacêuticos, concedeu o direito exclusivo à promoção, venda e distribuição de certo número de produtos em território turco. O contrato foi assinado, do lado turco, por M. Kocak, em representação de Kocak Ilac Fabrikasi AS. A acção arbitral foi dirigida também contra Kocak Ilac AS e o Sr. M. Kocak, pessoalmente: dado que este tinha intervindo, enquanto presidente de sociedade, quer na negociação, quer no cumprimento do contrato, e que voluntariamente tinha sido estabelecida uma ou outra confusão entre as duas sociedades acabando por assinar o contrato, em que se inseriu a cláusula compromissória, em nome apenas de uma delas.

A Cour d'Appel de Paris, rejeitando a doutrina seguida no caso Dow Chemical, entendeu que o tribunal arbitral era apenas competente para decidir contra a sociedade signatária da convenção. A Cassação manteve esse entendimento, baseada em que a sociedade Besins só tardiamente (em alegação para a Cassação) viera defender que a confusão entre as duas sociedades se devera a actuação dolosa de M. Kocak[18].

---

[18] *Revue de l'arbitrage*, 2008, II. Na anotação do acórdão é citada uma decisão da Cassação de 11.6.91, como exemplo de resultado inverso, num caso em que tinha havido fraude do representante por interposição de pessoa.

Estamos, por certo, de acordo em que não pode deixar de ser atendido o interesse da parte que negociou com o Sr. M. Kocak e acabou celebrando um contrato com aquela das duas sociedades, cujo nome se prestava a confusão, que ele indicou. Mas será que o deveria ser, mesmo que tivesse havido actuação dolosa, sujeitando o Sr. M. Kocak ou outra sociedade do seu grupo, à jurisdição arbitral? Se bem repararmos, aquilo que estamos de acordo em que não poderá, de modo algum, acontecer é que a contraparte, por ter contratado com uma sociedade que até pode ser insolvente, se veja espoliada dos seus direitos. Mas este é um **problema de direito substantivo**, cuja solução há-de ser fundamentalmente de direito substantivo.

A questão posta no acórdão que citei não difere muito daquela com que se viu confrontado um banco norte-americano, hoje falido, em caso para que dei parecer e que não teve a ver com arbitragens (foi acção que correu no tribunal judicial do Funchal). Um príncipe árabe foi financiado por esse banco, em avultadíssima quantia, para a compra de acções de importante empresa mediática alemã e indicou, para a celebração do contrato de financiamento, uma sociedade unipessoal sediada no *off--shore* da Madeira, que oferecia, contrariamente a outras do seu grupo, a particularidade de não ter mais património do que as acções que iria comprar e que a breve trecho se desvalorizaram, ficando o seu valor muito aquém do da dívida. Para que o banco financiador pudesse recuperar o dinheiro emprestado, seria preciso fazer funcionar o art. 270-F-4 CSC e, mediante a desconsideração da personalidade jurídica da sociedade madeirense, atingir a esfera jurídica do príncipe.

Problema de direito substantivo, portanto, num caso como no outro. Note-se, nomeadamente, que a actuação do terceiro no plano do cumprimento do contrato se reporta ao contrato base e não propriamente à cláusula compromissória nele inserida.

Mas, ao optar pela jurisdição arbitral, a parte quer que sejam árbitros, e não um tribunal do Estado, a decidir sobre os seus direitos. Demonstrado o abuso de direito, poderá o levantamento da personalidade colectiva servir também para sujeitar à convenção de arbitragem o sócio que actuou com a máscara da sociedade, ao fazer inserir no contrato por esta assinado a cláusula compromissória? Não me repugna e a solução tem sido aceite no espaço jurídico alemão. Mas repare-se que, se se quiser (e, em minha opinião, deve-se querer) continuar a pisar terreno juridicamente firme, o levantamento da personalidade colectiva poderá conduzir à vinculação do **sócio** – ou da **sociedade-mãe** – que atrás da sociedade signatária da convenção se ocultou, mas muito dificilmente chegará à vinculação de **outras** sociedades do grupo que não sejam sócias da signatária.

5. Conclusão

Muito mais haveria a dizer sobre esta interessantíssima matéria, mas o tempo não mo permite. Vai, porém, uma última nota.

O tema levou-me a generalizações que vão além da pura intervenção de terceiros, mas não é difícil transpor para o campo desta intervenção (na pendência da instância arbitral) as considerações e os casos citados que directamente respeitaram ao momento da constituição da instância processual. O terceiro não signatário que se entenda vinculado pela convenção de arbitragem poderá intervir espontaneamente ou ser convidado a intervir, estando sujeito às consequências gerais da sua intervenção ou não intervenção e sendo irrelevante a vontade expressa pelas partes primitivas perante a intervenção pretendida.

Por outro lado, é óbvio que, se todos estiverem de **acordo** (e os árbitros não virem nisso inconveniente), a intervenção do terceiro não sujeito à eficácia da convenção pode dar-se em termos que valham como um **aditamento à convenção inicial**[19].

Finalmente, diga-se que nenhuma das opiniões expendidas é afectada pelo facto de estarmos perante um **litisconsórcio necessário**[20]: a não sujeição do terceiro litisconsorte à jurisdição arbitral levará, pura e simplesmente, à **ineficácia da convenção de arbitragem** e à sujeição de todas as partes na relação jurídica à jurisdição estadual.

Obrigado pela vossa atenção.

---

[19] É a única hipótese, como vimos, prevista na proposta da nova LAV.

[20] Trata-se, como vimos, de situação que a proposta da nova LAV pura e simplesmente esqueceu.

RECURSO PARA O TRIBUNAL CONSTITUCIONAL DAS DECISÕES DOS TRIBUNAIS ARBITRAIS[*]

MIGUEL GALVÃO TELES

1. É costume distinguir, no âmbito da chamada fiscalização jurisdicional ou judicial[1] da inconstitucionalidade (ou da constitucionalidade, tanto importa), a fiscalização *abstracta* e a fiscalização *concreta*. Não simpatizo com o termo "fiscalização", que vem de tempos passados e apresenta algum significado "policial", acentuando os aspectos de supervisão da actividade legislativa em detrimento dos que respeitam ao conhecimento do valor (ou desvalor) jurídico dos actos ou das prescrições. Por

---

[*] O presente texto, que corresponde à intervenção, com acréscimo de alguns desenvolvimentos, feita no III Congresso de Arbitragem do Centro de Arbitragem Comercial de Lisboa, realizado nos dias 16 e 17 de Julho de 2009, foi preparado com destino a fazer parte dos *Estudos em Homenagem ao Prof. Doutor José Manuel Sérvulo Correia*, nos quais é igualmente publicado.. A recolha de de informação tem como limite 31 Maio de 2009.

[1] Fiscalização jurisdicional e judicial não significam necessariamente a mesma coisa. A caracterização de *jurisdicional* atende à função, a de *judicial* ao órgão. Aliás, de fiscalização judicial pode falar-se em variadas acepções, conforme se abranjam só os tribunais judiciais (nas ordens jurídicas em que estes constituam uma categoria separada), todos os tribunais do Estado ou (já talvez impropriamente) todos os tribunais, incluindo os tribunais arbitrais. Os conceitos de função jurisdicional e função judicial poderão ser secantes, num duplo aspecto. Se se tomar uma acepção restrita de "judicial", é possível haver fiscalização jurisdicional que não seja judicial: por exemplo, a que for efectuada por tribunais administrativos, por tribunais arbitrais e até por um tribunal constitucional. Doutro lado, não é impossível uma fiscalização por tribunal que não se insira no exercício da actividade jurisdicional. Será *porventura* o caso (sublinho "porventura", como expressão de dúvida), em Portugal, da fiscalização preventiva pelo Tribunal Constitucional.

200 *III Congresso do Centro de Arbitragem da Câmara de Comércio e Indústria*

outra parte, os termos *abstracta* e *concreta* são impróprios: tão concreta é a fiscalização dita concreta como a dita abstracta. O que as diferencia é o modo como a questão de (in)constitucionalidade[2] surge no processo: na fiscalização chamada *abstracta*, a questão de inconstitucionalidade aparece como *questão principal*, objecto de pedido (se se quiser configurar o processo por via de uma construção assente no conceito de pedido); na fiscalização dita *concreta*, a questão de inconstitucionalidade surge como *questão prévia* de outra (seja de mérito, seja processual), que o tribunal é chamado a decidir.

De qualquer modo, e deixados estes esclarecimentos, manteremos a utilização das expressões "fiscalização concreta" ou "fiscalização jurisdicional concreta", de tal modo elas se enraizaram nos hábitos.

2. É ainda costume distinguir, no que toca à fiscalização jurisdicional concreta, dois modelos: o da fiscalização *difusa* e o da fiscalização *concentrada*. Na pureza do sistema difuso, provindo dos Estados Unidos da América, a questão de inconstitucionalidade é tratada como uma questão prévia de direito igual a qualquer outra, sobre a qual o tribunal se pronuncia, se da sua solução depender a decisão da questão relativamente à qual aquela apareça como prejudicial. Por ser tratada como qualquer outra questão de direito, a questão de inconstitucionalidade não possui regime processual autónomo. Pode ser discutida em recurso, enquanto fundamento de impugnação ou de resposta a impugnação, e de decisão.

O sistema de fiscalização concreta concentrada teve origem na Constituição austríaca de 1920, na reforma de 1929, e foi, logo após a II Grande Guerra, adoptada em Itália e na República Federal da Alemanha. O aparecimento e a adopção em ambientes jurídicos tão sofisticados como os acabados de referir fez que o acolhimento do regime se fosse alargando. Aqui importa apenas referir que vigora em Espanha, nos termos da Constituição de 1978. Na pureza do sistema, e conforme se

---

[2] Caracterizar a questão como de constitucionalidade ou de inconstitucionalidade corresponde a dois modos de formular uma pergunta, cada um dos quais implica necessariamente o outro. No fundo, a questão respeita a uma alternativa e é indiferente designá-la de uma maneira ou de outra, porque a maneira omitida estará sempre implícita. Por comodidade e seguindo os hábitos, falarei doravante por regra em "questão de inconstitucionalidade". É, aliás, a fórmula que se encontra na Constituição portuguesa (art. 280.º, n.º 6) e na Lei do Tribunal Constitucional (art. 71.º, n.º 1).

Recurso para o Tribunal Constitucional das Decisões dos Tribunais Arbitrais 201

costuma dizer, só um tribunal (por regra um tribunal constitucional) conhece das questões de inconstitucionalidade, pelo menos das que respeitem a actos ou prescrições com certo estatuto, mais exactamente, só um tribunal se pode pronunciar vinculativamente no sentido da inconstitucionalidade. Quando a questão de inconstitucionalidade é suscitada num qualquer processo, em primeira instância ou em recurso, pelas partes ou pelo próprio tribunal, e verificados certos requisitos (em particular, que o tribunal *a quo* considere que há inconstitucionalidade ou que entenda que uma arguição nesse sentido não é manifestamente infundada), a questão de inconstitucionalidade é remetida para o tribunal constitucional e o processo no tribunal *a quo* fica suspenso até decisão, por aquele outro tribunal, da questão. Tal decisão vincula no processo e, em regra, pelo menos se for no sentido da inconstitucionalidade, tem eficácia geral. Os tribunais "comuns" não podem fundar decisões suas em juízos de inconstitucionalidade sem abrirem o *incidente*, a não ser que haja já declaração com força obrigatória geral. Trata-se, pois, de um regime de concentração de competência para a decisão sobre inconstitucionalidade com reserva de *exclusivo*.

3. O exclusivo da fiscalização de inconstitucionalidade pode vir acompanhado de reserva de competência quanto ao conhecimento de meios especificamente criados para protecção dos direitos fundamentais: a *Verfassungsbeschwerde* alemã, *o recurso de amparo* espanhol, por exemplo. Mas não há uma relação necessária entre a instituição desses meios e a concentração de competência para o conhecimento da inconstitucionalidade. Se esta existir e aqueles meios forem criados, é natural que a competência para sobre eles decidir pertença ao tribunal constitucional, em virtude de a determinação e a protecção dos direitos fundamentais provir hoje, no essencial e nos sistemas jurídicos nacionais, das constituições. Mas há ordens jurídicas com concentração de competência, em regime de exclusivo, para o conhecimento da inconstitucionalidade, sem que se encontrem estabelecidos meios de defesa dos direitos fundamentais do tipo da *Verfassungsbeschwerde* (é o caso da Itália); e ordens jurídicas existem onde se encontram consignadas vias específicas de protecção de direitos fundamentais, mas onde não há tribunal constitucional, cabendo a decisão naqueles meios a um supremo tribunal. É o que se passa no Brasil com o *mandado de segurança* e em diversos outros países da América latina com o *recurso de amparo* ou de *tutela*. Aliás, as

202 III Congresso do Centro de Arbitragem da Câmara de Comércio e Indústria

figuras do estilo do mandado de segurança ou do recurso de amparo ou tutela, bem como aquela que esteve na origem de meios específicos para a protecção de direitos individuais contra actos de poder público – o *habeas corpus* –, são bem anteriores à criação de tribunais constitucionais.

4. Cada um dos modelos de fiscalização de inconstitucionalidade apresenta variantes, que se afastam mais ou menos da pureza inicial. Mas há um sistema, com características peculiares, que tem sido considerado um modelo misto. Tem origem na actual Constituição portuguesa e sofreu alguma evolução, por via de revisões daquela, especialmente da primeira revisão constitucional, em 1982.

O ponto de partida é a fiscalização difusa: os tribunais encontram-se proibidos de aplicar normas *"que infrinjam o disposto [na] Constituição ou os princípios nela consignados"* (art. 204.º da CRP, na numeração actual). Porém, a própria Constituição estabelece uma "abertura" específica de recurso, relativa a inconstitucionalidade de normas, e para um tribunal próprio, o Tribunal Constitucional. Deixando de lado aspectos respeitantes a ilegalidades qualificadas e a ofensa de convenções internacionais, a via de recurso encontra-se aberta:

a) quando um tribunal tenha recusado a aplicação de norma com fundamento em inconstitucionalidade (CRP, art. 280.º, n.º 1, al. a));

b) quando tenha aplicado norma cuja inconstitucionalidade haja sido (devidamente) suscitada durante o processo (CRP, art. 280.º, n.º 1, al. b)).

O recurso para o Tribunal Constitucional de decisão que (em processo no qual a questão de inconstitucionalidade haja sido suscitada) não recuse a aplicação de norma por inconstitucionalidade só pode ser interposto se não for já admitido recurso ordinário[3]. Ao invés, no caso de decisão que recuse a aplicação de norma por inconstitucionalidade, a parte vencida fica com a opção de recorrer logo para o Tribunal Constitucional, com diferimento da interposição do recurso ordinário que caiba,

---

[3] LTC, art. 70.º, n.º 2. Não há, porém, ónus de exaustão de recursos ordinários. Deixou de ser admitido recurso ordinário, não só se os recursos que couberem tiverem sido esgotados, como se houver renúncia ou o recurso não tiver sido interposto (art. 70.º, n.º 4). O que sucede é que, depois de interposto o recurso de inconstitucionalidade, já não pode ser interposto recurso ordinário.

ou de interpor o recurso ordinário, deixando para momento subsequente a eventual interposição de recurso para o Tribunal Constitucional (Lei do Tribunal Constitucional ou LTC, arts. 70.°, n.ᵒˢ 2, 4 e 6, e 80.°, n.° 4).

Havendo desaplicação, por inconstitucionalidade, de norma constante de convenção internacional, de acto legislativo ou de decreto regulamentar, o recurso é, por imposição da própria Constituição, obrigatório para o Ministério Público (art. 280.°, n.° 2, da CRP; cfr. LTC, art. 72.°, n.° 4).

A decisão, seja ou não no sentido da inconstitucionalidade, produz efeito no processo e só nele. Porém, havendo três decisões a julgarem inconstitucional uma norma, pode o Tribunal Constitucional declarar a inconstitucionalidade da norma com eficácia geral.

5. O regime acabado de sumariar, adoptado, no essencial, em 1982, teve origem em soluções, que a si próprias se caracterizavam como provisórias, estabelecidas na versão originária da Constituição e provenientes da Segunda Plataforma de Acordo Constitucional entre o Movimento das Forças Armadas e os partidos políticos, de Fevereiro de 1976. Assentou-se aí em que o Conselho da Revolução se manteria por um período transitório e que teria um papel na fiscalização da inconstitucionalidade. Porém, a atribuição desse papel impunha que se criasse, junto do Conselho, um órgão independente e qualificado. Foi a *Comissão Constitucional*, presidida por um membro do Conselho da Revolução e composta por mais oito membros de origens variadas (quatro designados pela magistratura, um pelo Presidente da República, um pela Assembleia da República e dois pelo Conselho de Revolução). No que toca à fiscalização chamada abstracta, preventiva ou sucessiva, a Comissão Constitucional funcionava como órgão de consulta necessária do Conselho da Revolução. Era impensável conferir ao Conselho da Revolução um qualquer papel na fiscalização concreta. Mas a Comissão Constitucional possuía, pela sua composição, todas as condições para, nesse tipo de fiscalização, funcionar como um tribunal de constitucionalidade. Na preparação do Pacto, o Conselho sugeriu que se adoptasse o incidente de inconstitucionalidade, à maneira italiana e alemã. O PPD receou a proximidade entre a Comissão Constitucional e o Conselho da Revolução e propôs que aquela apenas interviesse na fiscalização concreta quando o tribunal "comum" se tivesse pronunciado no sentido da inconstitucionalidade. Isto implicava que o acesso à Comissão Constitucional se fizesse

204 *III Congresso do Centro de Arbitragem da Câmara de Comércio e Indústria*

por via de recurso. Tal foi a proposta do PPD, elaborada por Barbosa de Melo e Cardoso da Costa. Foram eles quem concebeu o que se pode chamar o modelo português de fiscalização concreta da inconstitucionalidade. A sugestão do PPD acabou por ser aceite pelos outros partidos e pelo Conselho da Revolução, com o aditamento de que caberia também recurso para a Comissão Constitucional quando o tribunal "comum" aplicasse norma anteriormente julgada inconstitucional pela Comissão[4].

Quando, em 1982, o Conselho da Revolução foi extinto e a Comissão Constitucional foi substituída por um tribunal constitucional puro, houve proposta no sentido de se evoluir para o regime de incidente. Mas existia uma experiência do recurso de inconstitucionalidade que não era negativa e prevaleceu o argumento, aduzido sobretudo por Vital Moreira, de que o reenvio prejudicial de certo modo "desliga" o juiz comum da Constituição[5]. Manteve-se, assim, o sistema do recurso de inconstitucionalidade, alargado à hipótese em que o tribunal "comum" não haja desaplicado norma, desde que a questão de inconstitucionalidade tenha sido perante ele suscitada.

6. Pode dizer-se que há um modelo português de fiscalização concreta de inconstitucionalidade, o qual apresenta, como todos, vantagens e inconvenientes. Tem beneficiado da virtude trazida pela elevadíssima qualidade técnica dos juízes que serviram e que servem um tribunal específico de inconstitucionalidade, fosse a Comissão Constitucional, seja agora o Tribunal Constitucional.

O sistema migrou, com modificações e variantes, para alguns países de língua portuguesa, antes de mais o Brasil. Aí, nos termos da Constituição em vigor, o tribunal específico de constitucionalidade é o Supremo Tribunal Federal, que, para além de fiscalização abstracta (Const., art. 102.º, n.º 1, al. a)), intervém mediante recurso extraordinário, fundado na ofensa, pela decisão recorrida, de disposição constitucional (art. 102.º,

---

[4] Miguel Galvão Teles, "A Segunda Plataforma de Acordo Constitucional entre o Movimento das Forças Armadas e os Partidos Políticos", *in* Jorge Miranda (org.), *Perspectivas Constitucionais – Nos 10 anos da Constituição de 1976,* vol. III, Coimbra, 1998, pp. 681 ss..

[5] *Vide* Miguel Galvão Teles, "A Competência da Competência do Tribunal Constitucional", *in Legitimidade e Legitimação da Justiça Constitucional* (Colóquio no 10.º aniversário do Tribunal Constitucional), 1995, p. 125.

III). O recurso só pode ser interposto de decisões tomadas em única ou última instância e a sua admissão depende de o Supremo Tribunal entender que a questão constitucional tem repercussão geral (art. 102.º, III, § 3.º).

Um sistema misto de fiscalização difusa e concentrada encontra-se também estabelecido em Moçambique. O órgão específico de constitucionalidade é o Conselho Constitucional (Const., arts. 241.º ss.). Além do mais, este pronuncia-se sobre decisões que tenham recusado a aplicação de normas por inconstitucionalidade. Aspecto muito particular reside em que o processo é remetido ao Conselho pelo próprio tribunal que proferiu a decisão, independentemente de recurso (arts. 67.º e ss. da Lei n.º 6/2006, de 2 de Agosto)[6]. Onde o regime se mostra muito próximo do português é em Cabo Verde (Const., art. 276.º). Na República de Timor-Leste há sempre recurso para o Supremo Tribunal de Justiça das decisões dos tribunais que recusem a aplicação de norma por inconstitucionalidade ou que apliquem norma arguida, no processo, de inconstitucionalidade (Const., art. 152.º). Já em Angola a Constituição só prevê a fiscalização abstracta (Const., arts. 153.º e ss.). Na Guiné-Bissau o regime é de incidente, com concentração no Supremo Tribunal (Const., art. 126.º).

7. O tema que aqui antes de mais interessa é o de saber como é que, segundo os sistemas, se põe e pode ser resolvido o problema da competência dos tribunais arbitrais para conhecerem da inconstitucionalidade de normas ou para abrirem ou relativamente a elas serem abertos processos de conhecimento ou de reapreciação do conhecimento de questões de inconstitucionalidade.

Num modelo de fiscalização difusa puro, e desde que possa haver recurso de decisão de tribunal arbitral para tribunais do Estado, a solução será simples. Não haverá razão para que os tribunais arbitrais, pelo menos se forem propriamente tribunais, não conheçam da inconstitucionalidade das disposições relevantes. Configure-se a situação como de conflito de normas na aplicação ou como de eventual ineficácia ou nulidade de actos normativos ou de prescrições, sempre o tribunal arbitral, que haja de decidir segundo o direito, deverá dar preferência à norma hierarquicamente superior ou atender à ineficácia ou à nulidade da prescrição. Para

---

[6] Lei Orgânica do Conselho Constitucional. A Lei n.º 5/2008, de 9 de Julho, não alterou os preceitos relevantes para os efeitos referidos no texto.

206 *III Congresso do Centro de Arbitragem da Câmara de Comércio e Indústria*

que as coisas se apresentem com esta simplicidade, é apenas necessário que, *grosso modo, lex arbitri* e direito aplicável coincidam. Porém, uma tal exigência é paralela à que se requer para os tribunais estaduais, de coincidência entre foro e direito aplicável. Aliás, se as coincidências não se verificarem, os problemas mantêm paralelismo – agora quanto à inconstitucionalidade de lei estrangeira perante a sua Constituição (e, porventura, de reserva de ordem pública internacional).

Por sua vez, o recurso com fundamento em inconstitucionalidade não tem autonomia e seguirá o regime geral dos recursos. Se couber recurso, o fundamento tanto poderá consistir na inconstitucionalidade como ser um qualquer outro. Se a lei ou a convenção de arbitragem excluírem o recurso da decisão arbitral, não haverá recurso com nenhum fundamento, seja inconstitucionalidade, seja qual outro for. A admissibilidade de recurso com o específico fundamento de inconstitucionalidade só poderia resultar de convenção das partes na arbitragem.

Bem se sabe que hoje a maioria das legislações excluem, em conformidade com a Lei-Modelo da UNCITRAL, recurso das decisões dos tribunais arbitrais voluntários, a não ser aquilo que, no nosso direito, é tratado como acção de anulação *("application for setting aside the arbitral award")*. Se, porém, um dos fundamentos da impugnação puder ser e tiver sido a ofensa da ordem pública por aplicação de norma inconstitucional, o juízo do tribunal arbitral, explícito ou implícito, a esse propósito pode ser reapreciado e, se houver recurso da decisão sobre a impugnação, a questão de inconstitucionalidade (mas aqui sempre da perspectiva da ordem pública) pode aparecer nos fundamentos.

8. Diferentemente e de modo bem mais complexo se configuram as coisas quando o sistema de fiscalização concreta é o de *incidente de inconstitucionalidade* ou, o que significa o mesmo, de *reenvio prejudicial*.

Há casos em que o texto constitucional fornece explicitamente, embora não de forma directa, a solução. É o que se passa na Áustria, onde a faculdade de desencadear o incidente de inconstitucionalidade se encontra, em princípio, reservada aos tribunais supremos e de segunda instância (Const., art. 140.º). Normalmente, porém, as disposições da Constituição aludem apenas a juízes, tribunais ou órgãos judiciais. Assim acontece em Itália, com o art. 1.º da Lei Constitucional n.º 1, de 9 de Fevereiro de 1948, que fala de *"giudice"* e de *"giudizio"*; na Alemanha, com o art. 100 (1) da *Grundgesetz*, que refere *"Gericht"*; e em Espanha, com o art. 163.º da Constituição, que menciona *"órgano judicial"*.

No caso espanhol, a letra de preceito inculca claramente a exclusão da legitimidade dos tribunais arbitrais para efectuarem o reenvio prejudicial – e assim se tem entendido[7]. Orientação semelhante aparece adoptada na Alemanha, pela doutrina[8]. Num e noutro caso, a doutrina tem-se louvado, também, na posição seguida pelo Tribunal de Justiça da Comunidade Europeia[9]. E, em rigor, o que, num caso ou noutro, se exclui são os tribunais arbitrais voluntários.

Solução inteiramente oposta foi acolhida em Itália. A sentença n.º 376/ /2001 da *Corte Costituzionale* entendeu que, para haver *"giudizio"*, é suficiente que se verifique o exercício de *"funções judicantes com objectiva aplicação da lei"* por sujeitos, *"ainda que estranhos à organização da jurisdição"*, *"colocadas em posição **super partes**"*. E admitiu incidente de inconstitucionalidade aberto por tribunal arbitral.

Problema que sobra nos sistemas nos quais exista concentração de competência por via de incidente, mas em que não se mostre permitido o acesso dos tribunais arbitrais ao tribunal constitucional, é o de saber se, aí, os tribunais arbitrais podem recusar a aplicação de normas com fundamento em inconstitucionalidade. Mas o tema excede largamente o âmbito deste texto.

---

[7] Bernardo M. Cremades, "El Arbitraje en la Doctrina Constitucional Española", *in Revista del Círculo Peruano de Arbitraje*, n.º 1, 2006 (disponível em http://www.limaarbitration.net/LAR1.htm), p. 190; "Crónica de Legislación y Jurisprudência – Arbitraje", *in Actualidad Jurídica Uría y Menéndez*, n.º 11, Maio-Agosto de 2005 (disponível em http://www.uria.com/esp/actualidad_juridica/n11/09Arbitraje.pdf), p. 134. Cfr. também, ainda que a propósito da impugnação de uma sentença arbitral por meio do recurso de amparo, a afirmação constante da decisão do Tribunal Constitucional de Espanha 259/1993, em *obiter dictum*, segundo a qual *"[e]l árbitro (...) no nos puede plantear una cuestión de inconstitucionalidad por estar reservada a los órganos judiciales (art. 163 C.E.) ..."*.

[8] Maunz/Dürig *et al.*, *Grundgesetz – Kommentar*, Band VI, Beck, München, art. 100, n.º 28; Stern et al., *Bonner Kommentar zum Gründgesetz*, Heidelberg, art. 100, n.º 13; Mangoldt/Klein/Starck, *Das Bonner Grundgesetz – Kommentar*, München, art. 100, abs. 1, n.º 16; Maunz/Schmidt-Bleibtreu/Klein/Bethge, *Bundesverfassungsgerichtsgesetz – Kommentar*, München, 1998, § 80, n.º 188, p. 148.

[9] Acórdão do Tribunal de Justiça das Comunidades Europeias de 23 de Março de 1982, *Nordsee Deutsche Hochseefischerei GmbH c. Reederei Mond Hochseefischerei Nordstern AG und Co. KG e Reederei Friedrich Busse Hochseefischerei Nordstern AG und Co. KG*, Processo 102/81.

208 *III Congresso do Centro de Arbitragem da Câmara de Comércio e Indústria*

9. Em Portugal, é legalmente possível a existência (para lá da acção de anulação) de recurso das decisões dos tribunais arbitrais para os tribunais do Estado. De harmonia com o art. 29.º, n.º 1, da Lei da Arbitragem Voluntária (LAV), no que toca às arbitragens internas, *"se as partes não tiverem renunciado aos recursos, da decisão arbitral cabem para o tribunal da relação os mesmos recursos que caberiam da sentença proferida pelo tribunal de comarca"*[10]; quanto às arbitragens internacionais, *"a decisão do tribunal não é recorrível, salvo se as partes tiverem acordado a possibilidade de recurso e regulado os seus termos"* (art. 34.º).

Deste modo, uma questão de inconstitucionalidade de norma aplicada ou desaplicada por decisão arbitral pode ser fundamento de recurso para a Relação e porventura para o Supremo Tribunal de Justiça, com acesso ao Tribunal Constitucional por via de recurso de decisão de um destes tribunais do Estado. Assim sucedeu com a norma do art. 36.º do Regime do Arrendamento Urbano, aprovado pelo Dec-Lei n.º 321-B/90, de 15 de Novembro, que criou um tribunal arbitral necessário[11]. Por três, vezes, o Tribunal Constitucional, em recurso de decisões do Tribunal da Relação ou do Supremo Tribunal Justiça, considerou a mencionada disposição do art. 36.º, que criava o próprio tribunal arbitral necessário, como organicamente inconstitucional[12]. Também diversos acórdãos do órgão de constitucionalidade julgaram, em recursos ainda de tribunais do Estado, sobre a conformidade com a Constituição, que reconheceram, de preceitos dos Códigos das Expropriações respeitantes a arbitragem necessária para fixação de indemnização[13].

10. Viu-se atrás que, no sistema português de fiscalização concreta, é possível o recurso directo da primeira decisão para o Tribunal Constitucional – sem necessidade de renúncia aos recursos ordinários, quando a decisão desaplique norma com fundamento em inconstitucionalidade, com necessidade de renúncia aos recursos ordinários ou de não interposição destes, se a norma não tiver sido desaplicada. Pergunta-se: poder-se-á recorrer para o Tribunal Constitucional directamente de tribunal

---

[10] Nos termos do n.º 2, *"a autorização dada aos árbitros para julgarem segundo a equidade envolve a renúncia aos recursos"*.

[11] *Vide* ainda a Portaria n.º 381/91, de 3 de Maio.

[12] Acórdãos 33/96, 258/97 e 363/97.

[13] Por ex. Acórdãos 757/95 e 259/97.

arbitral? E, antes disso, poderão os tribunais arbitrais recusar a aplicação de normas por inconstitucionalidade?

O art. 204.º da Constituição afirma que *"nos feitos submetidos a julgamento não podem os **tribunais** aplicar normas que infrinjam o disposto na Constituição ou os princípios nela consignados"*. Por seu turno, o art. 280.º abre dizendo que *"cabe recurso para o Tribunal Constitucional das decisões dos **tribunais** ..."*. O problema que aqui se suscita apresenta (mais quanto ao segundo ponto do que quanto ao primeiro) alguma semelhança com o que se levantou nos regimes de fiscalização concentrada por incidente (Itália, Alemanha, Espanha) e reconduz-se à interrogação: os tribunais arbitrais são tribunais em sentido constitucional?

A versão originária da Constituição não referia os tribunais arbitrais e suscitou-se dúvida sobre se, perante um entendimento segundo o qual haveria numa reserva material de jurisdição para os tribunais, a arbitragem seria admissível, pelo menos com valor de julgado atribuído às decisões arbitrais[14]. A dúvida veio a ser ultrapassada pela revisão constitucional de 1982. O art. 212.º do texto constitucional enunciava, nos n.ºs 1 e 2, os tribunais que necessariamente existem, por imposição constitucional. O n.º 3 acrescentava: *"poderá haver tribunais administrativos e fiscais"*. Na versão de 1982, o art. 212.º unificou, sob o n.º 1, a enunciação dos tribunais necessariamente existentes e passou a referir, no n.º 2: *"Podem existir tribunais administrativos e fiscais, tribunais marítimos e **tribunais arbitrais"**.

Mais tarde, os tribunais administrativos e fiscais passaram a ser objecto de imposição constitucional e o que é hoje o art. 209.º, n.º 2, diz: *"Podem existir tribunais marítimos, **tribunais arbitrais** e julgados de paz"*.

Os tribunais arbitrais ficaram assim constitucionalmente admitidos, por forma expressa, enquanto tribunais. E a sua caracterização como tribunais em sentido constitucional veio a ser confirmada pelo Tribunal Constitucional. Em 1984 o Governo pretendeu deslocar a matéria da arbitragem voluntária do Código de Processo Civil para um diploma próprio e foi publicado o Dec-Lei n.º 243/84, de 17 de Julho. O Presidente da Assembleia da República e o Provedor de Justiça requereram a fiscalização abstracta sucessiva da inconstitucionalidade do decreto-lei, sendo

---

[14] Gomes Canotilho e Vital Moreira, *Constituição da República Portuguesa Anotada,* Coimbra, 1978, anotação ao art. 212.º, p. 400.

210 III Congresso do Centro de Arbitragem da Câmara de Comércio e Indústria

um dos fundamentos vício orgânico, por virtude de o diploma dizer respeito a organização e competência dos tribunais, objecto de reserva legislativa parlamentar nos termos do que era então o art. 168.°, n.° 1, al. q), da CRP.

O Tribunal Constitucional pronunciou-se pelo Acórdão n.° 230/86, relatado pelo Conselheiro Martins da Fonseca e tirado em plenário (como acontece com todos os arestos proferidos em fiscalização abstracta), considerando, com dois votos de vencido integrais (num total de onze), que o diploma sofria de inconstitucionalidade orgânica.

Para tal efeito, o Tribunal Constitucional expressamente reconheceu que os tribunais arbitrais, tanto necessários como voluntários, eram constitucionalmente vistos como *verdadeiros tribunais*, embora não sejam "tribunais como os outros", isto é, não sejam órgãos de soberania. A dúvida que se pôs foi a de saber se a reserva de competência parlamentar abrangia directamente todos os tribunais ou só os que tivessem a natureza de órgãos de soberania. O resultado seria, de alguma sorte, o mesmo em qualquer dos entendimentos, visto que a definição da competência dos tribunais arbitrais limita a competência dos tribunais órgãos de soberania. Em qualquer caso, o Tribunal Constitucional considerou, por maioria, que a disposição constitucional sobre a reserva de competência legislativa parlamentar abrangia directamente os tribunais arbitrais[15].

No juízo do Tribunal Constitucional –, que veio ser reforçado pelo Acórdão n.° 52/92, tirado pela Conselheiro Assunção Esteves e respeitante à aplicabilidade à arbitragem das exigências constitucionais de independência e imparcialidade dos julgadores – *a arbitragem representa actividade jurisdicional e os tribunais arbitrais são tribunais em sentido constitucional.*

Consequência que daí imediatamente decorre é que, nos termos do hoje art. 204.° do CRP, também os tribunais arbitrais não podem, nos feitos submetidos a julgamento, aplicar normas que infrinjam o disposto na Constituição ou os princípios nela consignados.

Mas há mais. Um diploma de 1960 (Dec-Lei n.° 43335, de 19 de Novembro) previa que os diferendos entre distribuidores e consumidores

---

[15] Depois, nos arestos adiante referidos no texto a propósito do Dec-Lei n.° 296/82, o Tribunal Constitucional baseou-se na indiferença, quanto ao resultado, entre um e outro dos entendimentos. Com a revisão constitucional de 1989 ficou claro, perante o que hoje é o art. 165.°, n.° 1, al. p), que a organização e competência dos tribunais arbitrais se encontra directamente abrangida pela reserva parlamentar de competência legislativa.

de energia eléctrica em alta tensão fossem dirimidos por aquilo a que chamava uma comissão de peritos (art. 49.º das Condições Gerais anexas ao diploma). O Dec-Lei n.º 296/82, de 28 de Julho, veio reformular o art. 49.º das mencionadas Condições Gerais, designando explicitamente a comissão para dirimir litígios como comissão arbitral, caracterizando-a como tribunal arbitral necessário e modificando o modo de designação do árbitro presidente (que deixaria de ser designado pelo Governo para passar a sê-lo por acordo dos árbitros indicados pelas partes ou, na falta dele, pelo Presidente do Supremo Tribunal de Justiça). O Tribunal Constitucional considerou que o Dec-Lei n.º 296/82 sofria de inconstitucionalidade orgânica[16]. **E fê-lo em recursos directamente interpostos das comissões arbitrais**, que se tinham considerado competentes e regularmente constituídas[17]. Nem importa determinar as razões pelas quais, não havendo desaplicação de norma, o recurso foi interposto directamente para o Tribunal Constitucional – se foi porque o Dec-Lei n.º 296/82 excluía recursos (mas não podia excluir o recurso para o Tribunal Constitucional, se os tribunais arbitrais forem tribunais para efeitos de Constituição, porque é esta que estabelece a possibilidade daquele recurso[18]), se foi porque considerou que, de todo o modo, ao recorrer directamente para o Tribunal Constitucional a parte renunciou aos recursos ordinários que porventura coubessem.

O que importa é que, ao admitir o recurso directo para si, o Tribunal Constitucional reconheceu os tribunais arbitrais como tribunais que proferem decisões abrangidas pelo que é hoje o art. 280.º da Constituição.

11. Até aqui consideraram-se apenas casos referentes a tribunais arbitrais necessários. Valerá para a arbitragem voluntária a doutrina que deles resulta?

A este propósito sublinharei que a caracterização dos tribunais arbitrais como verdadeiros tribunais, que exercem função jurisdicional, foi feita pelo Acórdão n.º 230/86 a propósito dos tribunais arbitrais voluntários.

---

[16] Isto apesar de o diploma ser anterior à lei de revisão constitucional de 1982. O Tribunal Constitucional veio afirmar que a falta de menção expressa na Constituição não obstava à legitimidade dos tribunais arbitrais.

[17] Acórdãos 289/86, 32/87, 59/87, 86/87 e 93/87.

[18] Restaria ainda saber se a norma do Dec-Lei n.º 296/82, que explicitamente afastava, em geral, os recursos, não era, ela própria, organicamente inconstitucional

212 III Congresso do Centro de Arbitragem da Câmara de Comércio e Indústria

De qualquer modo, o expresso *reconhecimento da admissibilidade de recurso directo para o Tribunal Constitucional de decisão de tribunal arbitral voluntário* encontra-se efectuado no Acórdão daquele Tribunal n.º 181/2007, tirado pelo Conselheiro Paulo Mota Pinto.

Estava em causa decisão da Comissão Arbitral da Liga Portuguesa de Futebol Profissional. A Liga é, juridicamente, uma associação de direito privado (art. 1.º dos Estatutos) e os Estatutos prevêem uma Comissão Arbitral (art. 52.º e ss.), afirmando o art. 55.º que *"a Liga e os clubes seus associados reconhecem expressamente a jurisdição da Comissão Arbitral, com exclusão de qualquer outra, para dirimir todos os litígios compreendidos no âmbito da Associação e emergentes, directa ou indirectamente, dos presentes Estatutos e Regulamento Geral."*

Uma das competências da Comissão Arbitral é a de *"dirimir os litígios entre a Liga e os clubes membros ou entre estes, compreendidos no âmbito da associação"* (art. 54.º, al. b)). Nos litígios entre membros considerados como abrangidos pela competência da Comissão Arbitral contam-se os que respeitam a indemnizações pela formação de jogadores, admitidas pela Lei n.º 28/98, de 26 de Junho (art. 18.º), e previstas em Anexo ao Contrato Colectivo dos Jogadores Profissionais de Futebol. A Comissão Arbitral é composta por secções e pelo plenário; o Regulamento da Liga prevê recurso das secções para o plenário. Mas, segundo determina, as decisões do plenário *"não são susceptíveis de recurso"* (art. 158.º).

A jurisdição da Comissão Arbitral resulta da vontade dos clubes membros. Nos termos expressos do art. 56.º dos Estatutos, *"o acto de associação na Liga determina para o clube associado a aceitação de todas as regras dos Estatutos e Regulamentos e a renúncia aos recursos sobre as decisões da Comissão Arbitral"*. A Comissão Arbitral da Liga é, assim, um tribunal arbitral voluntário, consoante se encontra, aliás, afirmado pelo Tribunal da Relação do Porto[19], embora um tribunal arbitral permanente.

O Acórdão do Tribunal Constitucional n.º 181/2007 começa por assinalar que *"um primeiro problema de que há que tratar é o de saber se a Comissão Arbitral da Liga Portuguesa de Futebol, de cuja decisão se recorre para o Tribunal Constitucional, é um verdadeiro "tribunal" para efeitos de funcionamento do mecanismo de justiça constitucional que é o recurso de constitucionalidade"*.

. [19] Ac. de 23.03.2004, www.dgsi.pt, número convencional JTRP00035251.

O aresto, invocando anterior jurisprudência do Tribunal, atrás referida, afirma que *"os tribunais arbitrais (necessários e voluntários) são também "tribunais", com o poder e dever de verificar a conformidade constitucional de normas aplicáveis no decurso de um processo e de recusar a aplicação das que considerem inconstitucionais"*.

Assim se conferiu base jurisprudencial à recorribilidade, para o Tribunal Constitucional, também das decisões dos tribunais arbitrais voluntários[20].

12. É óbvio que, em geral, a recorribilidade para o Tribunal Constitucional pressupõe uma delimitação, digamos, "espacial".

Pode recorrer-se para o Tribunal Constitucional de decisões de tribunais que pertençam à ordem jurídica portuguesa ou nela se situem. É questão melindrosíssima, que excede largamente o objecto de presente texto, saber o que é que faz que um tribunal arbitral voluntário se localize numa ordem jurídica – e, em particular, na ordem jurídica portuguesa.

Aqui direi simplesmente, tomando outra consequência, que serão aqueles tribunais relativamente aos quais a anulação de decisão possa ser solicitada perante um tribunal estadual português; ou, passando para o âmbito normativo, aqueles que tenham a lei portuguesa com *lex arbitri*. Tratar-se-á, *grosso modo*, das arbitragens com sede em Portugal (LAV, art. 37.º).

Por outra parte, em princípio só caberá recurso para o Tribunal Constitucional quando estiver em causa desconformidade com a Constituição (portuguesa) de norma relativamente à qual se mostraria possível recurso para o Tribunal Constitucional, se estivesse em jogo processo perante tribunal do Estado, isto é, pelo menos norma de direito português, incluindo direito de conflitos, e norma de direito internacional público[21].

---

[20] No sentido da admissibilidade do recurso, *vide* Jorge Miranda, *Manual de Direito Constitucional*, tomo III, 3ª ed., Coimbra, 2008, p. 217, nota, referindo precisamente o Acórdão 181/2007, e, implicitamente, Armindo Ribeiro Mendes, *Práticas Arbitrais – Lições no Mestrado Forense da Faculdade de Direito da Universidade Católica de Lisboa*, p. 198. Igualmente neste sentido se pronuncia o trabalho de pós-graduação de António Pedro Pinto Monteiro, "Do Recurso de Decisões Arbitrais para o Tribunal Constitucional", apresentado na Universidade Nova de Lisboa.

[21] Não se considera neste artigo a hipótese de recurso para o Tribunal Constitucional relativo a norma estrangeira perante a Constituição Portuguesa, cuja aplicação possa envolver ofensa da ordem pública internacional portuguesa. O problema põe-se quanto a

214 *III Congresso do Centro de Arbitragem da Câmara de Comércio e Indústria*

13. Conforme se referiu, a Constituição impõe ao Ministério Público a obrigação de recorrer para o Tribunal Constitucional de decisão que desaplique, por inconstitucionalidade, normas legais e outras, com estatuto elevado. O cumprimento da obrigação de recorrer pressupõe que o Ministério Público tome conhecimento das decisões de desaplicação por inconstitucionalidade. Curiosamente, quando o Presidente da Assembleia da República e o Provedor de Justiça requereram a fiscalização abstracta da inconstitucionalidade do Dec-Lei n.º 243/84, invocaram, não apenas vício orgânico, mas ainda *inconstitucionalidade por omissão*, precisamente por não estar regulada a comunicação ao Ministério Público. O Acórdão n.º 230/86 considerou a questão prejudicada pela declaração de inconstitucionalidade orgânica. Mas a lei continuou a ser omissa.

O dever da comunicação resulta implicitamente da Constituição. Se um tribunal arbitral proferir decisão na qual recuse a aplicação de norma de direito português por inconstitucionalidade, deve comunicar a decisão ao Ministério Público, para efeitos de interposição de recurso para o Tribunal Constitucional. É um dever sem sanção. Mas não se está a ver também que a lei impusesse coimas...

Todo este sistema pode quebrar a confidencialidade das arbitragens? Também a quebram a possibilidade de anulação e de execução judicial...

14. Uma nota ainda, muito breve, mais para abrir reflexão do que para outra coisa, sobre um tema melindrosíssimo.

---

decisões de tribunais arbitrais precisamente nos mesmos termos em que se coloca relativamente a outros tribunais. E não conheço caso em que o Tribunal Constitucional português haja admitido recurso desse tipo. Por outra parte, encontra-se fora de toda a probabilidade o recurso (viável) para o Tribunal Constitucional de decisão de equidade. Não é, porém, absolutamente impensável. Há casos em que se justifica que a equidade tenha uma determinada lei como *lei de referência*, incluindo a Constituição respectiva. E decidir segundo a equidade é decidir segundo a norma que o julgador criaria, de modo até certo ponto semelhante ao previsto no n.º 3 do art. 10.º do Código Civil, embora mais próximo do caso (*vide* Miguel Galvão Teles, "Arbitragem Comercial internacional *ex aequo et bono* e determinação de lei de mérito"; *Revista de Arbitragem e Mediação*, Brasil, ano 5:19 (2008), pp. 81 ss.). Ora, o Tribunal Constitucional português já considerou, num conceito que tem designado como funcional, de norma para efeitos de recurso de inconstitucionalidade a que for adoptada, para o caso concreto, por um tribunal (no caso, o Supremo Tribunal de Justiça), nos termos do n.º 3 do art. 10.º do Código Civil (*"segundo a norma que o próprio intérprete criaria, se houvesse de legislar dentro do espírito do sistema"*) – Ac. 264/98.

O recurso para o Tribunal Constitucional *é restrito à questão de inconstitucionalidade* (CRP, art. 280.º, n.º 6, e LTC, art. 71.º, n.º 1). A decisão sobre a questão de inconstitucionalidade faz caso julgado no processo (LTC, art. 80, n.º 1). E o recurso tem natureza *cassatória*[22]. Se o Tribunal Constitucional se pronunciar no mesmo sentido que a decisão recorrida, esta é confirmada. Mas, se o Tribunal der provimento ao recurso, ainda que só parcialmente, diz a LTC que *"os autos baixam ao tribunal de onde provieram, a fim de que este, consoante for o caso, reforme a decisão ou a mande reformar em conformidade com o julgamento sobre a questão de inconstitucionalidade..."* (art. 80.º, n.º 2).

O preceito encontra-se manifestamente concebido para tribunais estaduais. Como é que se adapta a tribunais arbitrais, especialmente a tribunais arbitrais voluntários?

Até agora a questão não se levantou. No único caso conhecido de recurso de sentença de tribunal arbitral voluntário, o Tribunal Constitucional confirmou a decisão (Acórdão n.º 181/2007). Tratava-se, aliás, de um tribunal arbitral permanente, ainda que voluntário.

O tema apresenta alguma proximidade com a condenação genérica[23] e com a situação subsequente à anulação de sentença arbitral. Quanto à

---

[22] *Vide* José Manuel Durão Barroso, "O Recurso para a Comissão Constitucional, Conceito e Estrutura", *in* Jorge Miranda (org.), *Estudos sobre a Constituição*, 3.º vol., Lisboa, 1979, pp. 721-722; Armindo Ribeiro Mendes, *Recursos em Processo Civil*, Lisboa, 1994, pp. 141-142; Amâncio Ferreira, *Manual dos Recursos em Processo Civil*, 5ª ed., Coimbra, 2004, pp. 434-435; Carlos Blanco de Morais, *Justiça Constitucional*, Tomo II, Coimbra, 2005, pp. 573-574.

[23] Em matéria de condenações genéricas, a tradição, tanto em tribunais "comuns" como em tribunais arbitrais, era de que a liquidação se fizesse em execução de sentença. Por alteração do Código de Processo Civil, introduzida pelo Dec-Lei n.º 38/2003, de 8 de Março, passou a estabelecer-se que, em caso de incidente de liquidação posterior à sentença, a instância se considera renovada. O Código deixou de prever a liquidação em processo executivo sempre que o título executivo fosse sentença (art. 805.º, n.º 3). A dúvida que ficou foi a de saber como deveriam ser tratadas as condenações genéricas constantes de sentenças arbitrais. Renovava-se a instância arbitral com os mesmos árbitros? E o limite temporal para os poderes dos árbitros? Instalava-se novo tribunal arbitral? A doutrina propendeu no sentido de a liquidação se fazer em processo judicial na fase de execução (Lebre de Freitas, "Competência do Tribunal de Execução para a Liquidação de Obrigação no caso de Sentença Genérica Arbitral", *ROA*, ano 66:1 (2006), pp. 119 ss., e Paula Costa e Silva, "A Execução em Portugal de Decisões Arbitrais Nacionais e Estrangeiras", *ROA*, ano 67:2 (2007), pp. 658 ss.). Todavia, o Tribunal da Relação de

216 *III Congresso do Centro de Arbitragem da Câmara de Comércio e Indústria*

anulação, a prática é escassa e, no que toca ao seguimento de decisão anulatória, não é pública. Paula Costa e Silva sustenta que o poder jurisdicional do tribunal arbitral se esgotou (art. 25.º da LAV) e que, se a sentença anulada for de mérito, a convenção de arbitragem caduca[24]. Lima Pinheiro concorda quanto à extinção do poder do tribunal, mas entende que a convenção de arbitragem se mantém, salvo se o fundamento da anulação consistir na invalidade desta[25]. O projecto da APA ou projecto Sampaio Caramelo estabelece que *"com a anulação da sentença a convenção de arbitragem volta a produzir efeito relativamente ao objecto do litígio"* (art. 46.º, n.º 10)[26]. No direito português vigente tudo pode ser complicado por via da existência de prazo para a arbitragem. Nos termos do art. 4.º, n.º 1, al. c), da LAV, a convenção de arbitragem caduca, quanto ao litígio em causa, se a decisão não for proferida no prazo fixado.

Creio que, na hipótese de cassação pelo Tribunal Constitucional e ainda que fique ultrapassado o prazo para decisão dos árbitros, se deve entender que a convenção de arbitragem se mantém. O art. 4.º, n.º 1, al. c), da LAV é derrogado pelo art. 80.º, n.º 2, da LTC. A dúvida está em saber se a disposição especial do art. 80.º, n.º 2, da LTC não leva a que a decisão deva ser proferida pelo próprio tribunal arbitral que havia sido originariamente constituído. Se o tribunal arbitral for permanente não há dificuldade: o caso sempre a ele haverá de regressar. Fora disso, pro-

---

Lisboa, por Acórdão de 17 de Abril de 2008 (proc. n.º 2514/2008-6), entendeu que o incidente de liquidação deve decorrer perante o próprio tribunal arbitral que proferiu a condenação genérica. A alteração do Código de Processo Civil de 2008 (Dec-Lei n.º 226//2008, de 20 de Novembro) veio reformular o art. 805.º, excluindo a liquidação em execução de sentença apenas quando o título executivo não for uma sentença judicial. Deste modo, as condenações genéricas constantes de sentenças arbitrais são susceptíveis de liquidação em processo de execução. O problema que em rigor se põe é o de saber se, havendo cláusula compromissória, a própria liquidação não estará abrangida pela cláusula, exigindo constituição de novo tribunal arbitral.

[24] "Anulação e recurso da decisão arbitral", *ROA*, 52 (1992), pp. 962 e ss..

[25] "Apontamento sobre a impugnação da decisão arbitral", *ROA*, 67 (2007), pp. 1034 e 1035.

[26] O XVII Governo Constitucional solicitou à Associação Portuguesa de Arbitragem (APA) um projecto de diploma a reformular o regime da arbitragem voluntária. O projecto, que é notável, foi elaborado em curtíssimo espaço de tempo com base num texto de António Sampaio Caramelo e encontra-se publicado no sítio da APA, apa@arbitragem.pt. Sem que se saiba porquê, o Governo acabou por não lhe dar seguimento. Espera-se que lho dê em breve.

Recurso para o Tribunal Constitucional das Decisões dos Tribunais Arbitrais 217

pendo, embora com hesitação, numa integração de lacuna em conformidade com o n.º 3 do art. 10.º do Código Civil, para o retorno ao tribunal de origem. Haverá é, nesse caso, que reconhecer a legitimidade da escusa dos árbitros. Conviria, evidentemente, solução legislativa.

15. Está, pois, admitida a possibilidade de recurso directo para o Tribunal Constitucional de decisões de tribunal arbitral voluntário.

Mas será a possibilidade de recurso de decisões arbitrais para o Tribunal Constitucional renunciável e, em especial, antecipadamente renunciável?

Segundo o art. 280.º da Constituição, a lei não pode excluir o recurso para o Tribunal Constitucional. Mas não poderá haver renúncia à faculdade de recurso? Ou, doutra perspectiva, se as partes em convenção de arbitragem renunciarem aos recursos, tal renúncia não abrange o recurso para o Tribunal Constitucional?

Para simplificar as coisas, convertamos a exclusão do recurso na arbitragem internacional, constante do art. 34.º da LAV (que, por determinação da Constituição, não pode abranger o recurso para o Tribunal Constitucional), em presunção de renúncia aos recursos (pelo menos para aquele Tribunal). A par disso, temos o art. 29.º, que explicitamente permite, nas arbitragens internas, a renúncia aos recursos.

O problema reside em que a LTC diz que *"o direito de recorrer para o Tribunal Constitucional é irrenunciável"* (art. 73.º)[27]. E a questão está em saber qual norma prevalece no que toca ao recurso para o Tribunal Constitucional.

Conforme atrás se referiu, os Estatutos da Liga Portuguesa de Futebol Profissional afirmavam que as decisões do plenário da Comissão Arbitral não são susceptíveis de recurso, o que implica, para os clubes aderentes, renúncia à faculdade de recorrer.

O Acórdão n.º 181/2007 não se pronunciou sobre a questão de saber se a renúncia aos recursos, constante dos Estatutos da Liga, poderia ou não abranger o recurso para o Tribunal Constitucional, porque o recorrido nem sequer a levantou – e a excepção não parece ser de conhecimento oficioso.

---

[27] A irrenunciabilidade do direito de recorrer constava já do Estatuto da Comissão Constitucional (Dec-Lei n.º 503-F/76, de 30 de Junho, art. 33.º).

218 *III Congresso do Centro de Arbitragem da Câmara de Comércio e Indústria*

A questão foi, sim, suscitada num recurso de decisão da Comissão Arbitral da Federação Portuguesa de Futebol. Interposto recurso para o Tribunal Constitucional, o Presidente da Comissão não o admitiu, porque, de acordo com as regras aplicáveis e voluntariamente aceites, da decisão não caberia recurso.

O recorrente reclamou para o Tribunal Constitucional contra a não admissão do recurso. O Ministério Público junto deste tribunal pronunciou-se no sentido de que *"a razão invocada para a não admissão do recurso de constitucionalidade interposto é, a nosso ver, improcedente: na verdade, a circunstância de não ser admitido recurso ordinário de certa decisão não inibe a admissibilidade de interposição de recurso de fiscalização concreta, cujos pressupostos se mostrem preenchidos"*.

Invocou, depois, para a inadmissibilidade do recurso, outra razão que, a meu ver, seria de mérito. De toda a maneira, o Tribunal Constitucional, no Acórdão n.º 316/2008, tirado pelo Conselheiro Pamplona de Oliveira, acabou por não se pronunciar sobre o âmbito da renúncia, porque o requerimento de interposição de recurso não continha as especificações legalmente exigidas.

16. Não há assim, ainda, jurisprudência conclusiva quanto ao alcance da renúncia a recurso, em arbitragem voluntária. Creio, todavia, que dificilmente se poderá, em face dos termos da lei, aceitar que a faculdade de as partes renunciarem antecipadamente aos recursos de decisão arbitral abranja o direito de recorrer para o Tribunal Constitucional[28].

A LTC é hoje lei de valor reforçado, enquanto lei orgânica (arts. 166.º, n.º 2, e 112.º, n.º 3, do CRP), mas não é por isso que o art. 73.º da LTC prevalecerá. Com efeito, a figura das leis orgânicas só foi criada na revisão constitucional de 1989 e a LTC é de 1982. Embora esta tenha sido objecto de algumas modificações, o art. 73.º vem da origem e não foi tocado. A Lei de Arbitragem Voluntária, por seu turno, é também anterior a 1989. Não parece que se possam fazer retrotrair estatutos e efeitos do regime das leis orgânicas.

Terão de ser convocadas as regras respeitantes à sucessão de normas hierarquicamente equivalentes. As da LAV são posteriores. Mas o preceito da LTC parece funcionar com norma especial. Na verdade, a

---

[28] No sentido da irrenunciabilidade do recurso para o Tribunal Constitucional, Armindo Ribeiro Mendes, *Práticas Arbitrais* cit., p. 198.

Recurso para o Tribunal Constitucional das Decisões dos Tribunais Arbitrais 219

renunciabilidade antecipada aos recursos, por acto de ambas as partes, é regime geral, que consta do art. 681.º, n.º 1, do CPC e constava já da versão vigente em 1982 e 1984 (versão de 1967). Deste modo, a LAV limita-se a reafirmar o regime geral, acrescentando eventualmente apenas a presunção de renúncia na arbitragem internacional. Perante esse regime geral, art. 73.º da LTC é *lex specialis*.

Aliás, a exclusão da possibilidade de renunciar ao recurso para o Tribunal Constitucional apresenta uma particular intensidade, porque não se reporta somente à renúncia antecipada. A parte vencida pode não recorrer, mas a renúncia, mesmo subsequente, ao direito de recorrer é nula.

17. O regime de absoluta ou total irrenunciabilidade do direito de recorrer para o Tribunal Constitucional apresenta, pelo menos no que toca à arbitragem, fortes inconvenientes. A arbitragem quer-se célere e é por isso que ou as leis afastam os recursos ou frequentemente presumem que as partes a eles renunciaram. A exclusão de renúncia ao recurso para o Tribunal Constitucional introduz um factor de perturbação. E isso obriga, numa perspectiva *de jure condendo*, a ponderar razões.

A simples circunstância de modos de impugnação de decisões arbitrais poderem causar demora não os torna, só por isso, inaceitáveis. A lei portuguesa, do mesmo modo que a Lei-Modelo, prevê um tipo de impugnação de decisões arbitrais que, entre nós, é caracterizada como anulação. A sua existência corresponde a razões pesadas, que prevalecem sobre a celeridade na solução arbitral definitiva de diferendo.

Um primeiro caso em que a intervenção necessária do Tribunal Constitucional inteiramente se justifica e em que a perturbação para a eficácia arbitral será mínima é o de a própria decisão arbitral ter recusado a aplicação de norma com fundamento em inconstitucionalidade. Outro é o de a decisão aplicar norma que foi declarada inconstitucional com força obrigatória geral. Poderia ainda impor-se a irrenunciabilidade do recurso quando haja prévia decisão do Tribunal Constitucional no sentido da inconstitucionalidade, ainda que sem força obrigatória geral. São os casos em que, nos termos constitucionais, o recurso é obrigatório para o Ministério Público[29]. Fora deste âmbito, não vejo razão para se excluir a

---

[29] E aqueles em que os recursos se encontravam admitidos para a Comissão Constitucional na versão original da Constituição (art. 282.º).

possibilidade de renúncia. Arguiu-se inconstitucionalidade, o tribunal arbitral não aceitou, acabou. É precisamente o recurso de decisões que não considerem procedentes arguições de inconstitucionalidade que, por muito expeditos que sejam os mecanismos de decisão sumária, permitem actuações dilatórias.

Note-se que, perante o art. 280.º da Constituição, não é possível excluir o recurso para o Tribunal Constitucional ou restringir o seu âmbito. O que se pode, sim, é alterar o regime de irrenunciabilidade, que consta da LTC. Porque esta é uma lei orgânica, a modificação que se venha a fazer terá de nela ser também inserida.

Sugeriria a possibilidade de renúncia, mesmo antecipada, a recurso para o Tribunal Constitucional de decisão arbitral desde que, cumulativamente:

a) o recurso respeitasse a decisão que não recusasse a aplicação de norma por inconstitucionalidade ou que não aplicasse norma anteriormente julgada inconstitucional pelo Tribunal Constitucional;

b) a renúncia se inserisse numa renúncia geral aos recursos.

Acrescentaria que o acto de renúncia aos recursos abrangia, salvo declaração em contrário, a renúncia ao recurso para o Tribunal Constitucional.

ÍNDICE

NOTA INTRODUTÓRIA 9

Sessão de abertura

Discurso de abertura do Congresso. Desenvolvimentos recentes da arbitragem em Portugal e actividades do Centro de Arbitragem Comercial
RUI CHANCERELLE DE MACHETE 15

Desenvolvimentos recentes da arbitragem no Brasil e actividades do Centro de Arbitragem da Câmara de Comércio Brasil – Canadá
FREDERICO JOSÉ STRAUBE 21

Desenvolvimentos recentes da arbitragem em Moçambique e actividades do Centro de Arbitragem, Conciliação e Mediação de Moçambique
JAFAR GULAMO JAFAR 29

1º Painel

A independência e a imparcialidade do árbitro e o dever de revelação
SELMA FERREIRA LEMES 41

O estatuto deontológico do árbitro: passado, presente e futuro
AGOSTINHO PEREIRA DE MIRANDA 59

2º Painel

Instrumentos de resolução extrajudicial de litígios nos países lusófonos: cooperação e harmonização
LUÍS SÁRAGGA LEAL 75

O reconhecimento de sentenças arbitrais estrangeiras nos países lusófonos
MARIANA FRANÇA GOUVEIA 95

222 *III Congresso do Centro de Arbitragem da Câmara de Comércio e Indústria*

Decisão arbitral: questões suscitadas pela condenação em pedidos genéricos
Luís Cortes Martins 121

3º Painel

Constituição do tribunal arbitral em arbitragens multipartes
Miguel Pinto Cardoso e Carla Gonçalves Borges 139

A submissão à arbitragem dos actos procedimentais de formação dos contratos públicos
Rui Chancerelle de Machete 151

Flexibilização do procedimento arbitral
Carlos Alberto Carmona 161

4º Painel

Intervenção de terceiros em processo arbitral
José Lebre de Freitas 183

Recurso para o tribunal constitucional das decisões dos tribunais arbitrais
Miguel Galvão Teles 199